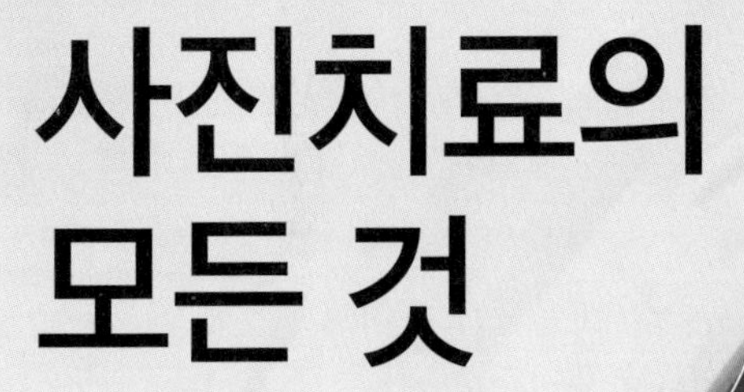

사진치료의 모든 것

소희정·한경은·김문희
신혜경·이지혜·정윤경

Everything in Phototherapy

박영story

서문

사진은 보물상자다. 그 보물상자에는 '애틋한', '행복한', '그리운', '보고 싶은', '지우고 싶은', '과거를 불러오는', '미래를 떠올리게 하는' 등의 다양한 수식어가 붙곤 한다. 한 장의 사진이 일으키는 지각과 인지작용은 우리의 마음을 보게 하고 그것에 의미를 부여하기 때문이다. 나아가 이러한 사진의 기능을 보다 적극적으로 활용할 수도 있다. '오늘 하루는 어땠나요?'라고 묻고, 걷고 있는 발 사진으로 바쁜 하루였음을 전할 수 있다. '지금의 감정 상태를 말해줄 수 있나요?'라고 묻는다면, 멈춰선 그림자 사진으로 갈 곳을 모르는 심정을 표현할 수도 있다.

카메라 셔터를 누르는 것만으로도 세상과의 소통을 시작할 수 있다. 뷰파인더로 세상을 바라보고, 내 눈과 마음에 꽂힌 피사체를 프레임 안에 넣는 것, 그 자체가 나를 만나는 일이며 타인에게 말을 건네는 행위다. 사진은 우리가 세상과 타인에게 연결되어 있음을 깨닫게 해준다. 세상이 아프면 나도 아프고, 타인이 아프면 나도 아플 수밖에 없는 연결의 힘을 사진은 증명한다. 자신을 포함한 모든 존재의 있는 그대로를 보게 하고, 그 자체가 특별한 것을 인식하게 해주는 사진은 그래서 치유적이다.

사진치료의 초석은 한국사진치료학회에서 이뤄졌다. 2010년 초반, 사진치료학회 준비위원회를 결성하여 2012년 11월 16일 정동 프란치스코 회관에서 한국사진치료학회 출범식을 가졌다. 이 책은 학회가 설립된 이후 하계 · 동계 연수, 워크숍, 자격과정 등을 운영하면서 축적한 내용을 담은 것이다. 사진치료의 무궁무진한 가능성과 활용도, 매력 등을 담기에는 부족함이 있음을 알지만, 집필진들이 열정을 가지고 쓴 원고는 풍부한 임상경험을 바탕으로 해서 나온 글이기에 독자들에게 도움이 될 것이라 믿는다.

이 책은 총 4 Part로 구성되어 있다. Part Ⅰ '사진과 사진치료'에서는 사진이 어떻게 치료 · 치유적으로 기능하고 있는가를 담았다. Part Ⅱ '주요 심리상담이론과 사진치료'에서는 정신분석, 대상관계, 실존주의, 인본주의 상담이론에 사진치료와의 연계성을 담았다. Part Ⅲ '세계의 주요 사진상담자'에서는 눈으로 지각하고 마음으로 의식하게 해준 주디 와이저(Judy Weiser), 울라 할콜라(Ulla Halkola), 로돌프 드 베르나르트(Rodolfo de Bernart), 크리스티나 누네즈(Christina Nunez) 등 우리나라에 직접 방문하여 사진치료를 눈앞에서 경험하게 해준 상담자들과 조엘 워커(Joel Walker), 로지 마틴과 조 스펜스(Rosy Martin & Jo Spence)에 대해 소개했다. Part Ⅳ '사진심리상담 실제기법'에서는 사진상담자에게는 익숙한 '투사적 사진기법'을 시작으로, 한 번도 다루지 않았던 '사진명상'까지 다양하고 폭넓은 열네 가지 사진치료 기법을 현장에서 적용할 수 있도록 자세히 안내했다.

감사한 분들의 얼굴이 스친다. 핀란드와 캐나다까지 가서 사진치료 선구자들에게 연수를 받고 그 내용을 전수한 심영섭 초대회장의 열정이 사진치료의 시작이었다. 무엇보다 합심하여 책의 방향성과 내용을 참신하게 구성한 모든 집필진에게 공을 돌린다. 문학 · 영화 · 사진치료 분야의 슈퍼바이저이자 5~6년 전부터 전체 틀을 기획한 이지혜 부회장, 상담가로서 사진 심상에 관한 논문을 쓰고, 디지털 시대의 사진치료 공저 책을 낸 정윤경 교육관리위원장, 사진작가이자 예술치료사로 대중적인 활동을 하고 있는 한경은 학술위원장, 대학에서 후학을 지도하고 양성하고 있는 신혜경 사례관리위원장, 특히 미술심리상담 · 상담심리 · 명상분야의 임상경험을 토대로 풍부한 원고를 써준 김문희 자격관리위원장, 모든 집필진의 진심어린 노고와 열정에 박수를 보낸다.

이 책이 나오기까지 한결같은 마음으로 지지해준 박영스토리 노현 대표와 세심한 부분까지 매만지고 다듬어준 최은혜 편집자에게 고마움을 전한다. 저자들을 대신해 사진을 매개로 내담자를 만나는 모든 사진심리상담자들에게 좋은 표본이 되길 바란다. 이 책이 당신의 가슴에 한 장의 사진으로 각인되었으면 좋겠다.

2021년 찬란한 봄을 기다리며
저자 대표 소희정

차례

사진과 사진치료

주요 심리상담이론과 사진치료

세계의 주요 사진상담자

사진심리상담 실제기법

Part I

사진과 사진치료

1
사진의 정의와 탄생

당신은 왜 여기에 있는가.
우주의 신성한 의도와 목적을 펼치기 위함이다.
당신이 그토록 소중한 존재인 까닭이
바로 여기에 있다.

- 에크하르트 톨레(Eckhart Tolle) -

사진의 이해

1. 사진의 정의

사진, 포토그래피(photography)는 그리스어에서 유래된 'photos(빛)'와 'graphos(그리다)'의 합성된 단어로, '빛으로 그림을 그리다' 혹은 '빛으로 그린 그림'을 뜻한다. 이런 사진이란 용어는 1839년 천문학자이자 수학자인 존 허셀(John Herschel)에 의해 처음 사용되기 시작했다(1995, Helmut and Alison Gernsheim). 다양한 방면에서 업적을 남긴 허셀은 사진연구도 병행했는데, 1843년 청사진(cyanotype)을 발명한 사람이기도 하다(2003,장-클로드 르마니, 앙드레 루이예 편저).

외래문화가 우리나라에 전래되어 처음으로 '사진'이라는 용어가 쓰인 때는 1863년이다. 중국에 사신으로 갔던 이의익은 러시아인 사진관에서 초상사진을 촬영한 후 이를 사진이라 지칭했고, 이것이 우리가 포토그래피를 '사진'이라고 한 최초의 경우이다(1999, 최인진). 사진(寫眞)이라는 말 속에 담긴 '참된 것, 진실 된 것을 본떠 옮긴다'라는 뜻에서도 볼 수 있듯이, 사진은 회화와 달리 그 제작과정에서부터 대상을 왜곡하거나 미화하는 방법이 아예 차단되는, 결코 대상을 왜곡하거나 미화할 수 없는, 실물의 상(象)을 있는 그대로 재현한 것이 된다. 붓으로 그리는 게 아니라 빛으로 그리고, 그 대상은 상상 속의 산물이 아니라 실재하는 것이기 때문이다.

특정한 개념의 정의를 살펴보는 일은 그것이 가지고 있는 본래적인 속성과 기능을 미리 탐색하는 데 유용하다. 우리가 사진의 정의를 살펴본 이유 또한 그러하다. 사진이라는 말의 정의에서부터 기인하는 '기록성', '사실성'이라는 사진의 존재론적인 특성은 심리치료에서 주요한 치료적 기제로 사용된다. 이 점은 사진치료의 치료적 요인에서 다시 구체적으로 살펴볼 것이다.

photography = photos(빛) + graphos(그림, 그리다)
寫眞사진 = 寫(베낄 사) + 眞(참 진)

2. 사진술의 탄생

카메라 옵스큐라(camera obscura)는 '어두운 방' 즉 암실을 뜻한다. 카메라 옵스큐라는 그림을 그리기 위한 보조 도구로서 만들어진 광학 장치이며, 사진술의 전신이다.

지금의 카메라의 전신은 카메라 옵스큐라였다. 적어도 아리스토텔레스 시대부터 작은 구멍을 통과한 광선이 상을 맺을 수 있다는 사실이 알려졌고, 후기 르네상스 이후로 카메라 원리를 이용한 그림들이 꾸준히 제작되었다. 카메라 옵스큐라의 원리 또한 오래 전부터 알려져 왔다. 그것은 빛이 통하지 않는 어두운 방이나 상자 한쪽 면에 뚫린 작은 구멍을 통해 외부의 빛이 반대편 벽면에 전사되면서 외부의 풍경이나 형태가 거꾸로 맺히는 과정을 일컫는다. 유클리드와 아리스토텔레스, 로저 베이컨과 레오나르도 다빈치 등 다양한 사상가들이 시대의 변화에 따라 이것을 언급했다(2004, Foster, H). 이로써 사진술(photography)이 발명되기 전에도 사진기의 원형에 해당하는 장치는 이미 존재했었다는 것을 알 수 있다.

카메라 옵스큐라. 렌즈(B)를 통과해 거울(M)의 굴절을 거쳐 유리판(N)에 새겨진 상이 모사된다. (A. Ganot, 물리학 개론, 파리, 1855)

레오나르도 다 빈치(Leonardo da Vinchi)는 '카메라 옵스큐라'에 대한 최초의 기록을 남겼는데 그의 비공개된 노트에는 다음과 같이 기록되어 있다.

"만약 한 채의 주택이 있고 그 주택의 햇빛이 들지 않는 벽에 조그맣고 둥그런 바람구멍이 있으며, 그 벽 맞은편으로 양지바른 건물 혹은 광장이나 들판이 보인다면, 햇빛에 비치는 모든 광경은 스스로의 영상을 이 구멍을 통해 들여보내 반대편 벽에 자신을 나타낼 것이다. 그리고 그 벽이 흰색이라면 원래대로의 모습이 그곳에 비추어질 것이다. 단 거꾸로 비춰질 것이다. 만약 그 벽에 구멍이 여러 개 있다면 각각의 구멍마다 같은 결과가 생길 것이다.(한국민족문화대백과사전)"

1) 최초의 사진 제작자, 조세프 니세포르 니에프스(Joseph Nicephore Niepce)

프랑스의 화학자이자 사진제판 발명가인 니에프스는 1826년 세계 최초의 사진촬영에 성공했고, 자신의 처리방식을 헬리오그래피(heliograpy)라 명명했다. 헬리오그래피는 '태양광선으로 그리는 그림'이라는 뜻이다. 니에프스는 '카메라 옵스큐라'에 비친 이미지를 영구적인 이미지로 만든, 즉 이미지 정착이라는 문제를 해결한 최초의 인물이다. 그 결과물인 '르 그라 창문에서 본 풍경(1826)'은 그의 집 안뜰에 있는 건물 지붕과 풍경을 찍은 것으로 노출 시간이 수 시간이나 되었다. 최초의 정착에 성공하긴 했지만 정착시간이 너무 길고, 해가 하늘을 가로 질러서 안뜰 건물의 양쪽에 그림자를 만들었다. 그러다 보니 정착된 상이 선명하지 않다는 문제가 남아있었다. 그러다 1827년 다게르와 공동연구 계약을 체결했지만 큰 성과를 얻지 못하고 1833년 니에프스는 사망한다(2004, 캉탱 바작).

세계 최초의 사진(헬리오그래피). 르 그라에 있는 니에프스의 집 창밖 풍경. 노출시간이 8시간 가량이었기 때문에 해가 하늘을 가로질러서 안뜰 양쪽을 비추고 있다. (1826년경)

2) 다게레오타입을 완성한 루이 자크 망데 다게르(Louis Jacques Mandé Daguerre)

프랑스의 화가 루이 쟈크 망데 다게르(Louis Jacques Mandé Daguerre, 1787~1851)는 파리에서 극장 무대의 배경을 그리는 화가였다. 다게르도 이 시기의 다른 연구자들과 마찬가지로 카메라 옵스큐라에서 얻은 상을 정착시키려고 애썼다. 비슷한 연구를 하는 니에프스를 찾아가 공동연구를 위한 계약을 체결하지만, 이 계약은 1833년 니에프스가 사망하는 바람에 별다른 소득 없이 끝나고 말았다. 다게르는 선명한 상을 얻기 위한 연구를 이어갔으며 1837년 그의 기법이 완성되었다. 이는 유대역청(타르의 일종)으로 감광성을 띠게 한 동판을 암상자 속에서 빛에 노출시킨 다음 수은 증기를 쐬어 세부 묘사가 정밀한 상을 얻어내는 기법이었다(2004, 캉탱 바작). 다게르는 이것을 자신의 이름을 따서 다게레오타입(daguerreotype)이라고 명명했고, 이 발명에 관심을 기울이고 있던 프랑스 과학원의 종신 위원인 아라고의 도움으로 정식 공표할 수 있게 되었다(2003, 장-클로드 르마니).

다게레오타입으로 찍은 사진(1838년경)

다게레오타입(1839년)이 알려지면서 이와 관련된 많은 연구들이 선풍적인 인기 속에 줄을 이었다. 영국의 탈보트(William Henry Fox Talbot)는 음화로부터 양화 이미지를 새겨내는 최초의 기법인 칼로타입(calotype)을 개발했다(2003, 장-클로드 르마니). 하나의 음화에서 수많은 양화를 만들어 낼 수 있는 오늘의 사진 개념은 탈보트로부터 시작되었다고 볼 수 있다.

2
사진치료의 시작과 발전

사진은 우리 마음의 발자국이고, 우리 삶의 거울이며, 우리 영혼의 반영이고, 적막한 한 순간 우리 손 안에 쥘 수 있는 응고된 기억이다. 사진은 우리가 어디에 있었는지를 기록할 뿐 아니라, 알든지 모르든지 간에 우리가 어디로 가려는지 그 방향을 가르쳐 준다. 우리는 종종 사진과 말을 나누고, 사진 속에 담긴 인생의 비밀에 귀를 기울여야 한다.

- 주디와이저(Judy Weiser) -

1 사진치료의 이해

1. 사진치료의 정의

사진치료란 심리치료 장면에서 내담자가 자신의 마음에 관해 의식 수준에서 꺼내기 어려운 문제들을 사진을 매개로 직접적이거나 상징적으로 표현하고 말할 수 있도록 돕는 활동이다. 치료과정에서 사진은 무의식과 의식을 이어주는 가교의 기능을 한다. 사진치료의 정의는 학파나 접근방법에 따라 다양한 내용이 제시될 수 있다. 그 중 대표적인 사진이론의 창시자들이 표명한 사진치료의 정의를 소개하겠다.

미국의 심리학 교수이자 사진치료를 발달시킨 초기 연구자인 더글라스 스튜어트(Douglas Stewart)는 사진치료를 "전문적인 심리상담자들이 내담자를 치료하고자 사진 촬영이나 현상, 인화 등의 사진 창작활동 등을 시행함으로써 심리적인 장애를 경감시키고 심리적 성장과 치료상의 변화를 가능케 하는 것"이라고 말한다. 상담심리학자이자 사진작가인 데이비드 크라우스는(David Krauss)는 사진치료를 "사진 창작과정을 조직적으로 응용해 내담자의 생각과 행동의 긍정적인 변화를 추구하는 것"이라고 정의한다. 사진치료 센터의 설립자인 주디 와이저(Judy Weiser)는 그녀의 저서『사진치료 기법: 개인적인 스냅사진과 가족 앨범의 비밀탐구(PhotoTherapy: Exploring the secrets of Personal Snapshots and Family albums)』에서 "사진치료에서 개인 스냅사진과 가족사진(감정, 기억, 생각, 정보)은 의사소통을 위한 촉매제"라며 치료적 도구로서의 사진의 기능을 설명하고 있다. 또한 사진치료에서의 사진은 예술작품이 아닌 비언어적이고 상징적인 커뮤니케이션의 도구로서 통찰을 제공한다는 점을 강조한다.

사진은 우리가 어디에 있었는지, 아직은 우리가 의식하지 못했지만 어디로 갈 것인지를 알려주는 표식 같은 것이다. 내담자가 의식적으로 말을 통제하거나 억압하는 것들을 수면 위로 올라올 수 있도록 도와주기도 한다. 또한, 감정을 담은 종이라고 표현되는 사진으로 상담자와 내담자가 상호교류하며 의식적인 탐색을 할 수 있으며, 그 과정에서 인식이 재통합될 수 있다.

2. 사진치료의 효시

휴 웰치 다이아몬드
(사진: 헨리 피치 로빈슨, 1869)

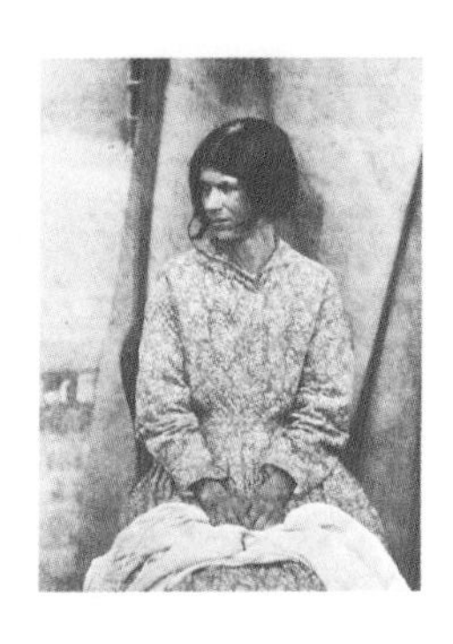
Melancholia passing into Mania

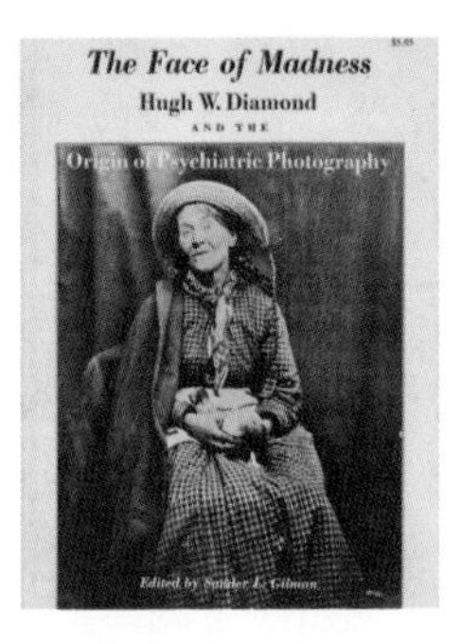

Seated Woman with a Bird

휴 웰치 다이아몬드 원장과 서리 카운티 정신병원 환자들의 사진

1839년 사진이 발명된 이후, 19세기 중반부터 사진은 임상병리학적인 기록물로 활용되기 시작했다. 정신과 의사인 토마스 스토리 커크브라이드(Thomas Story Kirkbride)는 1844년 정신질환자들에게 교육과 오락의 수단으로 "매직 랜턴(magic lantern)"이라는 사진 슬라이드를 사용했다. 또한 영국의 정신과 의사이자 사진가인 휴 웰치 다이아몬드(Hugh Welch Diamond)는 환자들의 얼굴을 통해 정신질환자들을 진단할 수 있다고 제안하며, 환자들의 정신착란의 외적 증상을 기록하기 위해 사진을 이용했다. 서리 카운티 정신병원(Surrey County Asylum)에 근무하면서 정신질환이 있는 여성들의 사진을 찍어 진단에 이용하고, 1856년 『광기의 얼굴(The Face of madness)』이란 책을 출판했다. 이 책은 사진을 진단에 이용한 최초의 시도이자 사진술의 유용함을 입증한

책이다. 또한 환자들의 초상 사진을 유형학적인 목적과 관상학적인 관점에서 보존해, 1858년 『존 코놀리의 정신착란의 관상학』의 도판으로도 사용했다(2004, 캉탱 바작).

프랑스 살페트리에르(Salpêtrière)병원의 원장인 장 마르텡 샤르코(Jean Martin Charcot)는 1876년 사진가이자 의사인 폴 레냐르(Paul Rè gnard)와 함께 의학 사진집 『살페트리에르 사진도판(conographie photographique de la Salpètrière)』을 출판했다. 이후 1882년에는 사진작가인 알베르 롱드(Albert Londe)가 샤르코 원장과 함께 살페트리에르 환자 사진을 중심으로 분석한 최초의 의학 사진집인 『의학과 생리학의 응용』을 저술했다. 신경의학이 사진을 중요한 연구방법으로 채택한 이유는 당시 서구의 시각적 관찰에 바탕을 둔 경험주의 의학에서 비롯된다. 신경정신병의 증상은 신체 외부의 독특한 특징으로 나타나기 때문에 시각적 관찰이 중요하다는 것이다. 관찰의 수단으로 눈과 언어는 한계가 많으며 이를 대체해줄 새로운 수단이 사진이라고 여겨졌다. 샤르코 원장은 히스테리 발작을 동작사진촬영을 통해 전조시기, 간질시기, 광대시기, 감정적 태도시기의 네 시기로 환자들의 발작을 분석함으로써 히스테리의 규칙적인 메커니즘을 연구해 히스테리 유형학을 시각적으로 입증하려 노력했다(2011, 박상우).

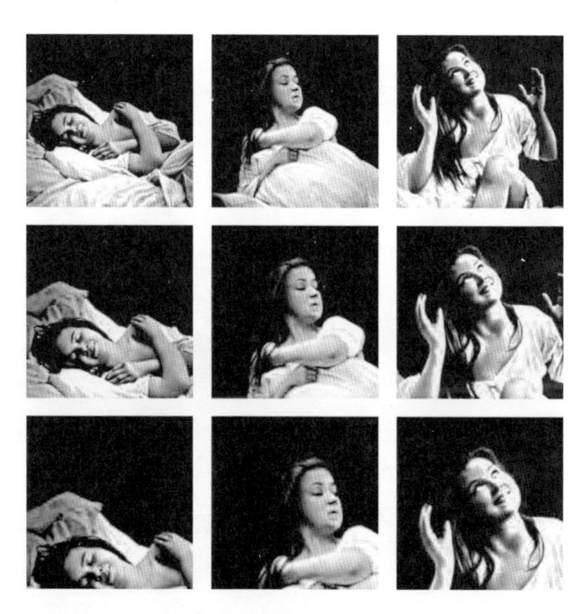

Iconographie photographique de la Salpêtrière (Jean Martin Charcot, 1878)

3. 사진치료의 발전

사진이 심리치료분야에 전문적으로 적용되기 시작한 것은 1970년대부터이다. 이는 과학기술의 발달에 힘입어 사진의 대중화가 이루어졌기 때문에 가능한 일이었다. 사진이 대중화되었다는 의미는 사진 인화물과 카메라를 소유하는 비용이 저렴해졌다는 뜻이다. 이 시기에는 이미 다양한 종류의 35mm 소형 카메라가 대중화 되었고, 특히 1950년대에는 폴라로이드 카메라까지 시판되면서 사진과 카메라는 대중에게 중요한 기념일을 담아내는 필수품이자 흥미로운 취미용품이 되었다. 이때 심리치료분야에도 사진의 활용이 본격화되었다.

사진치료라는 용어를 처음으로 사용한 심리상담자는 주디 와이저(Judy Weiser)로 1973년 선천성 청각장애 아동을 상담할 때 사진을 사용했고, 1975년 기사에 사진치료 기법을 소개했다. 1975년에는 콜럼비아 대학에 재직하면서 사진과 정신분석을 접목시키는 데 많은 공헌을 한 로버트 애커렛(Robert U. Akeret)이 사진 속에 나타난 관계나 바디 랭귀지 표현을 읽을 수 있는 책『사진 분석(Photo analysis)』을 출간해 사진을 보는 방법을 제시했다.

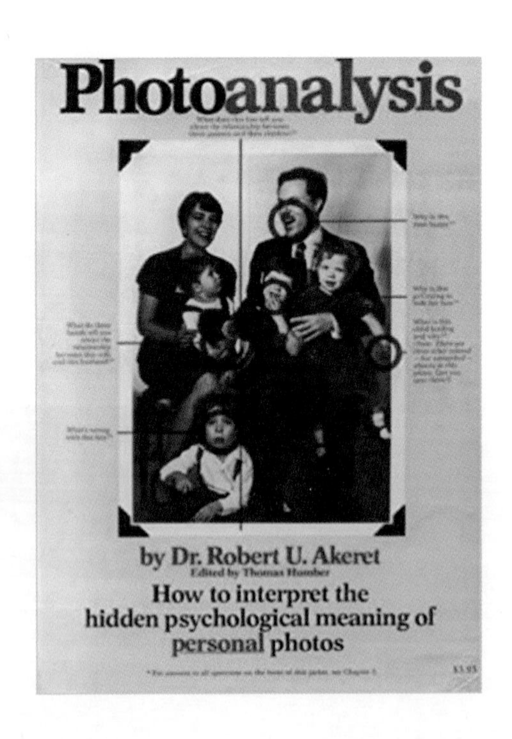

1977년 심리학 잡지인『오늘의 심리학 Psychology Today』에서 독자에게 다양한 상담분야에서 사진을 사용하는 사람이 있는지 알려달라고 요청했고, 이에 200명에게 답신을 받게 되었다. 그 결과 처음으로『사진치료 회보(PhotoTherapy Quarterly Newsletter)』가 창간되었고, 이때부터 사진치료가 공식적으로 시작되었다고 볼 수 있다.

1979년 일리노이 주 디캘브(Dekalb)에서 첫 번째 사진치료 국제회의가 열렸다. 이곳에서 알란 엔틴(Alan D. Entin), 제리 프라이리어(Jerry Fryrear), 데이비드 크라우스(David Krauss), 주디 와이저(Judy Weiser), 조엘 워커(Joel Walker), 더그 스튜어트(D. Stewart) 등 100여 명의 초창기 사진상담자들이 모여 본격적인 다양한 사진치료의 기법과 이론들에 대해 논의했다. 이후 활발한 사진치료 활동들이 이어져 1981년에는 국제 사진치료협회가 설립되었고, 「포토테라피(PhotoTherapy)」라는 공식 잡지가 창간되었다. 1982년 캐나다 밴쿠버에 있는 포토테라피 센터(PhotoTherapy Centre)는 전 세계 분야의 컨설팅, 교육 및 자원 기반 역할을 목적으로 문을 열었다. 설립자인 주디 와이저는 1970년대 초부터 여러 국가의 초청으로 사진치료에 대한 소개 및 경험에 의한 훈련 워크숍, 강의 등을 진행했으며, 센터 자체에서 워크숍 및 현장 교육을 제공하고 있다. 사진작가이자 정신과 의사인 조엘 워커와 주디 와이저가 주축이 되어 1984년 캐나다 토론토에서 열린 제4회국제 학술대회는 '사진치료(PhotoTherapy, using photos during formal therapy sessions)'에서부터 '치료적사진(Therapeutic Photography, using photo－activities as the therapy itself)' 적용에 관한 논의를 다루었고 사진치료 이론을 세계적으로 공유하는데 기여했다.

2004년 2월 4일에는 핀란드에 심리학자들과 사진작가들을 주축으로 하는 사진치료학회가 재결성되었다. 그 이후 중단되었다가 2008년에 핀란드에서 제5회 세계 사진치료학회가 개최되었다. 활발히 활동하고 있는 마크 휠러(Mark Wheeler), 울라 할콜라(Ulla Halkola), 아빌레스 구띠 에레즈(Aviles Gutièrrèz), 카민 파렐라(Carmine Parrella), 로리 마네르마(Lauri Mannermaa), 파비오 피치니(Fabio Piccini), 브릿지 아노(Brigitte Anor) 등이 참석했다. 2011년 2월 핀란드 투르크에서는 사진을 통한 학습과 치유로 유럽 내의 사회적 배제를 줄이고 웰빙을 위한 사진치료 프로그램의 연구에 초점을 둔 심포지엄이 개최되었다. 미국의 엘렌 피셔 터크(Ellen Fisher Turk)는 강간, 근친상간, 섭식 장애, 암 또는 평범한 생활로 인한 부정적인 신체 이미지로 고통 받는 여성들을 위해 이미지 스틸 또는 비디오를 사용해 돕고 있다.

엘렌 피셔 터크

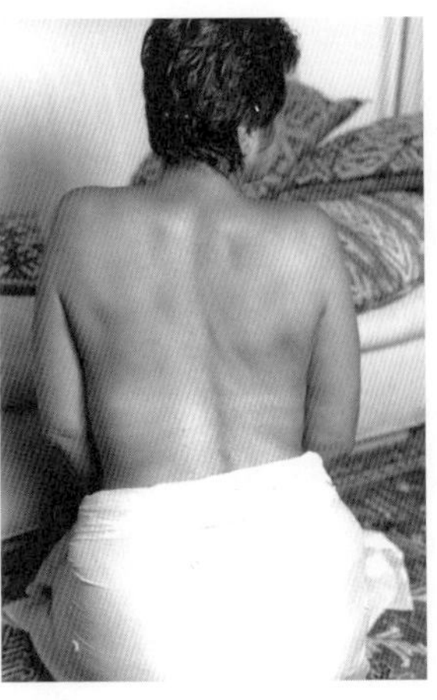

알코올 · 약물 중독이 있던
내담자의 사진과 사례

Consuelo는 비만, 알코올, 약물 중독과 싸웠다.
(사진 속 주인공이 직접 쓴 글)
"어떤 사람들은 치료를 시작하기 전 바닥을 쳐야 합니다. 나도 그중 한 명이었지요. 사진을 찍는 동안 내 몸이 그림에서나 본 것 같은 몸으로 변신하는 것을 느꼈어요. 사진을 더 좋아하기 시작했죠. 내 마음과 더 긍정적인 대화를 시작했습니다. 이제는 내 몸을 비난하기보다 내가 소중히 여기는 한 여자로 보고 있어요. 내 마음이 파괴되기를 원치 않아요. 내 몸은 영혼의 사원입니다. 우주와 나는 자신을 그렇게 취급하고 있어요."

한편 영국에서는 사진작가이며 여성주의 운동가인 로지 마틴(Rosy Martin)이 1983년부터 또 다른 여류 사진작가였던 조 스펜스(Jo Spence)와 함께 재연사진치료(re-en-actment PhotoTherapy)라고 불리는 사진치료 방법을 발전시켜왔다. 로지 마틴과 조 스펜스는 우리 삶 주변의 구체적인 시각적 이미지들을 분석한 결과, 중년 여성들 혹은 서민으로서 우리에게 재현적인 표상이 매우 부족하고, 구조화된 부재가 있다는 것을 인식하게 되었다. 조 스펜스는 1982년에 유방암 진단을 받았고 자신이 투병했던 수년간의 모습을 자화상 형식으로 담음으로써 재연상담자에 한 획을 그었다.

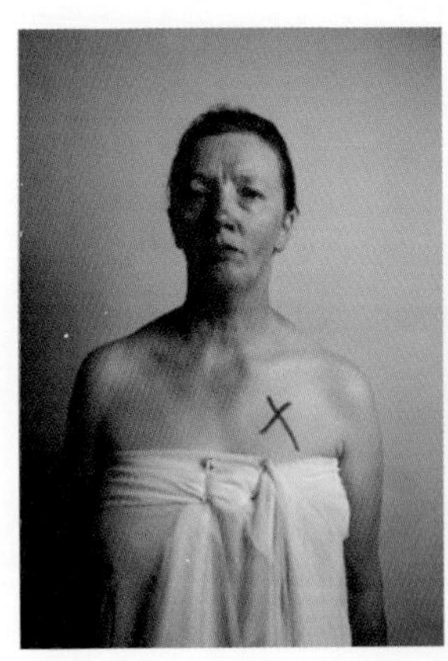

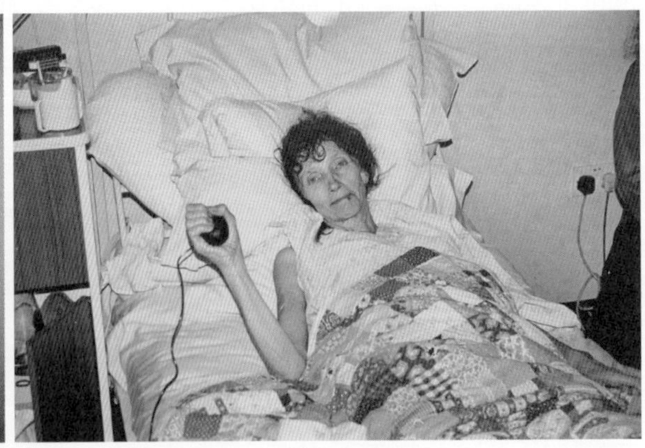

Jo Spence Memorial Archive, Ryerson Image Centre

북아메리카와 캐나다에 있는 대학원에서는 임상심리학과와 예술치료학과의 전공자들이 선택과목으로 사진치료를 채택할 수 있을 정도로 교육제도 안에 자리잡혀가고 있는 실정이다. 우리나라에서는 사진치료를 처음 알린 심영섭 교수가 주축이 되어 2012년 출범한 '한국사진치료학회'가 활발히 활동하며 국내 사진치료 분야 발전에 기여하고 있으며, 석 · 박사 학위 논문이나 사진치료에 관한 저술이 증가하고 있는 추세이다.

2 사진치료의 치료적 요인

1. 사진매체가 갖고 있는 사실성 · 기록성 · 전달성의 속성

누군가에 의해 설정된 사진이라 할지라도 그 안에는 당시 '그것이 분명히 거기에 존재했다'는 사실성을 담고 있다. 그리고 그 사실은 '박제된 시간'으로 기록된다. 이렇게 기록된 사진은 자신을 의식적 · 무의식적으로 표현할 수 있는 매체로서 전달성의 속성이 있다.

2. 매체의 접근성과 친숙함을 통한 내담자의 심리적 저항 감소

디지털 시대에서의 사진은 남녀노소 누구나 쉽게 접할 수 있는 매체이다. 내담자에게 사진은 큰 부담이나 거부감 없이 임파워링 경험을 촉진시킬 수 있는 매개체가 되고, 내담자의 저항을 완화시키는 데 도움이 된다. 언어 표현이 어려운 내담자, 감정 표현이 서툴거나 감정을 억압하는 내담자의 경우에도 사진은 효과적이다.

3. 자기이해 및 타인이해의 속성

사진은 자기이해 및 타인들의 역동을 이해하는 단초가 되기도 한다. 앨범 속 또는 내담자가 가지고 오는 사진들을 보면 어떤 종류의 사진(여행사진, 졸업사진, 행사사진, 특정 행사사진 등)인지와 사진 속 인물은 누구인지, 포즈는 어떠한지, 사진을 찍은 사람은 누구인지, 시기 등을 살펴보며 자신을 탐색하고 타인과의 관계 역동성도 알 수 있다.

4. 객관적 거리두기를 통한 성찰의 가능성

사진을 찍고 인화하는 과정부터 사진을 감상할 때까지, 카메라라는 또 다른 시각을 가진 타자를 통해 우리는 '외부인'의 관점에서 자신을 바라볼 수 있게 된다. 사진을 찍는 순간 내면에 갇혀 있던 우리의 시각과 생각은 거리를 두고 관찰할 수 있는 것이 되기 때문이다. 사실 우리가 흡수하는 일상생활의 정보 대부분이 뇌에 입력될 때 꼭 언어적으로 부호화되는 것은 아니다. 그리고 언어적으로 부호화되지 않은 것은 언어적으로 표현되기도 힘들다. 즉 언어적으로 부호화 되지 않은, 보이지 않고 들을 수 없는 우리 마음속의 다양한 기억과 정서들을 사진을 통해 시각적이면서도 객관적으로 보려는 것이다. 자신을 객관적으로 볼 수 있어야 자신의 문제가 무엇인지 깨닫고, 이에 관한 적절한 문제 해결책과 통찰을 얻을 수 있다. 내담자는 사진을 통해 자기직면과 성찰을 하면서 자기 존재에 대한 정당성을 확보하게 되고 이는 효과적인 상담을 가능하게 한다.

3 예술치료로서의 사진치료

모든 예술치료는 감각에 기초한 경험을 시각적–상징적으로 표현하는 것이 의사소통에 덜 방해되고, 의사소통의 내용을 덜 왜곡한다는 생각을 바탕으로 한다. 또한 상징적 이미지를 생산하거나 반응하는 것 같은 은유적 의사소통을 통해 내면 깊이 잠겨 있는 무의식이 투사되므로, 예술치료가 무의식의 영역을 다룬다는 것을 전제로 한다. 크라우스는 비언어적인 개인적 상징이 아주 강력하다는 점을 강조했다. 왜냐하면 그것은 그 존재감을 알리려는 무의식, 즉 우리 의식의 원천인 무의식으로부터 나오기 때문이다. 우리는 자신이 만든 사진을 보거나, 그에 대한 우리의 반응을 살펴보고, 떠오르는 주제와 유형을 탐색할 때(합리화, 방어, 핑계 그리고 다른 보호가 가능하도록 하는) 교묘한 말에 휘말리지 않음으로써, 우리 자신의 무의식에 대해 배울 수 있게 된다. 사진치료가 예술치료 안으로 들어올 수 있었던 이유는 현실에 대한 관찰을 통해 내담자의 지각을 찾아내고, 지각된 것 이면의 숨은 의미를 알아내고, 그리고 그 인지 과정이 어떻게 내담자의 사고방식과 현재 삶의 패턴에 영향을 미치는지를 깨닫게 할 수 있기 때문이다.

3
사진치료와 치유적사진

치료를 하는 것, 그리고 그것을 잘 수행하는 것이 나의 예술이다.
나의 전문 분야는 사람을 돕는 것이고, 사진은 말로는 충분하지 않는
잠재의식과 의사소통을 하기 위한 나의 주요 언어들 중 하나이다.

- Judy Weiser, PhotoTherapy Techniques, p.xv-xvi. -

1 어원적인 의미

사진치료와 치유적사진의 이해를 돕기 위해 치료와 치유의 어원적 의미를 먼저 살펴본다. 치료(Therapy, Treatment)는 병을 고친다는 의미로, 'Therapy'는 그리스어의 'Therapia'에서 유래하며 주의를 기울인다는 뜻을 가지고 있다. 치료는 병과 상처를 주의 깊게 보는 행위이며, 고통을 병리적으로 가지고 있는 사람을 대상으로 누군가가 병을 고쳐주는 행위를 말한다.

치유(Healing)는 스스로 병을 낫게 한다는 뜻으로 병의 원인을 알고 풀어 나간다는 뜻을 가진다. 치유는 자신의 본질로 되돌아가서(내면의 영, 참자아가 발현되어) 자기 스스로 병을 낫게 한다는 뜻이다. 그래서 치유는 복원, 변화에 대한 적응, 회복을 의미하며, 자연적인 현상이나 심신의 회복을 통해 본래의 건강으로 돌아오는 것에 중점을 둔다(자연치유). 또한 치유는 질병의 회복뿐만 아니라 환자가 새로운 내면의 균형 상태로 도달하는 과정이나, 내면의 진아(眞我)가 발현되어 저절로 치유가 되는 것을 말한다. '힐링'과 '치료'라는 용어는 나라마다 단어를 사용하는 방식에 있어서 모호함이 있지만, 종종 어떤 표준적이고 '전문적'인 의미보다는 건강에 관한 기본적인 문화적 가치와 기대를 기반으로 하고 있다.

2 사진치료와 치유적사진

사진치료의 개척자인 주디 와이저(1999)는 사진치료는 상담자의 개입으로 이루어지며 치유적인 사진은 상담자의 개입 없이 이루어지는 사진 활동이라고 정의한다. 그러나 수십 년 동안 전 세계에 걸쳐 존재해 온 사진치료와 치유적사진의 정의가 각자의 실제에 따라 다르게 정의해 쓸 수 있다. 수많은 사진가가 같은 순간에도 사진을 제각기 다르게 창의적으로 찍는 것처럼, 사진을 감정 치료의 보조 도구로 사용하는 상담자들도 그들 자신이나 내담자, 또는 이들 모두를 위해 조금씩 다르게 적용해 사용하고 있다. 울라 할콜라는 사진의 특성을 치유적사진, 예술사진, 취미생활 사진, 사진치료적인 사진으로 범주를 크게 나누고 있다. 이에 대해 주디 와이저는 사진치료와 치유적사진은 사진을 기반으로 하는 치료 실제(photo-based healing practices)에서 하나의 긴 연속체의 양쪽 두 끝이라고 말한다.

따라서 사진치료와 치유적사진의 두 가지의 관점을 바탕으로 어떤 유사성과 차이점이 있는지 이해할 필요가 있다. 치유적인 효과 차원에서 사진치료와 치유적사진은 둘 다 정서적으로 의사소통의 역할이나 자의식과 웰빙을 증가시키고 대인 관계성을 높이고 삶의 긍정적인 변화를 활성화시키고 재활 활동을 도울 수 있다. 이런 효과들로 인해 많은 이들은 사진치료와 치유적사진이 실제에서 어떻게 다르게 의미되는지를 잘 알지 못하며 혼용해서 사용하기도 한다. 사진치료와 치유적사진은 사진을 이용한 치유적인 효과 면에서 유사성을 가지고 있지만 그 과정이 상당히 다르다. 사진치료와 치유적사진의 이해를 돕기 위해 그 의미와 목적, 접근방식과 상담자의 역할 및 사진의 기능과 활용에 대해 주디 와이저가 주장한 내용을 정리해 살펴본다.

3 사진치료(PhotoTherapy: Photography-in-Therapy)

1. 사진치료의 의미

사진치료는 심리치료의 구성요소 또는 내담자와의 치료의 실제로서 사진이나 사진술을 이용하는 것이다. 즉 사진치료는 심리치료과정에서 사진을 사용하는 것을 의미한다. 심리치료 목적을 위해 활용 차원에서 상담자가 사진을 다루는 것이다. 즉,

훈련된(자격을 갖춘) 정신 건강 전문가들이 내담자와의 치료과정에서 사진을 응용해 심리기법에 적용하는 사진 기반의 상담 기법이다.

2. 사진치료의 목적

사진치료의 목적은 전문 심리상담자 또는 훈련된 상담자가 특정한 치료 목적을 가지고 심리적인 어려움과 고통을 가지고 있는 내담자를 대상으로 내담자의 감각, 감정, 그리고 의식을 촉진하는 촉매제로서 사진을 창의적으로 사용하는 데 있다.

3. 사진치료의 접근방법

사진치료에서 치료적인 접근은 기존의 상담이론과 실제를 바탕으로 한다. 사진은 상담자와 내담자의 중간 매개체로 위치한다. 상담자가 지향하는 치료 이론과 기법이 바탕이 되어 내담자들이 찍은 사진, 보관하고 있는 사진, 가족 앨범, 또는 고른 사진 등을 가지고 상담자와 대면적인 상호교류를 통해서 의식적으로 탐색한다.

4. 사진심리상담자의 역할

상담자는 내담자의 치료적인 효과와 내면의 성장에 목적을 두고 사진을 사용한다. 주디 와이저는 상담자의 역할이란 내담자들이 사진을 만들고 선택하면서 사진을 보고 기억하고 상상하는 심리치료과정에서 그들의 개인적인 발견을 지지하고 격려하는 것이라고 말한다. 상담자는 사진의 창의적인 표현과 성찰을 통해 내담자의 심리적인 안정과 성장을 돕는다.

상담자로서 사진치료 기법의 유용함을 이해하기 위해서는 먼저 사진치료를 경험해야 한다. 실제적인 정보는 사진치료를 직접 체험해 보면서 경험해야 하며 내담자에게 활용할 실습 예제들을 훈련해야 한다. 사진치료를 하는 상담자가 사진을 이해하고 그 표현을 아는 것은 의미가 있다.

상담자로서 사진치료를 할 때, 사진예술의 특별한 기술훈련을 필요로 하지는 않는다. 주디 와이저(1999)는 '치료를 하는 것, 그리고 치료를 잘 수행하는 것이 바로 예술'이라고 말하면서 사진기술에 얽매이지 않기를 권한다. 사진치료는 상담자에게 사진의 기술에 대한 사전 지식이나 경험, 미학적인 관심을 전제조건으로 하지 않는다.

5. 사진의 기능

사진은 내담자의 정서와 내면 표현을 촉진하고 무의식을 자극하며 비언어적인 표현을 돕는 의사소통의 매개로서 존재한다. 또한 내담자의 심리적 어려움을 상징적이거나 은유적 또는 투사적으로 내면의 의식과 무의식을 표현하도록 돕는 매체로서 기능한다. 상담자는 문제 해결을 위한 도구로서 사진의 치유적 기제가 기능하도록 활용한다. 사진의 예술적인 기능은 치료과정보다 절대 중요하지 않다고 본다.

6. 사진치료에서 사용되는 사진

상담목적을 돕기 위해 필요한 사진으로는 모든 사진을 포함할 수 있다. 크게 보면, 내담자가 가져오거나 찍은 사진과 상담자가 준비한 사진으로 나눠볼 수 있다. 구체적으로 보면, 내담자가 찍은 사진, 내담자가 모은(보관한) 사진, 내담자가 찍힌 사진, 내담자의 가족 앨범사진 또는 스냅사진 등이 해당된다. 상담자가 심리치료용으로 준비하는 사진에는 투사용 사진모음, 상징적 사진, 사진이 있는 엽서, 신문 · 잡지 · 인터넷 스크랩 사진 등이 이용될 수 있다. 또한 상담자가 직접 촬영한 사진이나 수집한 사진들이 사용될 수 있다.

7. 사진치료에서 사진의 활용

사진치료의 개척자들은 그들이 지향하는 이론과 접근 방식에 따라 사진을 다양하게 적용하고 응용하면서 사진치료의 접근과 활용 방식을 넓히고 있다. 사진을 어떻게 심리치료의 목적으로 사용하고 있는지를 간략히 소개한다. 대표적으로 로버트 애커렛, 주디 와이저, 울라 할콜라, 조엘 워커의 사진치료 기법들이 있다. 대표 사진 상담자 각각의 치료기법에 대해서는 3장에서 자세히 살펴볼 수 있다.

1) 로버트 애커렛

비언어적인 신호 분석(『사진분석』 중에서)

정신분석가 로버트 애커렛(1973)은 사진 속에 나타나는 관계성을 읽고 그 의미를 분석하는 '사진 분석'에 기여했다. 자동적으로 촬영되는 사람들의 감정이나 그들의 잠재의식에 있는 타인과의 관계, 그리고 타인과의 관계에서 품고 있는 숨은 감정까지 몸의 움직임과 인상 · 자세 · 표정 등에 반영되어 사진에 나타난다는 사실을 밝혔다.

2) 주디 와이저

주디 와이저의 시연 장면
(출처: The PhotoTherapy Centre.com)

사진치료의 개척자인 캐나다의 주디 와이저는 사진을 반영의 대상이자 변화를 위한 역동적인 요인으로서, 예술매체이면서 매우 직접적인 정서적 의사소통의 수단으로 다룬다. 그녀에게 사진은 잠재의식과의 의사소통을 가능하게 하는 언어이며 정서적 자극제이다. 그는 상담할 때 8x10인치의 흑백사진을 50~100장 정도 준비해 고르게 한 후 내담자와 사진을 보면서 대화를 나눈다. 그는 사진의 해석이나 의미를 읽는 방법을 제공하지 않고 상담자와 내담자의 상호협력을 통해 사진과 관련된 무의식의 연상 작용을 꾀하면서 내담자의 감정을 스스로 알아가게 하는 방법을 제시하고 있다.

3) 울라 할콜라

핀란드의 트라우마 치료전문가이면서 사진상담자인 울라 할콜라(2011)는 직접 촬영하고 제작한 상징적인 스펙트로 카드(Spectro Cards) 사진을 활용하고 있다.

울라 할콜라의 스펙트로 비전 사진의 예
(출처: spectrovision.net)

울라 할콜라는 사진을 통해 내담자에게 시간여행을 허용하면서 인생을 탐험하게 하고, 인생의 좋고 어려웠던 시간들, 중요한 사람들의 만남, 그리고 현재와 지금의 삶에 대해 생각해 보게 하며 이 과정에서 위안을 받을 수 있게 한다. 스펙트로 카드는 개인 및 집단 상담에 적합한 사진으로 구성된 풍경과 정물사진이며, 4x5인치의 크기에 5가지의 주제(spectro visions, crises, clouds, models, graffiti)로 구성되어 있다. 이 카드는 우리의 상상력을 사로잡고 감정을 표현하며 자유로운 상호작용을 자극하면서 스토리텔링을 촉진한다. 사진은 감정 · 기억 · 생각 및 정보를 위한 수단일 뿐만 아니라 새로운 이미지와 의미를 생성하기 위해 사용한다.

4) 조엘 워커

토론토의 정신분석가 조엘 워커는 1980년에 워커 비주얼(The Walker Visuals) 사진을 개발했다. 워커 비주얼은 인간의 근본적인 주제(죽음, 성, 힘)를 연상하게 하는 애매모호한 흐릿한 상으로 구성된 4장의 대형 컬러사진이다. 꿈과 같은 이미지들은 내담자들의 환상과 상상을 자극한다. 이미지들에 대해 내담자들이 자신의 반응을 묘사하면서 그들이 가지고 있는 근원적인 영향을 인지하고 내면의 저항을 극복하게 하는 데 특별히 유용하다. 내담자들은 이 이미지를 통한 자유연상에서 그들 자신에게 드러진 중요한 주제를 알게 된다.

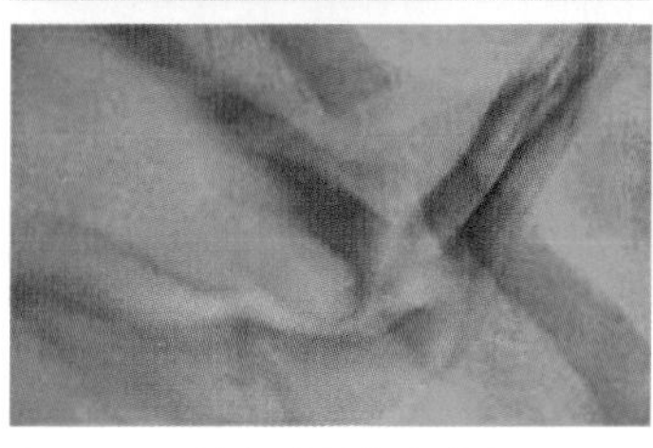
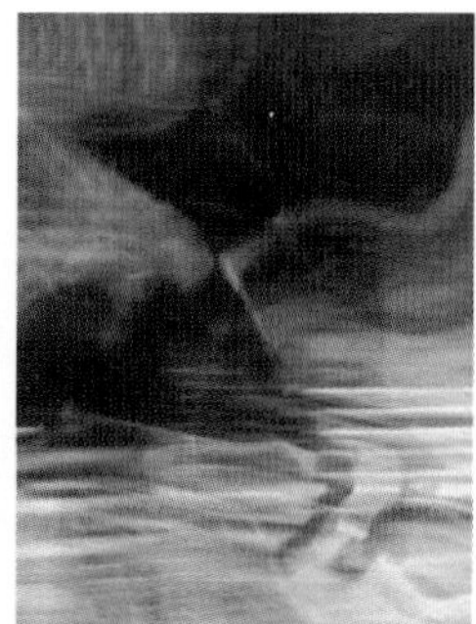

워커 비주얼 사진들
(출처: joelwalker.com)

4 치유적사진(Therapeutic photography: Photography-as-Therapy)

앞서 살펴본 주디 와이저(1999)의 사진치료의 정의에 대응해 치유적사진의 내용을 살펴본다.

1. 치유적사진의 의미

치유적사진은 전문적인 상담자가 필요치 않거나 없는 상황에서, 개인의 통찰과 자기표현(집단이나 지역사회의 문화 활동을 포함)을 위한 치유적인 활동으로 사진이나 사진술을 이용하는 것이다. 치유적사진은 사진을 기반으로 하며 사진 자체가 가지고 있는 치유적인 효과를 강조한다(photography as therapy process). 사진 예술 자체가 가지고 있는 치유의 힘을 믿는다. 치유적사진은 자발적으로 시작해 수행되는(또는 조직화된 그룹이나 프로젝트의 일부로서) 사진 기반 활동의 명칭으로 공식적인 치료가 아니어서 상담자가 관여할 필요가 없다.

2. 치유적사진의 목적

치유적인 사진은 다른 말로 치유적인 사진 활동으로 개인이 스스로 치유 목적을 가지고 사진 활동을 하는 것을 의미한다. 치유적인 사진의 목적은 개인의 자기성장, 자기표현, 자기발견, 사회변화나 정치적인 예술을 주장하기 위한 도구로서의 사진이 될 수 있다. 사진치료의 목적처럼 건강 증진, 힐링, 재활, 임파워링 또는 자신을 표현하는 법을 배우는 목적이 될 수 있으며, 효과적으로 정서적인 의사소통이 가능하게 하며 자의식과 웰빙을 증가시키며 가족과 다른 사람과의 관계성을 높이고 긍정적인 변화를 활성화시키거나 재활 활동을 도울 수 있다.

3. 치유적사진의 접근방법

치유적사진은 자신(자기)을 대상으로 한다. 개인 자신에게 중점을 두어 사진을 통해 내면과 자아를 탐색하고 성찰하고, 자신이 의도한 주제에 따라 사진 작품 활동을 하면서 개인적이고 보편적이며 상징적인 고유 의미를 표현할 수 있다. 치유적사진 작업 과정은 매우 자유롭고 창의적일 수 있다.

4. 사진심리상담자의 역할

개인의 자가 치유를 돕는 치유적인 사진에는 전문적인 상담자가 개입을 하지 않는 상태에서 이루어진다. 이런 면에서 주디 와이저는 치유적사진은 엄밀히 말해 치료가 아니라고 한다. 그러나 치유적인 사진활동에도 상담자의 개입이 보다 효과적이라고 본다. 울라 할콜라(2011) 역시 사진치료와 치유적사진이 매우 비슷하지만 둘 다 전문적으로 훈련된 사람들이 수행할 필요가 있다고 강조한다. 사진 자체가 주는 치유적인 장점들이 높아도 전문적인 심리상담의 개입이 주는 효과와는 다르기 때문이다. 또한 치유적사진을 주도하는 개인은 의식의 한계성을 가지고 있기 때문이다. 예를 들어 예술을 창조하는 행위 자체는 창조적이며 치유적이지만 이 과정에서 예상치 못한 미해결 상태의 감정의 촉발이나 기억 회상이 발생해 어려움에 처할 수 있다. 이것을 다뤄줄 수 있는 상담 개입이 있다면 매우 치유적인 결과가 나타날 것이다.

5. 사진의 기능

사진은 치료적인 사진과 마찬가지로 정서와 내면의 표현을 촉진해 무의식과 의식을 비언어적으로 표현할 수 있도록 돕는 의사소통의 매개로 기능한다. 그러나 치유적사진에서 사진은 사진 자체가 목적이 되어 사진의 미학적 요소가 중요하게 다뤄질 수 있다. 이런 치유적사진은 사진예술 교육과정과 사진예술 또는 동호회 집단 활동의 작품에서 자연스럽게 나타난다.

6. 치유적사진에서의 사진

자신의 치유목적에 사용되는 모든 주류의 사진을 포함한다. 자신의 모습을 기록하고 표현하는 자화상, 일상을 기록하는 사진일기, 되고 싶은 자신의 모습을 연출하는 재연사진, 자신의 작품성을 강조하고 주관적인 세계를 표현하는 예술사진과 객관성을 강조하는 기록사진 등이 포함될 수 있다. 또한 자신의 감정과 의식의 전환, 성장을 위한 사진 활동과 사진 작품 전시, SNS에 올라온 사진들도 넓은 의미에서는 치유적사진에 포함될 수 있을 것이다.

7. 치유적인 사진 활동을 하는 사진가

사진의 창작 작업은 그 자체로 치유적이다. 자신의 신체와 정신적인 치유를 위해 치유적인 접근 방식으로 사진을 찍고 발표하는 수많은 사진가들이 있다. 그중 대표적인 작가로 로지 마틴과 조 스펜스, 크리스티나 누네즈가 있다. 3장에서 이들의 치유적인 작품에 대한 자세한 내용을 볼 수 있다.

1) 로지 마틴과 조 스펜스

조 스펜스와 로지 마틴의 공동 작업
(출처: tate.org.uk)

영국의 로지 마틴과 조 스펜스는 협동해 재연사진치료라는 방법을 사용했다. 사진적인 재현을 통해 자기인식을 높이고 재구성 이미지를 만들어 내면을 탐색하게 한다. 또한 조 스펜스가 자신의 유방암을 치료하기 위해 촬영한 자화상 사진은 치유적 사진의 선구적인 역할로 그 의미가 크다.

2) 크리스티나 누네즈의 자화상

이탈리아의 전문 사진가 크리스티나 누네즈는 자화상 작업으로 자신과 다른 사람의 치유적인 경험을 돕고 있다. 자신의 낮은 자존심을 극복하고 창조적인 과정을 돕기 위해 자화상을 찍기 시작했으며, 그 과정에서 자신의 모습 속 강점을 발견하고 자존감을 회복하기 시작했다고 말한다.

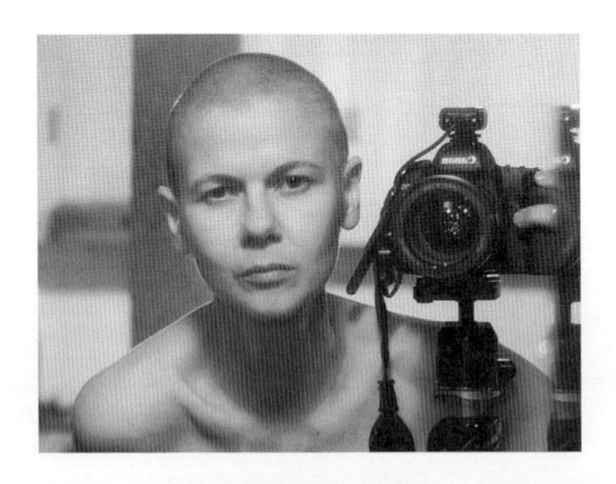

크리스티나 누네즈
(출처: www.cristinanunez.com)

4
사진치료의 심리적 기제: 기억, 정서, 투사

그래, 내가 미워했던 것은 어쩌면
그 사람의 얼굴에 끼어 있던
삶의 고단한 먼지, 때, 얼굴이 아니었을까?
그래, 그 사람의 아픔이 아니었을까?
미처 내가 보지 못했던 나의 상처가 아니었을까?

- 임진강가에 서서, 원재훈 -

1 기억

기억(memory)이란 우리의 경험 일부 중, 어떤 것을 정신 속에 간직하고 되살리는 것을 말한다. 우리의 감각기관(시각, 청각, 후각, 촉각 등)으로 입력된 자극들은 뇌의 해당 기관에 전달되고 기억으로 변환되는 과정을 거친다. 기억은 자극, 심상, 사건, 생각, 기술에 관한 원래 정보가 추가적으로 나타나지 않아도 이 정보를 보유하고 인출한다.

- 감각기억(sensory memory)
  아주 짧은 시간 동안 모든 입력정보를 유지시키는 초기 단계

- 단기기억(short-term memory, STM)
  15~20초 정도 동안 5~7개 정도의 항목(item)을 유지

- 장기기억(long-term memory, LTM)
  아주 많은 양의 정보를 몇 년 혹은 심지어 수십 년 동안 유지

우리가 현관 비밀번호를 기억하고 인터넷 뱅킹을 하는 것에서부터 어린 시절 어떤 아이었는지 헤아려보는 것에도 기억과정이 작용한다. 하지만 기억은 단순한 한 가지의 개념이 아니라 과거 어느 시점에서의 경험이 현재나 미래에 행동하고 사고하는 방식에 영향을 주는 것이다(Joordens, 2011). 만약 기억이 없다면 학습, 사고, 추론 등은 이루어질 수 없다.

1. 장기기억

과거에 발생했던 일을 기억해내는 것은 장기기억과 관련되어 있다. '기록보관소'의 역할뿐 아니라 다른 기능들과 협업해 현재 진행 중인 경험의 생성을 돕는 역할도 한다.

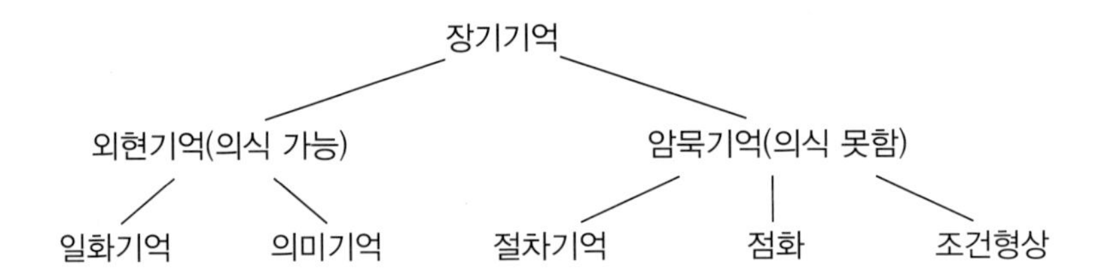

장기기억에는 사실에 관한 것을 기억하는 의미기억과 우리가 경험한 것을 기억하는 일화기억이 있다. 의미기억은 사실에 관한 기억과 관련되어 있다. 일화기억은 특정한 개인적 경험들에 관한 기억으로, 그 경험을 다시 체험하기 위해 시간상 역으로 거슬러 올라가는 정신적 시간여행을 포함한다. 엔델 툴빙(Endel Tulving, 1985)은 일화기억 경험의 속성은 정신적 시간여행(자기자각 또는 기억해내기)과 관계가 있다고 밝히고 있다. 두 기억은 기억한 정보의 유형에 의해 구분될 수 있지만, 우리의 지식(의미기억)이 우리의 경험을 안내하며 뒤따르는 일화기억에도 영향을 주게 되므로 인출 시 서로 상호작용한다고 볼 수 있다. 이 상호작용은 자전적 기억에도 영향을 준다. 자전적 기억은 사람들 자신의 삶의 경험에 관한 기억으로, 일화적 성분(회상된 특정 사건들)과 의미적 성분(이 사건들과 관련된 사실들) 둘 다 포함하고 있다. 자전적 기억의 의미적 성분들이 바로 개인적 의미기억이다. 이 기억들은 외현기억으로 우리가 자각하고 있는 기억이다. 이에 반해 암묵기억은 경험에 대한 학습이 의식적 기억을 수반하지 않을 때 일어나며 실제로 우리가 자각하지 못하고 있는 기억을 말한다.

절차기억이란 기술기억으로도 불리는데 우리가 학습한 많은 기술들의 공통성분으로 자전거 타기, 운전하기 등을 수행하는 것과 관련된 기억들이 많다. 점화(priming)는 한 자극의 제시가 다른 자극에 대한 반응을 변화시킬 때 일어난다. 예를 들어 병원이라는 단어에 노출되면 이후 제시된 자극에서 다른 제시보다 더 빨리 반응하게 되는데 앞에서 병원이라는 자극에 노출된 것을 기억하지 못할 때조차도 그러하다. 고전적 조건형성은 중립자극과 조건자극을 짝지을 때 일어나는 것으로 실생활에서의 조건형성은 흔히 정서적 반응과 결부되어 있다. 어떤 사람에 관해 이유는 모르지만 긍정적 또는 부정적 느낌을 가져본 적이 있는가? 이런 정서적 반응은 기억과 관련해서 암묵기억의 한 사례라고 할 수 있다.

2. 부호화, 인출

우리는 다양한 삶의 경험을 통해 수많은 자극을 받게 되는데 그 모두가 장기기억으로 저장되지는 않는다. 기억의 측면에서 살펴볼 때 정보를 장기기억으로 저장하기 위해서는 부호화(encoding) 과정을 거치게 된다. 또한 경험을 통해 부호화된 자료를 사용하기 위해서는 반드시 인출(retrieval)되어야 한다. 우리는 삶에서의 모든 경험을 부호화하고 조직화해 장기기억에 저장하고 있다. 우리가 경험을 통해 배우고 그 지혜를 다시 삶에 적용하는 과정들은 학습한 것들을 인출하는 과정을 통해서 일어난다. 앞서 장기기억의 여러 형태들을 살펴보았는데 이 모든 장기기억은 인출의 형태로 삶에 다시 재현될 수 있다. 이때 우리는 인출단서(retrieval cue)들을 활용하게 되는데 어떤 특정장소로 되돌아갈 때 그 장소와 연합된 기억을 자극하거나, 어떤 특별한 냄새를 통해서도 그때와 연합된 기억들이 떠오를 수도 있다. 이렇게 인출조건들과 부호화 당시 존재했던 조건들을 일치시킴으로써 인출을 증진시킬 수 있다.

3. 기억의 구성적 본질

지금까지 기억의 과정에 대해 간단하게 살펴보았는데 기억은 일종의 처리 과정으로 일부의 정보만이 기억에 저장되고 그 정보들 중 어떤 부분은 상실되기도 한다. 발생하는 모든 것이 정확하게 기록되지는 않으며 기록된 것은 변화하기 쉽다. 특히 정서와 연합한 기억은 주관적 감각과 관련되어 있고, 정서가 세부내용에 관한 기억을 증진시키기도 하지만, 왜곡시킬 수도 있다. 뇌가 처리할 수 있는 기억 능력의 한계도 분명히 존재하지만 기억의 기본 속성이 그러하기도 하다. 기억은 구성 과정에 의해서 생성되는데, 기억의 구성적 본질(constructive nature of memory)을 설명하자면 다음과 같다. 사람들이 기억이라고 보고하는 것은 실제로 발생한 일에다 그 사람의 고유한 지식, 경험, 기대와 같은 부가적 요인을 더 한 것에 기초해 구성된 것이다.

감각기관을 통해 들어온 정보들이 지각되는 과정, 그리고 기억으로 편입되는 메커니즘은 같을 수 있지만 그것에 대한 해석과정은 각자 다른 방식으로 처리될 것이다. 모든 지각은 지각자에 의해 가치와 맥락이 주어질 수 있는데 이런 구성주의(constructivism)적 관점은 인간이 자신의 경험으로부터 지식과 의미를 구성해낸다는 것을 전제로 하고 있다.

4. 사진과 기억

1) 인출단서로 작용

사진치료적 관점에서 본다면, 기억 특히 자전적 기억을 작업할 때 개인의 스냅사진이나 가족사진은 가장 좋은 인출단서가 될 수 있다. 어릴 적 자신의 생일파티 사진, 졸업식 사진, 일상의 한때를 포착한 사진 등 자신이 찍은 스냅사진을 이용하는 경우 자서전 기억(autobiographical memory)을 더 활성화할 수 있다. 이는 카베자(Cabeza) 등의 실험(2004)에서도 확인되었는데, 타인이 찍은 사진을 볼 때보다 자신이 찍은 사진을 볼 때 뇌 영역이 더 광범위하게 활성화되었다.

2) 암묵적 기억으로 접근이 용이

카베자 등의 또 다른 연구(2006)에서는 자전적 기억이 정서를 촉발할 수 있다는 사실을 발견했다. 개인적 서사가 담긴 사진은 암묵적 기억에 관련된 단서들을 제공하게 되면서 현재 자신의 선택과 행동을 이해하는 데 좋은 도구로 작용할 수 있다. 노랗고 먹음직스러워 보이는 카레라이스가 담긴 사진 한 장은 누군가에게는 카레와 함께 연합된 어린 시절의 중요한 한 장면과, 그 기억과 함께 촉발된 감정을 만나게 해줄 수 있는 장치가 되기 때문이다.

3) 외상적 기억에 접근이 용이

『몸은 기억한다』의 저자 반 데어 코크(Van der Kolk)는 극도의 외상을 경험할 경우 그 기억이 왜곡되거나 분열되고 심지어 해리될 수 있다고 했다. 그에 따르면, 해리된 기억은 사라지는 것이 아니라 무의식적 정보로 존재하면서 말로 표현될 수 없거나, 이해될 수 없는 상태로 부호화되어 자신의 경험 세계에서 분리된 상태로 남아있게 된다고 했다. 공포 등 정서를 관여하는 뇌영역은 편도체로 알려져 있다. 편도체는 뇌의 발생과정상 초기 진화단계에서 생성되었는데, 이 뇌 부위가 수행하는 기능은 언어보다 원시적 반응과 관련되어 있다. 또한 편도체는 중요한 이미지를 기억에 저장하는 해마와도 밀접한 관련이 있다. 따라서 비언어적 이미지는 억압된 정서적 기억을 촉발하여 외상적 기억에 접근을 용이하게 해준다.

2 정서

정서(emotion)에 관한 많은 문헌들에서는 정동(affect), 반사(reflex), 기분(mood), 충동(impulse) 등 다양한 용어들이 혼재되어 사용되고 있다. 그 용어가 다를지라도 정서는 생각과 행동, 나와 타인, 환경 그리고 문화가 만나는 교차점으로 우리가 느끼는 방식을 의미하기도 하고 오랜 시간에 걸쳐 삶이 통합되는 방식을 말하기도 한다.

1. 정서의 특성

사프란과 그린버그(Safran & Greenberg, 1991)는 다음과 같이 정서의 특성을 기술하고 있다.

① 정서는 적응적이다. 정서 처리 체계는 인간의 중요한 적응적 기능과 연결되어 있고 이는 유기체의 중요한 특성이기도 하다. 이런 적응적인 기능은 아주 어린 시절부터 발달적으로 나타나게 된다(Frijda, 1986, Izard, 1990).

② 정서는 생존에 있어 중요한 목표 지향적 행동을 동기화시킨다. 정서는 동기적인 양상을 내포하고 있는데, 이는 비단 특정한 방식으로 행동하기 위한 체계의 준비성과 관련된 정보를 제공할 뿐만 아니라 특정한 방향으로 체계를 몰아붙이는 경향이 있다.

③ 정서는 행동경향성에 대한 정보를 제공하고 중요도에 따른 체계적 우선순위를 조직화한다. 정서는 특정한 방식으로 행동하기 위한 체계의 준비성과 관련된 정보를 제공한다. 따라서 정서는 복잡하고 양립할 수 없는 목표 사이에서 우선순위에 따라 결정하는 방식을 제공한다.

④ 정서는 얼굴표정, 제스처, 목소리와 같은 생리적인 반응을 포함한다. 이런 반응들은 특정한 일차적 정서와 연결되며 이는 비정서적 정보로부터 정서를 구분하는 특성을 지닌다.
⑤ 정서는 주요한 의사소통 체계이다. 정서는 다른 인류와의 상호작용에 의해 형성되어진 생태적 지위의 요구를 충족시키기 위해 발달된 생물학적 체계 안에서 의사소통을 하는 주요한 역할을 한다.
⑥ 정서는 의미를 형성한다. 정서적 경험은 축약적이고 논리가 정리되지 않은 형태의 의미를 제공한다.

정서는 삶을 유지하고 영위할 수 있도록 해주는 내적 신호로, 때로는 외부 환경으로부터의 자극을 파악하고 분석하는 인지적 작용에 선행해 발생하기도 한다. 이런 자동적인 정서적 반응은 사건의 의미를 구성하는 것뿐만 아니라 의미를 해석해, 기억의 각 단계에 깊은 영향을 주는 중요한 요소 중 하나이다.

2. 정서의 치료적 기제

정서는 전의식 수준에서 인지적인 수준까지 여러 가지 정보처리를 통합하는 복합적인 구성 과정이다. 결국 정서를 경험하고 그대로 인식한다는 것은 단순히 적응적인 행위를 하는 것으로 끝나는 것이 아니라 자신의 반응을 통제할 수 있고, 정서적 반응으로부터 무엇인가를 배운다는 의미이다.

정서가 인간의 삶에 적응적인 기능으로 작용하고 있지만, 인간은 고통스러운 경험에 다다르면 부적정서를 강하게 느끼게 되고 그것을 피하고자 한다. 이런 반응은 환경에 적응하기 위한 인간의 전략으로 방어기제와 관련되어 있다. 감정적 외상을 주는 사건은 한 사람의 마음뿐 아니라 주위 사람들에게도 깊은 상처를 준다. 하지만 정서는 회복을 위한 강력한 촉매제가 될 수도 있다. 정서중심치료를 제안한 그린버그(Greenberg)는 치료 장면에서 내적 정서자극을 차단하지 않고 자신의 정서를 충분히 경험하고 표현하면, 정서를 명확하게 인식하게 되고 능동적으로 해석할 수 있게 되면서 진정한 변화를 이끌어낼 수 있다고 말한다.

3. 사진과 정서

1) 정서적 의사소통의 수단

정서는 비기호적(nonsymbolic) 정보처리체계가 갖는 경험적 표상으로 구성된다. 따라서 일반적인 정보체계처리 과정으로 본다면 정서가 전달하는 의미는 매우 축약적이고 때로는 비논리적인 형태의 의미를 제공하는 것처럼 보인다. 이러한 이유로 존스(Jones, 1995)는 정서적 경험을 이해하기 쉽게 기술할 수 있는 언어는 없다고도 말한다. 정서의 이런 측면들은 치료과정에서 정서를 표현하고 경험하기 어렵게 만들기도 한다.

사진의 본질은 기술이지만 지각의 한 수단이기도 하다. 시각적으로 제시된 사진을 통해 자신의 무의식을 알게 될 수도 있다(Walter Banjamin, 2008). 우리는 사진을 볼 때 연상을 시작하게 되고 독특한 정서를 경험한다. 롤랑 바르트(Roland Barthe)는 사진을 스투디움(studium)과 푼크툼(punctum)으로 분류하면서, 푼크툼을 통해 관찰자는 사진과의 개인적이고 정서적인 관계를 형성한다고 말한다. 푼크툼은 사진을 감상하는 사람들의 평균적인 정서가 아닌 개인적인 울림을 유발하는 세부 요소로 그 사람의 내부에 상징체계로 저장되어 있던 무의식적 측면들을 활성화시킨다. 이런 사진의 특성들은 일종의 기호체계로 작용해 비기호적 정보처리체계의 의미를 전달해줄 수 있는 강력한 커뮤니케이션 수단이 될 수 있다.

2) 보다 안전한 환경을 제공

치료 관계에서는 내담자의 정서를 이끌어내어 체험하고 표현하도록 하기 위해 자주 감정을 묻는다. 그러나 상담에서 다루는 정서는 대체로 고통스럽고 혼란스러운 정서와 관련되어 있어 무의식적으로 차단하려 하거나 자기 통제과정을 통해 경험을 회피하고자 한다. 이처럼 낯선 상담환경에 두려움을 가진 내담자나 저항이 심한 내담자에게 사진을 가지고 작업하는 것은 보다 편안하고 친숙하게 접근되어 언어적 의사소통에 대한 불안을 낮추어 주기도 한다(Hays, 2002).

3) 무의식적 정서를 다루는 데 용이함

사진은 한 개인에게 은유를 담은 시각적-상징적 형태로 작용해 내담자의 걱정이나 고통을 드러내는 촉매재로 활용되어 무의식적인 생각이나 느낌들이 드러나도록 한다(Weiser, 2012). 사진을 통해 자신의 맥락에서 독특한 심상을 만들어내고, 그 심상을 다시 사진으로 환원하면서 자신의 감정과 느낌을 보다 견딜만한 것으로 거리두기 할 수 있게 된다.

사진이미지의 활용은 부정적 기억에 관한 표상 자체를 변화시킨다기보다 자신의 심상을 외재화한 사진을 보다 주도적으로 다룰 수 있게 함으로써 부정적인 경험을 수용하고 심리적 유연성을 확보할 수 있게 해준다.

3 투사

사람들은 사진을 보았을 때 사진에 담겨 있는 메시지에 반응한다. 사진이 가진 '사실적'이라는 사람들의 믿음은 그 이미지에 대한 심리적인 영향력이나 감정적 설득력을 함께 제공하기도 한다. 그러나 여기서 '사실적'이라는 의미는 어떤 것을 실물과 같은 방식으로 우리에게 제시해주는 '현실'을 제공하기도 하지만, 보는 사람의 배경과 시각에 따라 주관적 '현실'을 내포하고 있다. 크라우스(Krauss)는 내담자가 지닌 개인적 사진과 가족사진이 다른 방식으로는 결코 얻을 수 없는 투사적이면서도 풍부한 실제적인 데이터를 제공한다고 말한다. 말이 아닌 카메라에 담긴 가족구성원의 관계는 실제로 내담자가 타인과 세계에서 어떻게 관계 맺고 있는지에 대한 배경정보를 제시해준다. 한 장의 사진 안에는 한 가지 사실적 상황이 담겨 있다. 그러나 투사와 상상이라는 기제를 통해서 한 가지 사실적 상황을 바라보는 사람의 수만큼의 의미를 가지게 된다. 즉, 사진을 볼 때 우리는 사진을 누군가가 카메라로 기록한 실제의 이미지로 본다. 그러므로 사진치료는 다른 예술매체에서는 불가능한 방식으로 사진을 탐색하면서, 만든 사람의 목적 · 욕구 · 욕망에 대한 추측이 가능하다.

1. 투사와 심상

심리상담 영역에서 투사(projection)는 프로이트(Sigmund Freud)가 방어기제로서의 투사기능을 제기한 이후 그의 딸 안나 프로이트(Anna Freud)에 의해 발전된 개념이다. 정신분석학에서 투사란 심리 방어기제로서 자신이 받아들이기 어렵고 수용할 수 없는 바람직하지 못한 감정이나 생각을 타인이나 외부의 탓으로 돌려 그 책임을 합리화하고 전가하려는 무의식적인 방어기제를 말한다. 이후 안나 프로이트는 보다 정상적으로 기능하는 투사에 관심을 가지며 아동기 후기와 초기 청소년기에 특징적으로 나타나면서 시간이 지나며 안정되고 통합된 정체성이 형성되면 투사 사용은 훨씬 줄어든다고 보았다.

그러나 더 넓게는 개인에게 내재된 어떤 것들이 대상을 통해 밖으로 드러난다는 의미이다. 투사의 이런 측면을 활용한 심리 검사법을 투사법 검사라고 하고, 투사법 검사는 모호한 자극을 통해 반응자가 지각하는 방식이나 반응을 구성하는 방식 및 반응 유형이 개인의 동기나 갈등 및 방어와 관련이 있다고 가정한다.

사람들은 어떤 것을 볼 때 그 사람의 경험 및 지식 체계라는 렌즈를 통해 바라본다. 이런 현상학적인 측면은 사람들이 세상과 타인 그리고 자신을 지각하는 방법을 규정하게 된다. 사진에 의미를 투사하는 것은 우리가 사진을 볼 때 일어나는 필수적인 심리 내적 과정이다. 우리가 본다고 생각하는 것은 대부분은 실제로는 우리 자신에게서 나온다. 투사적 기법은 정서적 반응을 불러일으키도록 사진이미지를 사용하는 모든 방법을 말한다.

2. 투사적 과정

예술치료와 사진치료 모두 심상적 투사(a projected mental imagery)라는 방법을 활용할지라도, 그것들은 처음부터 매우 다른 방식으로 작동하는 것처럼 보인다. 예술치료는 내담자의 자발적인 그림 그리기 과정을 통해 드러나는 무의식적인 내적 관심에 기초를 두고 있다. 그리고 외부 자극, 빛 또는 어떤 내용이 그림을 그리는 순간에 반드시 필요한 것은 아니다. 한편, 사진은 물리적으로 존재하는 실제 장소에서 찍힌다. 집을 찍은 사진은 집에 관한 물리적 재현물로 사용될 것이다. 예술치료가 외현화된 내면의 피사체(externalized internal subjects)에 의존한다면, 사진치료는 내면화된 외적 피사체(internalized external subjects)에 의존한다. 그러므로 이 두 가지는 개인적 상징의 서로 다른 면을 다루고 있는 것처럼 보인다.

우리는 사진의 내용이 진실로 의미하는 것을 분명히 알 수 없다. 우리는 단지 사진이 제시하고, 기억을 불러내고, 우리의 감정 속에 화학 반응을 일으키는 그 무언가를 가지고 작업할 수 있을 뿐이다. 우리가 지각하는 것은 그것을 보는 순간 어떻게 느끼고 생각하는가에 따라 걸러진다. 그리고 이런 지각은 사진을 찍거나 선택할 때에도 영향을 미친다. 무의식적으로 스며든 의미와 감정은 의식적 수준에서는 알 수 없는 것으로 자발적으로 부호화되고, 예기치 않은 우연을 가장한 채 다시 나타난다.

사진에서 의미를 구축할 때 그 사진에 대한 우리의 내적 심상과 개인적인 구성들은 유일한 실재(reality)가 될 수 있다.

투사적 사진기법은 다양한 은유적 단계를 거친다. 사진을 통한 자유연상은 의식적으로 느끼고 있지 않더라도 근본적으로 내부의 어떤 것과 연결되어 있다는 것을 지각하고 있기 때문에 작동된다. 또한, 투사 기법은 내담자가 사진더미나 잡지에서 자신을 잘 드러낸다고 생각하는 것이나 상징해 주는 것들을 선택해 자화상 작업을 하는 모든 상황에서 작동한다. 특정 사진이 왜 '나를 상징하는지'에 대한 설명은 자기지각(self-perception)에 대해 유용한 정보를 주기도 한다.

5
사진의 존재론적 특성으로 살피는 사진촬영의 치유적 기능

모든 스냅 사진은 그것을 들여다보는 사람들에게
하고 싶은 말과 나눌 비밀과 드러낼 기억을 지니고 있다.

- 주디 와이저(Judy Weiser) -

사진을 찍는다는 건 대단한 일이 아니다. 각종 기념식장은 물론 골목 어귀에서도, 지하철에서도, 산이든 바다든 어디에서나 사진 찍는 사람을 목격할 수 있다. 우리도 그중 한 사람이다. 1930년대 코닥에서 컬러 필름이 출시되며 사진은 대중화되었고, 2000년대 초반 휴대폰에 카메라가 장착된 후부터 사진촬영은 대중화를 넘어 일상 보편화가 되었다. 이렇듯 사진찍기라는 행위는 계속해서 우리 일상에 중요한 활동으로 이어지고 있다. 특히 요즘은 SNS 영향이 더해졌다. 페이스북이나 인스타그램을 운영하는 사람이라면 아마도 하루에 한 컷 이상 사진을 찍을 것이다. 현대인들은 하루에 10장 이상의 사진을 찍고, 다른 사람이 찍은 사진은 50장 이상 본다는 자료도 있다(안경민, 2014). 게다가 예전 같으면 노트에 적어 기록하던 것을 이제는 사진으로 찍어 저장하면서 글쓰기를 대신하기도 한다.

미술에 특별한 재능이 없는 사람도 누구나 사진을 쉽게 배우고 즐길 수 있다. 사실 간단한 조작법만 알면 표현할 수 있는 영역이 매우 넓다. 폭포에서 물줄기가 안개처럼 피어오르는 장면, 일출과 일몰이 주는 경이로운 느낌, 내 아이가 걸음마를 막 뗀 감격스런 순간, 여행지의 낯설고도 비밀스러운 분위기 등을 나만의 감성으로 영원히 남길 수 있다. 이렇게 사진을 찍으면서 우리는 분명히 어떠한 이득을 취했을 것이다.

본 장에서는 사진촬영, 즉 사진찍기 행위 그 자체에 주목한다. 사진찍기라는 행위가 담고 있는 존재론적 특성을 학문적·이론적으로 살피며, 사진 결과물에 상관없이 사진을 찍는 행위와 촬영 과정에서 경험할 수 있는 치유적[1] 기제에 관해 간단히 살펴볼 것이다. 당신은 사진을 언제 찍는가? 무엇을 찍는가? 왜 찍는가? 사진을 찍을 때 어떤 생각이나 기분이 드는가? 사진을 찍고 나면 어떤 생각과 감정이 드는가? 사진을 찍고 난 후에는 어떤 행동을 하는가? 이런 질문들의 답을 종합하면 사진찍기의 의미를 밝힐 수 있을 것이다.

본 장에서는 특별히 '사진찍기'라는 행위를 필립 뒤바(Philippe Dubois)가 명명한 '사진적 행위'라는 용어로 설명하려 한다. 그의 책 『사진적 행위(L'acte photographique)』에서는 사진을 찍는다는 것의 정의와 의미를 다음과 같이 밝히고 있다. "그것은 결과로서 이미지를 생산하는 것이 아니라, 재현 과정에서 무엇을 지시하는 것 즉 사진적 행위이다. (중략) 다시 말해 마치 우물 속에 두레박을 넣어 알 수 없는 무엇을 길어 올리듯이 어떤 존재론적 실재를 실제의 현실로 이동시키는 실행을 말한다." 조금 쉽게 설명하자면, '사진적 행위'는 사진을 찍는 단순한 제스처가 아닌, 잠재된 어떤 것을 현실적인 것으로 이행하는 과정, 그런 행위를 뜻하는 것으로 이해할 수 있다. 눈에 보이지 않는 것을 보이는 것으로 표현하든(사랑이나 가난 같은 추상적인 것), 눈에 보이는 것을 더 잘 드러나도록 표현하든, 그것은 사진이미지로 만들어지기 이전에는 잠재된 어떤 것이었다. 그것이 사진이미지로 생성되었을 때 비로소 현실적인 것이 된다. 이 과정 전체, 즉 사진이라는 명사가 아닌, 실행 과정 전체를 포괄하는 동사적 의미를 '사진적 행위'라 한다.

사진찍기를 한 문장으로 말하면 초점을 맞추고 셔터를 누르는 일이다. 초점을 맞추는 것은 '바라보기' 행위이며, 셔터를 누르는 것은 흔적을 '찍어내기' 행위이다. 이 두 가지 행위가 담고 있는 본질적인 의미와 그 안의 치유적 요인에 대해 알아보자.

1 사진적 행위의 시작: 본다는 것에 관해

사진을 찍으려면 렌즈를 통해 무언가(피사체)를 바라봐야 한다. 사진을 찍는다는 것은 '보는 행위'를 전제로 한다. 여기서 우리는 사진의 속성인 '봄(see)'의 철학적 함의

---

1 '치유'는 어려움을 겪고 있는 사람의 자생적인 과정이자 결과인 반면, '치료'는 해당 분야 전문가의 임상적인 개입에 의한 것이라고 보는 견해가 지배적이다. 사진심리상담가는 치유, 치료 두 가지를 모두 다루지만, 이 장에서는 치유에 중점을 둔다. 치유에 중점을 둔다는 것은 내담자가 자기표현, 자기이해의 과정을 거쳐 본인 스스로가 문제 해결의 과정을 모색하도록 안내하고 돕는 것을 말한다.

를 먼저 짚어보려 한다. '본다는 것'은 우리가 대상을 인식하는 데 결정적인 지각 행위가 되고, '본 것'은 지식의 근원이 되기도 한다. 고대에서부터 '봄(I see)'은 '앎(I know)'을 넘어 '살아있음'과 같은 의미였다. 그리스 사람들에게 산다는 것은 숨 쉰다는 것이 아니라 본다는 것이었다. 죽는다는 것은 시력을 잃는다는 것을 의미했기에, '숨을 거두었다'고 말하지 않고 '마지막 눈길'을 거두었다고 말한다. 그래서 그들에게 가장 심한 벌은 적을 거세하기보다 그들의 눈을 뽑아내는 것이었다(레지스 드브레, 1994).

구약의 여호와는 '말씀'으로 상징되는데, 이는 곧 '들리는 존재'를 의미한다. 그러나 신약에서는 예수가 인간으로 육화함으로써 '들리는 존재'에서 '보이는 존재'가 되었다. '들리는 존재'는 천상에 있다. 하지만 '보이는 존재'는 이 땅에 있다. 예수가 인간으로 육화했다는 것에서도 알 수 있듯이, 들리는 존재보다 보이는 존재가 현실적이며 직접적인 실체로 인식된다. 고대 그리스 주석가들은 저승의 신 하데스를 '보지 못하는 자'로 해석했다(임철규, 2004). 즉 고대부터 무언가가 '진짜로' 존재한다는 것은 다른 사람에게 '보인다'는 것, 곧 관계하는 직접적인 대상이 되는 것이었다. 이와 같이 본다는 행위는 '살아있음'과 같은 가치를 지닐 정도로 중요했고, 인간 삶 자체와 관계에 근간이 되었다.

사람의 오감 중에서 가장 우선적이며 넓은 범위를 지니는 것은 '보는 것'이다. 촉각이나 미각은 감각기관에 사물이 직접 닿지 않으면 대상을 지각할 수 없다. 반면에 시각은 보는 대상과 감각기관인 눈이 맞닿아 있으면 절대로 볼 수가 없다. 보기 위해서는 일정 정도 이상의 거리가 필요하다. 카메라를 중심으로 하는 렌즈 기반 매체는 바로 이런 시각적 특징을 가장 명확하게 드러낸다. 렌즈와 사물이 닿아있으면 상을 담아낼 수가 없다. 최소한의 초점거리가 필요하다. 즉 사람의 눈으로 대응되는 렌즈, 타자 및 세계를 의미하는 피사체, 이 둘은 거리를 두고 '바라보는 행위'를 시작해야만 사진이미지로 창조될 수 있다. 이것은 자신이든 타인이든 일정한 거리를 두고 객관적으로 바라보는 것에서부터 시작되는 치유적 행위와 닮아있다. 치유는 자기이해를 전제로 하며, 자기이해는 자기관찰로부터 온다. 관찰은 한 마디로 자세히 들여다보는 일이다. 사진을 찍을 때 뷰파인더 너머에 있는 대상의 초점을 맞추기 위해서는 그것을 유심히 들여다봐야 한다. 사실 사진촬영의 기본은 초점 맞추기이다. 대상을 잘 들여다보는 것, 그래야 그것을 이해하고 가까워질 수 있다. 치유 또한 그렇다. 나를 있는 그대로 바라보고, 그러면서 나와 친해지고 나를 인정하는 것이 치유 아니겠는가.

보는 것으로부터 시작되고 발전하는 관계 맺기

사진은 눈에 보이는 것이든 보이지 않는 것이든 모두 '바라보는 행위'를 통해 표현되는 매체이다. 그렇기 때문에 사진은 바라보는 대상이 꼭 있어야만 한다. 이것을 사진의 또 다른 본질인 대상성이라고 한다. 회화는 창작자가 그리고자 하는 대상이 눈앞에 없어도 그릴 수 있지만, 사진은 '대상(외부, 세계)'이 존재해야만 찍을 수 있다. 예를 들어 '엄마 그림'은 엄마가 없어도 그릴 수 있지만, '엄마 사진'은 엄마가 없으면 찍을 수 없다. 따라서 사진은 대상과 마주하고 주의를 기울이고 반응해야만 하는 매체이다. 이렇게 대상과 마주해야만 하는 사진을 통해 세계의 무언가와 혹은 누군가와의 '만남'이 비로소 이루어진다.

특정한 대상을 본다는 행위는 세계를 향한 가장 일반적이면서도 중요한 관계맺음의 몸짓이다. 그러므로 우리가 사진적 행위에서 말하는 '봄'은 적극적으로 바라보는 행위를 뜻한다. 몸이나 마음이 아프면 만사가 귀찮아진다. 사람과 세계에 대한 관심이 줄거나 끊겨버리기도 한다. 고통이 심하거나, 고통에 익숙해져 고통 자체에 무감각해지면 자기 자신이나 타인을 보지 못하게 된다. 보지 않으면 관계를 맺을 수 없고, 그러면 고립되고 단절된다. 보는 행위 없이는 건강한 소통이 어렵다. 대상을 주의 깊게 보는 태도는 자기를 이해하고, 타인과 세상을 향해 나아가게 한다. 하지만 우리는 일상에서 일어나는 많은 것을 눈으로 보긴 하지만, '본다는 것'을 자각하며 보는 경우는 훨씬 드문 것 같다. 반면 사진찍기라는 행위를 통해서는 세계와 대상에 관심을 가지고 적극적인 바라봄을 경험할 수 있다.

사진매체가 갖는 관계지향성은 바라보는 것에서 시작해 최종적으로 '사진찍기'라는 행위를 통해 대상과 관계를 맺게 한다. 사진찍기는 다양한 병리 중에서도 특히 자폐스펙트럼 장애를 가진 사람들에게 치유적 효과가 크다. 사회적 상호작용능력을 향상시키는 데 유의미한 도움을 준다. 자폐증상을 가진 사람들은 자기 자신과 밀착되어 있어 외부세계를 잘 볼 수 없다. 대개의 자폐장애를 가진 사람들은 본인이 좋아하는 특정한 주제 외에는 관심이 없다. 하지만 놀이 형식을 취하는 사진찍기를 통해 세계를 향한 관심을 유도 할 수 있다. 자기만의 세상에 몰두하는 것으로부터 밖으로 눈을 돌리게 한다. 이들에게 사진이 치유적 매체로 적절한 또 다른 이유는 이들 대부분이 기계를 잘 다룬다는 점에서 찾을 수 있다. 일정한 규칙을 좋아하고 예외적인 것을 싫어하는 자폐장애의 특성상, 배워서 자동적으로 몸에 익히는 것에 능숙하기 때문이다. 그렇기 때문에 그들에게 카메라는 어렵지 않은, 재미있는 장난감이 되기에 안성맞춤이다. 필자의 학술연구 논문인 「치유적 사진예술체험이 자폐 청소년의 사회적 상호작용에 미치는 영향(한국연극치료학회, 2016)」에서도 밝혔듯이, 사람들과 눈맞춤이 어려운 학생들이 일 년여 동안 지속적으로 사진촬영을 하며 눈맞춤의 빈도가 유의미하게 높아진 것을 확인했다. 물론 사진촬영으로 자폐스펙트럼 장애를 가진 사람들의 눈맞춤 능력을 모두 향상시킬 수 있다는 말은 아니다. 적어도 사진매체가 사회적 상호작용의 핵심적인 태도인 눈맞춤 능력을 향상시킬 수 있는 가능성을 확인한 것으로 이해하길 바란다.

대상을 바라보는 일은 사진기 없이도 가능하다. 하지만 사진매체를 통해 바라보는 일은 자신을 포함한 세계를 적극적으로 관찰하는 일종의 의식이 된다. 이 의식을 통해 내가 바라본 세계는 그저 눈앞에 펼쳐져 있던 세계에서 나에게 선택된 특별한 장면이 된다. 앞에서도 언급했듯이 본다는 행위는 '앎'으로 들어가는 가장 보편적인 관문이 된다. 그리고 그 앎/이해의 과정으로 처리된 대상은 비로소 나의 세계로 진입되며, 나는 보여진 그 대상과 객관적이며 적극적인 관계를 맺게 된다. '사진찍기'는 "존재에 관심을 기울이며 카메라 앞에 선 대상을 특별하고 신비롭게 만든다(수잔 손택,1973)." 외부세계에 대한 관심을 사진찍기로 드러내고 상호작용이 가능한 만남을 실천하는 것은 공동체와 사회의 일원으로서 순기능을 하는 데 도움을 준다.

2 사진적 행위: 찍는다는 것에 관해

사진매체가 갖는 관계지향성은 바라보는 것에서 만남이 시작되고, 최종적으로 '사진찍기'라는 행위를 통해서 완성된다. 파인더를 바라보며 초점을 맞추는 행위인 '바라보기'의 의미를 앞서 살펴봤고, 이제 셔터를 누르는 실제 '촬영(찍기)'의 의미를 알아보자. 우리는 사진을 '찍는다'고 한다. '찍는다'는 것은 '획득'과 '흔적'이라는 두 가지 의미 혹은 가치로 구분할 수 있다.

1. 획득, 욕구를 확인하고 충족시키는 힘

찍는다는 것은 무언가를 '획득'하고자 하는 의지가 담긴 행위이다. 무언가를 획득한다는 것은 소유를 전제로 하며, 획득한 사람은 소유자가 된다. 좋은 것, 중요한 것, 의미 있는 것 등을 갖고 싶어 하는 소유욕은 인간의 자연스러운 본능이다. 사진은 그런 소유욕을 충족시키기에 적절한 매체이다. 사진은 진짜 그 대상이 아니라, 대상의 기록물이자 흔적일 뿐인데도 말이다. 하지만 우리는 사진을 그 대상 자체로 여기는 경향이 있기 때문에 그림과 다른 가치를 부여한다. 사진의 사실성 때문이다. 그래서 사진을 찍음으로써 사진으로 대체되는 대상을 소유하기 위한 목적을 달성하려 한다. 그리고 대개 그 목적은 사진이미지를 소유하는 것으로 실제 달성된다. 이유인즉슨, 사진에서는 사진 찍은 대상과 사진이미지가 등가물이 되기 때문이다. 엄마 사진을 보며 실제 엄마에게 하듯 대화를 시도하는 것처럼 말이다.

사진찍기 활동이 욕구 충족의 기능을 하는 또 다른 측면은, 나의 취향과 기호, 선호도를 가려내고 이해할 수 있다는 점이다. 좋아하는 사람과는 사진을 찍고 싶지만, 싫어하는 사람과 일부러 사진을 찍는 경우는 거의 없을 것이다. 사진적 행위는 내가 상대를 향해 카메라로 말을 거는 것이기도 하지만, 상대를 내게로 향하게 하는 즉 상대를 '획득'하고자 하는 '부름'의 몸짓이 되기도 한다. 좋아하는 사람과 함께 사진을 찍는 행위에는 우리가 함께하는 시간은 좋은 시간이고, 그렇기 때문에 당신과 함께한 이 장면을 기억하고 간직하고 싶다는 의미가 포함된다. 치료/치유 활동에서는 사진찍기를 통해 대상을 향한 소유욕, 애정과 소속의 욕구 등을 채움으로써 욕구 충족의 카타르시스를 경험하도록 도울 수 있다. '내가 좋아하는 것', '내가 갖고 싶은 것', '나의 꿈과 미래' 같은 주제로 치유적 사진찍기 활동을 하는 목적이 여기에 있다. 세계 여행이 꿈인 사람이 그 꿈을 상징하는 대상이나 행위를 사진으로 찍는다고 상상해 보자. 지도, 비행기, 여행 서적, 여행 가방이나 입고 싶은 옷 등을 미리 찍어볼 수 있다. 그렇게 대상을 향해 품은 마음을 이해하고 표현해 보면, 그 자체만으로도 상당 부분 욕구가 충족된다. 나아가 잠재적인 것을 현실적인 것이 되도록 이끄는 뛰어난 동기부여 활동이 될 수 있다.

2. 있는 그대로를 찍어낸 빛의 자국

사진을 '찍는다'라는 행위의 두 번째 의미인 '흔적'에 관해 생각해 보자. 동사 '찍는다'는 자국을 내고, 흔적을 남게 하는 행위를 뜻한다. 사진이미지의 물리적 탄생과 존재론적 의미 둘 다를 포함하는 가장 상징적인 개념이 바로 '흔적'이다. 사진은 빛의 흔적이다. 이것은 사진이 대상(피사체)을 대하는 방식과 결과물 생산 과정이 회화 등 다른 매체와 가장 다른 점이기도 하다. 회화는 그림을 그리는 사람의 직접적인 '터치(Touch)'가 들어간다. '터치'라는 형식으로 그리는 사람의 개성이나 작품의 제작 의도를 드러낸다. 그렇기 때문에 그림을 그리면서 대상이 미화되거나 왜곡되기도 하며, 아예 추상적인 것으로 변하기도 한다. 반면에 카메라 셔터가 열렸다 닫히는 시간 동안에는, 즉 이미지가 생성되는 결정적인 과정 안에서 우리가 개입할 수 있는 것은 아무것도 없다. 사진은 대상에 빛(가시광선)이 반사된 물리적 형질 그대로, 즉 눈에 보여진 그대로 찍힌 이미지이다. 이것이 우리가 사진을 '진짜' 혹은 '사실'이라고 믿는 이유이다. 의도적으로 변형하지 않은 실제 그대로의 형상을 마치 도장처럼 '찍어'낸 것이기 때문이다.

『사진의 역사(The history of photography)』를 쓴 보먼트 뉴홀(Beaumont Newhall)은 사진을 다음과 같이 정의한다. "사진술은 카메라에 맺힌 상을 빛의 활동에 따라 민감하게 반응하는 물질 위에 고착시키는 방법이다(보먼트 뉴홀, 2003)." 사진은 빛이 없으면 찍을 수 없다. 카메라가 없어도 포토그램 같은 사진이미지를 만들 수는 있지만, 빛이 없으면 결코 사진 결과물을 만들어낼 수 없다. 따라서 사진의 두 가지 필요조건은 물체에서 반사된 빛과 빛에 반응하는 감광성 물질이다. 사진 발명 초창기에 쓰인 감광성 물질은 할로겐 화합물 같은 은염류였다. 이 화합물들에 빛을 쬐면 금속 성분으로 된 은만 남게 되면서 사진이미지가 만들어진다. 아날로그 필름도 이런 원리를 이용한 것이다. 디지털 카메라에서는 CCD나 CMOS 같은 이미지 센서가 필름을 대신한다. 아날로그 방식이나 디지털 방식 모두 사진은 빛으로 찍어낸 이미지라는 사실은 마찬가지이다. 다시 말하지만 사진은 빛의 흔적이다.

3. 흔적, 변화하는 것을 자연스럽게 수용하게 하는 힘

흔적이란 사전적 정의로 '어떤 현상이나 실체가 없어졌거나 지나간 뒤에 남은 자국이나 자취'를 뜻한다. 흔적이란 이전에 분명히 존재했던 어떤 실체가 이제는 사라지고 없다는 것을 입증한다. 발자국 같은 것이다. 발자국에는 발이라는 실체는 드러나지 않으며, 그것은 이미 지나가고 없다는 것만을 증명한다. 사진도 그렇다. 카메라 렌즈 앞에 명료하게 존재했던 대상은 사진 결과물을 통해 그 존재의 부재를 증명한다. 카메라 앞에 분명히 있던 것이 지금은 없다. 있고 없고는 생(生)과 사(死)이기도 하다. 바르트는 사진의 피사체를 "모든 사진 속에 있는 좀 무서운 것, 즉 죽은 자의 귀환–시간의 붕괴–를 상기시키는 것"이라고 말한다. 사진은 언제나 미래의 피할 수 없는 죽음의 기호를 지니고 있다. 사진이 상기시키는 '죽은 자의 귀환'은 이미 사라져 버린 시간의 붕괴이며, 사라져버린 상실이다. 지금은 존재하지 않는 부재의 흔적인 것이다(롤랑 바르트, 2006). 사진의 형성 과정 그 자체가 '그땐 있었지만 지금은 없는 것'을 눈앞에 펼쳐 보인 것이다. 살아 움직이던 것이 정지된 장면으로 굳어 있다. 죽음의 메타포이다.

벨기에의 미디어 비평가인 필립 뒤봐(Philippe Dubois)는 『사진적 행위(L'acte Photo-graphique)』에서 "사진은 하나의 이미지일 뿐만 아니라, 무엇보다도 진정한 도상적 행위"라고 말한다. 그리고 여기서 "'행위'는 이미지 생산을 위한 유일한 촬영 몸짓에만 국한되는 것이 아니라, 이미지를 수용하고 응시하는 행위까지도 포함한다."고 밝힌다(필립 뒤바, 2005). 우리가 사진을 찍는 결정적인 이유는 사진이미지를 보거나 갖기 위해서다. 필름을 장전하지 않고 찍으면 실수했다고 하고, 필름을 대신하는 이미지 센서가 없는 디지털 카메라는 없다. 즉 우리는 사진이미지를 보거나 저장하기 위해 사진을 찍는다. 그러므로 사진적 행위 안에 사진을 감상하는 행위가 포함되는 것은 자연스럽다. 사진이미지를 조용히 마주하며 응시하는 행위는 사진으로 찍힌 존재와 시간을 초월한 '만남'을 주선한다. 예를 들어, 영정사진은 죽은 사람을 대신하는 완벽한 등가물이다. 때로는 등가적인 행위를 상징하기도 한다. 전쟁터에 나가는 사람이 배우자나 자녀의 사진을 품에 간직하는 것은 그들과 실제로 함께하지는 못하지만, '함께함'이라는 행위를 대신하는 등가물이 되는 것처럼 말이다.

치료/치유 활동에서 사진은 기억과 회상의 매개물로 유용하게 활용된다. 그런 작동을 가능하게 하는 이유가 바로 이 부재의 흔적이라는 의미 맥락 때문이다. 사진에는 존재의 삶과 죽음이 상징적으로 내포되어 있다. 따라서 무언가를 기억하고 회상한다는 것은 '있던 것이 이제는 없다'는 것을 자연스럽게 수용하도록 이끄는 기능이 있다. 회상은 '지난날을 돌이켜 생각함', '과거의 경험을 그때 느꼈던 감정과 더불어 재생하는 일'이다. 살아오면서 겪은 사건이나 경험을 되돌아보는 일은 현재를 점검하고 미래를 준비하는 데 도움이 된다. 이런 특징은 애도 작업에서 유용하게 활용될 수 있다. 이미 지나간 시간, 떠나고 없는 사람의 부재를 수용한다는 것은 그 시간, 그 사람을 향한 애도의 핵심 과정이다. 사진을 바라보고 사진과 대화할 수 있다. 망자와 관련된 사진을 찍거나, 망자를 연상하게 하는 사진과 마주하는 일은 회한과 그리움 같은 감정을 충분히 경험하도록 이끌 수 있다. 감정이 해소돼야 다음 단계로 넘어갈 수 있다. 이후에는 경험과 기억을 재구성하며 관계와 삶을 조망할 수 있다.

3 사진촬영의 심리적 이점

지금까지는 사진적 행위에 담겨 있는 본질적인 특성과 치유적 요인에 대해 다소 이론적 · 학문적으로 다뤘다. 마무리하면서 서두에 언급했던 몇 가지 질문들을 자세히 살피며 사진촬영을 어떻게 치유적 활동으로 가져갈지 짚어보자.

- 당신은 사진을 언제 찍는가?
- 무엇을 찍는가? 왜 찍는가?
- 사진을 찍을 때 어떤 생각이나 기분이 드는가?
- 사진을 찍고 나면 어떤 생각과 감정이 드는가?
- 사진을 찍고 난 후에는 어떤 행동을 하는가?

1. 당신은 사진을 언제 찍는가?

사람들이 많이 다니는 장소에서 거리낌 없이 찍을 수 있는지, 나를 주목하는 다른 사람이 없을 때 찍는 것이 편한지 등을 탐색해볼 수 있다. 특별히 좋아하는 촬영 시간대나 날씨가 있을 수도 있다. 해가 뜨거나 질 무렵에 나가 촬영하는 것이 좋은지, 새벽의 고요한 정취에 끌린다든지, 비가 오거나 눈이 오는 날의 어떤 분위기를 좋아할 수도 있다. 특별한 취향이 없어도 상관없다. 촬영할 당시의 상황과 나의 상태를 추적하며 내가 경험한 것이 무엇인지 살피면 된다.

2. 무엇을 찍는가? 왜 찍는가?

주로 무엇을 찍는지를 살펴보며 나의 취향이나 기질, 욕구나 소망 같은 것을 이해할 수 있다. 사람이 없는 풍경만 찍는다든지, 한 개만 놓여있어 왠지 모르게 쓸쓸한 분위기를 자아내는 것들을 자주 찍는다든지, 사람을 찍을 때는 꼭 웃는 모습을 찍으려 한다든지, 바다나 구름 같은 단색조의 자연물 찍기를 좋아한다든지, 예는 수도 없이 많을 것이다. 아마 여러분들도 사진첩을 뒤져보면 내가 주로 찍는 피사체와 분위기 등을 파악할 수 있을 것이다. 그것들이 갖고 있는 어떤 점에 나의 눈과 마음이 끌렸는지 탐색해보면 나를 이해할 수 있는 요긴한 정보를 얻게 될 것이다.

3. 사진을 찍을 때 어떤 생각이나 기분이 드는가?

매우 중요한 질문이다. 다른 사람의 사진을 찍어줄 때 사진을 잘 찍고 칭찬받고 싶은 마음이 있었는지, 혹시 상대방을 언짢게 하지 않기 위해 어떤 생각이나 행동을 했는지, 내가 못생기거나 뚱뚱하게 보일까봐 신경이 쓰였는지 등등. 사진을 찍으면서 일어난 생각과 감정을 살피는 일은 치유적 사진찍기 활동의 핵심적인 내용이다. 이런 마음들을 살펴보는 일에서 내가 나를 어떻게 보는지, 남이 나를 어떻게 봐주길 원하는지 같은 자아성찰과 의식성장을 위한 주요한 재료를 구할 수 있다. 자아상과 타인지향성을 알아볼 수 있기 때문이다. 구체적인 치료/치유 계획의 목적을 탐색할 수도 있다.

4. 사진을 찍고 나서 어떤 생각과 감정이 드는가?

촬영자가 자신의 사진 결과물을 어떻게 해석하는지도 중요한 정보가 된다. 사진 찍는 과정을 중시하며 의미 있는 경험담을 이끌어 내는지, 결과만을 중시해서 실수나 부족한 점을 먼저 발견하지는 않는지, 좋은 것과 잘한 점을 드러내고 만족할 수 있는지 등을 살펴본다. 이런 성취감의 문제가 아니더라도 찍고 나서 혹은 사진을 보면서 다양한 생각과 감정이 들 수 있다. 대상을 향한 몰랐던 감정이나 억압된 정서와 맞닥뜨리게 될 수도 있다. 부정적인 생각과 감정을 표현하는 것 자체를 싫어하거나 힘들어 하지는 않는지 등도 살필 수 있다.

5. 사진을 찍고 난 후에는 어떤 행동을 하는가?

마음에 드는 사진과 마음에 들지 않는 사진을 어떻게 처리하는지 보자. 남에게 자랑할 수도 있고, 남이 볼까 두려워 얼른 지워버릴 수도 있다. 그 남이 또 누군지도 살펴볼 수 있다. 누구에게 보여주고 싶은지, 누구에게는 절대 보여줄 수 없는지도 질문해 보자. 사진을 보관하는 방법이나 스타일도 알아보자.

치유적 사진촬영 작업은 심리전문가와 함께 할 수도 있고, 혼자 할 수도 있다. 심리전문가라면 내담자에게 위와 같은 질문을 안전하고 공감적으로 할 수 있어야겠다. 자기치유의 경험이 있는 사람이라면 혼자서도 할 수 있다. 혼자하든 전문가와 함께 하든 각 촬영 단계마다 일어나는 생각과 감정을 알아차림 하고, 어떤 행동 반응을 보이는지 세심히 관찰하며 자각하자.

사진을 찍는다는 건 그리 대단한 일이 아니라는 말로 시작했다. 하지만 이론적인 부분들 때문에 어렵게 다가오거나 왠지 좀 대단하게 느껴질지도 모르겠다. 행여 어떤 부담과 저항이 있다면 그 또한 알아차림 하며, 이왕 가야할 길이라면 마음 가볍게 가보길 권한다. 핸드폰은 하루에 내 손에 붙어있는 시간이 긴 물건 중에 하나일 것이다. 요즘처럼 사진찍기 편하고 쉬운 세상이 없었고, 핸드폰에 있는 카메라 버튼을 누르는 일만큼 세상 쉬운 일도 없다. 일단 셔터를 눌러보자. 그곳에 내가 있을 것이다.

생각해봅시다 사진 찍을 때 인물을 대하는 자세

사진으로 찍히는 대상은 비켜서거나 숨을 수 없게, 사냥꾼과도 같은 시선에 겨냥당한다. 빌렘 플루서(Vilem Flusser)는『사진의 철학을 위하여』에서 '사진찍기의 동작'을 이렇게 표현한다. "그것은 구석기 시대 툰드라 지역 사냥꾼의 태고적 수렵의 몸짓이다. 다만 사진사는 자신의 사냥감을 넓은 초원이 아니라 문화 대상의 덤불 속에서 추적하고 있고, 그가 덫을 놓은 길은 문화라는 인공적인 타이가(Taiga)로 형성되어 있다."(Flusser, V. 1999)

카메라 셔터를 누르는 동작을 상상해 보자. 먼저 왼손으로 카메라를 움켜쥔 채, 한쪽 눈을 뷰파인더에 대고, 렌즈 너머 피사체에 초점을 맞춘다. 초점을 맞췄으면 숨을 멈추고 오른손 검지손가락을 이용해 셔터를 누른다. 다음으로, 영어의 '슈팅(shooting)'이라는 단어를 떠올려 보자. '총을 쏘다', '발사하다'라는 뜻을 지닌 바로 그 shooting 말이다. 어떠한가. 셔터를 누르는 동작과 총을 쏘는 동작은 매우 유사하지 않은가. 'shooting'이라는 단어에 왜 '사진을 찍는다'는 뜻이 포함되었는지 이해가 간다. 이렇듯 카메라 셔터를 누르는 행위는 총을 쏘는 행위의 맥락과 닿아 있다. 피사체는 사냥꾼과도 같은 촬영자의 시선에 겨냥당하기 때문이다.

그래서 사진 피사체가 인물이라면, 그는 자신이 촬영자에게 이용되는 느낌을 가질 수 있다. 마치 필름이 장전된 사진기 앞에서 자신이 과녁이 된 것처럼 말이다. 사진을 찍는 사람은 '좋은 이미지'를 만들고 싶은 욕심이 있기 때문에, '사람'을 대상으로 하는 창작자나 촬영자는 이런 이해가 반드시 필요하다. 그렇지 않으면 카메라 앞에 있는 인물을 단지 포획물처럼 다루게 될 수도 있다. 창작자(촬영자)와 참여자(대상인물) 사이는 인간적인 존중의 틀 위에서 힘의 균형을 맞추는 것이 중요하다. 사람들은 누구와 함께 있고, 무엇을 하느냐에 따라 신체와 정서의 친밀감의 경계를 조절한다. 그래서 참여자가 어떤 대가나 보상 없이 자신의 사진을 찍도록 허락하는 것은 찍는 사람에 대한 어느 정도의 신뢰를 전제로 한다는 것을 알고 상대를 존중하는 태도를 가져야 한다.

Part II

주요 심리상담이론과 사진치료

1
정신분석

표현되지 않은 감정은 죽어 없어지는 게 아니다.
감정이 살아서 묻히게 되면
나중에 더 괴상망측한 모습으로 다시 나타난다.

- 지그문트 프로이트(Sigmund Freud) -

수많은 심리치료 이론 속에서 정신분석 이론과 관점은 여전히 현대인의 무의식을 이해하고 변화시키는 데 호소력을 지닌다. 정신분석에서는 우리가 늘 휘둘려 왔으면서도 잘 알지 못하는 또 다른 나에 대해 주목한다. 프로이트는 히스테리의 원인을 탐색하고 효과적인 치료방법을 찾던 중 자신이 발견한 지식과 기법을 표현할 개념의 필요성을 느껴 '정신분석'이라는 용어를 창안하게 된다. 프로이트는 정신분석 초창기에는 신경증의 원인을 이해하고 치료하려는 데에 목적을 두다가 점차 인간 정신의 일반 특성들에 대한 심리학 혹은 인문학적 해석 관점으로서의 정신분석에 관심이 옮겨 간다. 이런 의미의 변화와 더불어 현대 정신분석학파들은 입장 차이를 보이게 되며, 정신분석에의 목적과 의미에 따라 정통 프로이트 학파, 자아심리학 학파, 클라인 학파, 대상관계 학파(페어베언, 위니캇), 자기심리학(코헛), 라캉 학파, 융 학파, 아들러 학파 등으로 나뉘어 치료 및 연구 활동을 해나가고 있다(이창재, 2003).

1 핵심개념들

1. 자유연상

그린슨(Greenson, 1967)은 정신분석에서의 분석재료를 생산하는 주된 방법이 자유연상이라고 했다. 상담자는 예비 면담을 통해 내담자가 상담자의 분석적 개입을 어느 정도 이해하고 대답할 수 있는 능력이 되는지 평가한다. 그 평가 안에는 자유연상에 필요한 '퇴행적인 자아기능'과 상담시간이 끝나고 일상생활로 되돌아 갈 수 있는 '진보된 자아기능' 사이를 오갈 수 있는 자아탄력성에 대한 평가가 포함되어 있으며, 이런 평가가 이루어진 후에야 비로소 자유연상이 시작된다.

분석 상황에서 내담자의 자유연상은 다른 어떤 분석의 재료를 생산하는 방법보다도 우선하며, 과거사나 일상생활, 꿈에 대해서도 이야기할 수 있다. 내담자의 자유연상에 꿈을 포함시키는 것은 정신분석 상담의 특징이다. 또한 상담 중에 일어나는 내담자의 저항을 면밀히 분석함으로써 자유연상이 적절히 사용될 수 있도록 하는 것이 정신분석 상담자의 주요 역할 중 하나이다.

2. 전이

전이는 내담자가 초기 아동기 중요한 인물에 대해 가졌던 반응이 현재의 어떤 사람에게 전치되어 부적절한 느낌이나 욕동, 환상, 방어 등을 반복적으로 경험하는 것이다. 따라서 전이반응에는 내담자의 과거와 억압된 기억들에 관한 핵심적인 정보가 담겨있다. 이런 전이반응은 내담자의 본능적 욕구에 대한 충족 정도와 욕동 방출에 대한 요구 수준에 따라 달라진다. 전이반응에 대한 분석 과정에서 주목해야 할 부분은 내담자의 반복(또는 과거의 재연)이다. 내담자는 기억에 대한 저항으로 반복하며, 그 반복에 의해 내담자는 과거의 자신을 현재 상황으로 가져온다. 따라서 전이에 대한 분석과정을 통해 내담자는 기억과 재구성, 통찰에 이를 수 있고 반복을 멈출 수 있다. 자유연상에서와 마찬가지로 전이반응이 야기될 때에도 내담자는 일시적으로 현실로부터 퇴행할 수 있으나, 분석 시간이 끝나면 다시 현실 세계로 돌아올 수 있어야 한다. 이런 일시적 퇴행과 현실로의 복귀가 어려운 내담자가 정신분석을 받는 것은 위험할 수 있으므로 주의해야 한다(Greenson, 1967).

3. 저항

프로이트는 치료과정에서 크든 작든 간에 분석을 방해하는 내담자 내부에 있는 모든 힘들을 저항이라 일컬었다. 저항은 내담자의 합리적 자아에 대항하고 과거에 사용하던 방어기제들을 반복하며 신경증의 상태를 유지하려 한다. 의식적으로 일어나기도 하지만 본질적으로는 무의식적이다. 저항이 일어나는 일차적인 이유는 불안, 죄책감, 수치심 같은 고통스런 감정을 피하기 위해서지만, 그 이면에는 그런 고통스런 감정들을 자극하는 본능적 충동들이 있다. 그리고 저항을 분석해 가다보면 내담자가 그토록 막으려고 한 것은 결국 외상적 상태의 공포임을 알게 된다. 정신분석적 상담에서는 내담자가 무엇을, 왜, 어떤 방법으로 저항하는지 체계적으로 분석해, 내담자가 자신의 정신적인 특성을 인식하게 하고 자신이 반복해서 욕망하고 갈등하는 문제가 무엇인지 통찰하게 하는 것을 목표로 한다. 내담자가 진정으로 자신의 무의식을 인식하게 된다면 증상은 경감되거나 해소된다고 본다(Greenson, 1967).

2 정신분석과 사진

이창재(2010)는 인간의 억압된 무의식이 생성해내는 일종의 내적 작품이 꿈이라면, 예술가가 은밀히 꾸어온 꿈들의 외적 작품이 예술 작품이기에, 예술 작품의 무의식적 의미를 이해하는 데 있어 꿈이 만들어지는 과정과 원리에 대한 이론을 적용해 분석해보는 것이 유용할 것이라고 했다.

사진이라는 예술 또한 마찬가지로, 사진을 찍는 사람은 카메라로 대상을 찍고 이미지를 만들어 나가는 과정을 통해 그가 표출하고자 하는 무의식적 욕구나 소원을 자신도 모르게 변형되고 왜곡된 형태로 표현할 수 있을 것이다. 프로이트도 무의식과 의식의 과정을 사진 현상과 인화의 과정으로 비유한 적이 있다. 즉 프레임을 통해 대상과 구도를 선택하고, 조리개와 셔터 스피드 등으로 노출을 측정하고 심도를 다루는 것, 암실(현대에는 포토샵이나 스마트폰 앱 등)을 이용해 여러 조작들을 하는 과정은 마치 꿈을 꾸는 이가 일상에서 무의식적 욕구나 갈등과 관련된 꿈의 재료를 선택한 뒤에 이미지들을 변형하고 왜곡해 꿈을 만들어내는 과정과 유사하다. 사진작가 다이안 아버스(Diane Arbus)는 자신의 사진작업들에 나타난 이미지들에 대해 "사진이란 비밀에 관한 비밀이다. 사진이 우리에게 말하는 것이 많으면 많을수록 우리가 아는 것은 더 적어진다."라고 이야기한 바 있다. 내담자의 꿈 역시 깊은 내면의 비밀 자료들을 전치나 압축 과정을 통해 고도로 상징화된 이미지들로 보여준다.

욕구 충족으로서의 사진을 이야기할 때, 총을 쏜다는 의미의 'shot'이 사진이라는 뜻도 동시에 갖고 있다는 점은 의미심장하다. 수잔 손택(Susan Sontag)은 "사진은 피사체가 된 사람을 상징적으로 소유할 수 있는 사물로 만들어 버린다. 카메라가 총의 승화인 것처럼 누군가의 사진을 찍는다는 것은 살인의 승화라고도 볼 수 있다. 그것은 슬프고 두려운 이 세상에 어울리는 부드러운 살인–결국 사람들은 자신이 지닌 공격성을 총보다는 카메라를 통해서 분출하는 방법을 배우게 될 것이다."라고 말하며 사진을 통해 인간의 소유 욕망과 승화된 공격성을 이야기했다. 반면 도널드(Donald)는 카메라가 공격성뿐만 아니라 어떤 이미지든 받아들이는 수동적 기록성이 인간의 수동적 욕구를 충족시킨다고 주장했다.

사진을 찍는 과정에서 충족되는 공격성이나 수동적 욕구 외에 설즈버거(Sulzberg-er)는 사진이 제공하는 관음증적 만족이나 노출증적 만족이 사회적으로 용납될 수 있는 방법으로 사람들의 무의식적 욕망들을 충족시켜준다고 했다.

또한 사진은 우리의 죽음욕동을 다루기도 한다. 사진은 우리에게 사라져버린 시간, 과거, 즉 죽음을 상징하기도 한다. 사진의 본질은 죽음이라고 한 롤랑 바르트(Roland Barthes)는 특히 "인물사진이란 피사체로부터 발산되는 빛을 타고 우리에게 나타나는 과거의 인물, 죽은 자들의 귀환"이라 말한 바 있다.

마지막으로 카메라와 사진은 건강한 발달을 촉진시킬 수 있는 '중간대상'이 될 수 있다. 젖가슴 또는 첫 번째 애정 대상으로부터 리비도가 전치된 중간대상은 애정대상의 상실에 대한 불안을 막아주고 사랑과 위로, 안정 같은 느낌을 제공해줌으로써 이후의 삶에서 상징적인 어머니 대리물로 기능한다. 상실 가능성을 통제할 수 없는 어머니와 달리 중간대상은 자신이 통제할 수 있다. 위니캇(Winnicott)은 예술이나 창조적이고 상상력 있는 삶 등에 속하는 강렬한 경험 안에서 생애 전반을 통해 중간영역이 지속될 수 있다고 했다. 그러나 중간대상이 왜곡되거나 강제성을 띠게 될 때, 그것은 물신 숭배적인 특성을 가질 수 있으며, 건강한 발달을 저해할 수 있음도 고려해야 할 것이다.

2
대상관계

모든 대상관계 이론은 대상관계 형성을 일차적인 인간의 동기로 생각한다.

- 프랭크 써머즈(Frank Summers) -

1 개관

대상관계 이론(object relations theory)은 인간이란 본질적으로 사회적인 존재라는 믿음에 기초한 것이다. 타인과 접촉해 관계를 형성하는 것 그 자체가 인간의 본능적인 욕구로서, 대상과의 관계를 통해 형성되는 심리구조에 초점을 두며 이런 심리구조가 대인관계에서 어떻게 나타나는지 또 어떻게 작용하는지를 다루는 이론이다.

대상관계 이론은 인생 초기(출생~36개월)의 관계에 집중하는데, 인간이 출생과 동시에 만나게 되는 양육자와의 관계 경험이 내면화 과정을 거쳐 내담자의 독특한 대상관계가 형성되고 이런 내적 대상관계가 향후 자신 및 타인들에 대한 지각과 대인관계를 맺는 기본 방식을 결정하는 심리 내적 구조로 기능한다는 것이다. 즉, 초기 양육자와의 관계 경험을 바탕으로 양육자인 대상(object)과 자신에 대해 마음속의 이미지(내적 표상)를 만들며, 이런 내면화된 무의식적인 표상들이 개인의 성격 형성에 미치는 영향과 성장기 이후 대인 관계에서 미치는 영향에 관심을 갖는다.

대상관계 이론은 프로이트 학파의 정신분석 이론이 영국에서 발전된 것이며, 정신분석 이론처럼 한 사람이 통일성을 가지고 제시한 이론이 아니라 대상(object)의 중요성을 강조하는 여러 임상가 및 학자들에 의해 연구되었고, 지금도 지속적으로 발전하고 있는 이론으로 이론가마다 서로 상이한 이론적 관점이 있다.

대상관계 이론은 전통적 정신분석에서 다루기 어려웠던 경계선 성격장애를 이해하고 치료하는 데 적합한 이론이었으나 근래에는 덜 심각한 정신장애에서 개인치료뿐만 아니라 집단, 가족치료 및 예술치료나 놀이치료 등 적용의 범위를 점차 넓혀가고 있다.

2 인간관 및 특징

첫째, 인간은 선천적으로 타자와의 관계를 형성하려는 본능적 욕구와 동기를 가지고 태어난다고 보았다. 인간은 미숙하고 의존적인 존재로 태어나기 때문에 육체적 및 정신적 생존을 위해서는 반드시 타자(양육자)의 도움을 필요로 하므로 초기에는 생존을 위해서, 그 이후에는 심리적 건강을 위해서 서로에게 의존한다는 것이며, 이를 인간 실존의 근본 문제로 본다. 따라서 자신의 의존 욕구를 다루는 방식이야말로 심리적 건강과 질병을 결정하는 가장 핵심적인 요소로 본다.

둘째, 만 3세 이전에 겪은 중요한 타자와의 만족스러운 관계 경험은 결과적으로 유아에게 긍정적이고 통합된 자기표상과 대상표상으로 내면화되어 자아기능의 건전한 발달을 촉진한다. 그러나 충분한 애정과 보살핌을 받지 못하고 반복적인 거부나 무시를 당하거나 방임 또는 처벌을 받으면서 성장한 유아는 내면에 주로 부정적이고 분열된 자기표상과 대상표상이 내면화됨으로써 취약한 자아구조가 형성되어 병리의 원인이 된다.

셋째, 내면화된 심리구조(대상관계)는 성장 과정 중에 다른 사람과의 관계에서 다시 나타나게 되어, 의미 있는 타인을 선택할 때는 물론 그들과의 실제 상호작용에도 많은 영향을 준다.

넷째, 이렇게 내면화된 심리구조는 의식적으로 작용할 수도 있고 무의식적으로 작용할 수도 있지만 대체적으로는 무의식적으로 작용한다.

다섯째, 생애 초기에 형성된 대상관계는 상담치료 장면에서 상담자와 새로운 대상관계를 경험하거나 다른 경험들에 의해 오랜 시간에 걸쳐 수정될 수 있다.

3 대상관계 이론가

대상관계는 영국정신분석연구소를 중심으로 발달했는데, 영국학파인 멜라니 클라인(Melanie Klein), 로널드 페어베언(Ronald Fairbairn)에 이어 도널드 위니캇(Donald Winnicott), 해리 건트립(Harry Guntrip), 윌프레드 비온(Wilfred Bion) 등 여러 이론가들에 의해 기초가 확립되고 발전되었다.

멜라니 클라인은 프로이트의 죽음본능 이론을 확장하면서 모든 갈등은 생명본능과 죽음본능 사이의 원형적 투쟁에 근거한다고 했다. 유아의 정신기제가 발달하는 과정을 출생부터 5개월 전후까지의 편집-분열자리, 12개월경까지의 우울자리로서 두 단계의 자리개념으로 발달과정을 제시했다.

로널드 페어베언은 자아가 쾌락과 긴장해소를 추구한다는 본능을 강조하기보다는 대상을 추구한다고 했으며, 대상 자체가 리비도의 목적이며 존재 이유라고 했다. 부모에게 실제적인 반응을 요구하는 리비도적 자아, 자아의 다른 일부인 거절하는 대상에 의해 형성된 반리비도적 자아라는 개념을 도입했다.

도널드 위니캇은 발달 단계를 절대적 의존기(출생 후~6개월), 상대적 의존기(6개월~36개월), 36개월 이후부터 독립을 향해가는 시기가 성인기까지 계속된다고 했다. 특히, 위니캇은 유아의 성격발달에 있어서 촉진적 환경을 제공하는 부모의 기능인 '충분히 좋은 엄마(Good Enough Mother)' 라는 개념을 도입했다. 유아가 어머니와의 의존관계에서 독립을 향해 나아가기 위해서는 '중간대상'과 '중간현상'을 경험한다고 했는데, 중간대상이란 주관적인 세계에 존재하는 대상과 현실에 존재하는 대상의 중간에 있는 대상으로 주먹이나 손가락을 빠는 것, 곰 인형이나 아기 담요에 애착을 보이는 것 같은 것이다. 유아가 중간대상을 사용한다는 것은 양육자의 사랑의 결핍을 의미하는 것이 아니라, 유아가 엄마를 창조해낼 수 있는 능력을 가졌음을 의미하는 것이다.

그 외에도 해리 건트립은 성격 형성에는 어린시절의 양육 경험이 영향을 미친다고 했고, 퇴행자아라는 개념을 도입해 퇴행자아가 분열 성향의 성격을 낳고 그것이 모든 정신병리의 토대라고 보았다. 클라인의 후기 이론인 시기심과 투사적 동일시 개념을 확장한 윌프레드 비온은 정신분석가의 역할은 전이-역전이 상황에서 일어나는 것들을 담아내어 그것을 이해하고 해석하는 것이라고 했다.

미국학파로는 생애 초기에 유아가 어머니와의 심리적 융합을 통해서 정신적 발달을 이룬다고 한 르네 스피츠, 에너지 이론과 대상관계 발달 과정의 상호연관성을 통합적으로 탐구해 자아심리학과 대상관계 이론을 혼합한 이론가인 에디스 제이콥슨은 대인관계의 영향력과 정신구조 내에서 대상관계가 내재화되는 과정을 설명했다. 마가렛 말러는 10여 년에 걸친 유아와 어머니의 상호작용을 직접 관찰한 것을 바탕으로 유아가 어머니와 심리적 공생관계로부터 안정된 자기 개별성과 대상항상성을 향해가는 분리-개별화 과정을 연구했으며, 정신병리를 심각성의 정도에 따라 구분해 치료하는 틀을 창시하면서 경계선 및 자기애성 환자에 대한 진단과 치료에 공헌한 오토 컨버그와, 신경증과 정신병의 자폐적 수준의 경험에 관한 연구로 대상관계 이론을 확장한 토마스 옥덴, 그리고 자기의 발달은 대상의 발달과 함께 이루어진다는 자기심리학을 개발한 하인즈 코헛 등이 있다.

1. 대상관계 핵심개념

대상관계 이론가들마다 특징적인 개념들이 있지만, 모든 것을 다룰 수는 없어 대상관계 이론을 설명하는 기본적인 개념들에 대해서만 서술하고자 한다.

1) 대상(Object) 및 대상관계(Objective relations)

'대상(object)'이라는 용어는 원래 프로이트의 개념에서 출발한 것이며, 외부에 실제 존재해 상호작용하는 사람뿐만 아니라 개인의 정신 세계에 표상된 내적 대상들도 포함한다. 대상관계 이론에서는 대체적으로 대상은 유아가 관계를 맺는 타자(영유아 시절에 경험하는 양육자를 의미)로서, 이 '관계'라는 맥락에서 본능보다는 대상 자체를 중요하게 여기는 경향이 있다. 대상관계 이론에서의 대상은 개인의 본능적 욕동을 충족시키는 사람이나 사물과 같은 실제 대상과, 그 현실 대상과의 관계에 대한 개인의 내적대상 둘 다를 의미한다. 내적 대상은 어떤 정신적 표상 즉, 어떤 이미지나 개념, 환상, 감정 또는 그와 관련된 기억들이다. 개인은 대상과 상호작용을 하면서 상대방과(대상표상) 자신(자기표상)에 대한 이미지를 형성하고 그의 행동에 대한 기대와 함께 관련된 감정을 가진다. 심리역동적으로는 외적대상보다 내적대상들이 더 중요한 의미를 가진다.

대상관계란 엄마-자녀관계에서 양육태도로서 인식되는 어머니의 이미지인 대상표상과 그 양육을 받는 자신에 대한 이미지로서의 자기표상, 그리고 이 둘을 연결짓는 정서상태로 구성된다.

2) 표상(Representation)

표상이란 개인 내면세계에 외부대상에 대한 의미와 정신적 이미지가 정신내적으로 내면화되어 형상화된 것, 또는 대상을 받아들이고 소유하는 방식을 말한다. 즉, 표상은 대상관계가 내면화된 것으로, 주체의 주관성에 따라 실제 사물이나 사람과는 다른 모습으로 내면화될 수 있다. 표상에는 자기표상과 대상표상이 있는데, 대상표상은 개인이 대상을 정신적으로 지각하고 있는 방식을 말한다. 자기표상은 유아가 대상과의 관계를 통해서 경험해 심리내부에 내면화되는 자기 자신에 대한 이미지나 심리적 느낌으로, 성장 후에 타인 혹은 세계와 관계하는 방식에 영향을 주게 된다. 그러므로 표상은 한 개인의 행동의 의미와 동기를 이해할 수 있는 실마리를 제공한다.

3) 분열(Splitting)

유아는 초기 양육자와의 관계에서 긍정적인 측면과 부정적인 측면을 모두 경험하게 되는데, 자아기능이 취약한 유아는 이 두 가지의 상충되는 정서를 혼란스러워하며 동시에 받아들이지 못한다. 유아는 원초적 본능과 혼돈 속에서 자신의 경험에 질서를 부여하고자 원시적인 정신 방어기제를 사용하게 되는데 이것이 분열이다. 분열은 대상이나 자신의 갈등적이거나 이질적인 측면들 즉, 서로 다른 정서가 부여된 측면들을 분리해 좋거나 또는 나쁜 어느 한 측면만을 의식적인 차원에서 경험하고(부분대상 경험) 다른 측면은 의식에서 배제하는 것이다.

4) 통합(Integration)

통합이란 두 개의 정신적인 요소를 의미 있게 합치는 것으로 지각이나 기억, 표상, 정서, 생각 혹은 움직임과 같은 요소가 될 수 있다. 하나의 사물에 속하는 특정한 요소를 다른 사물에 속하는 요소와 먼저 변별하지 않고는 이들을 통합할 수 없다. 변별과 통합이 순조롭게 발달하려면 초기 유아기에 비교적 긍정적 정서 경험이 많아야 가능하다. 대상에 대한 통합성을 확립했다는 것은 대상을 부분대상(좋거나 또는 나쁘거나)이 아닌 전체대상(좋은 점과 나쁜 점을 동시에 가진)으로 경험하는 것을 말한다.

5) 투사적 동일시(Projective identification)

클라인에 의해 처음 사용된 개념으로 자기가 수용하기 힘든 자신의 어떤 내적 특성들을 무의식적으로 다른 사람들에게 투사(project)해 다른 사람들로 하여금 투사된 특성대로 느끼거나 행동하도록 미묘한 대인 간 압력을 가하면서 유도하고, 투사의 대상이 된 사람은 투사받은 대로 행동하고 생각하고 느끼게 된다. 동시에 자신은 무의식적으로 투사한 것에 동일시하는 과정을 말한다. 즉, 한 사람이 감당할 수 없는 생각이나 감정을 다른 사람에게 투사하는 과정(투사)에 이어 투사를 받는 사람은 마치 그 생각이나 감정이 자신의 특성인 것처럼 느끼고 행동하게 되는 과정(동일시)이 함께 일어나는 것을 말한다. 투사적 동일시는 대상관계적 접근에서 부부관계나 가족관계의 역기능적 측면을 이해하는 데 매우 유용한 개념이다.

치료장면에서 내담자에게 투사적 동일시가 일어나면 내담자의 감정이나 행동이 이해하기 어렵거나 매우 강력하기 때문에 상담자에게 역전이 반응을 초래할 수 있다.

4 대상관계 이론의 치료적 목표

대상관계 이론에서는 초기 영유아기에 충분히 좋은 양육자의 결여, 충분한 반영의 부족, 대상 표상의 분열이 안정된 자아의 형성과 통합을 저해해 문제를 드러낸다고 한다.

대상관계 이론의 치료적 목표는 초기 유아의 관계성에 대한 욕구로부터 인간의 동기 원리를 도출해내고 결과적으로 초기관계 경험에서 유래한 대상관계를 수정하는 것이다. 치료목표의 핵심은 개인 내적 역동에 대한 통찰을 통한 깊은 자기이해 및 분명한 자기감을 갖도록 자아기능을 강화하고, 온전한 대상관계를 형성해 자신과 타인들에 대해 현실적이고 수용적인 경계선을 발달시키는 것이다. 페어베언에 의하면 상담 장면에서 내담자가 새로운 형태의 대상을 경험하는 것이 가능하며, 상담자를 그 새로운 대상으로 경험하도록 하는 것이 필요하다고 했다. 즉, 상담 현장에서 부정적 대상관계를 극복하고 긍정적이고 온전한 대상관계를 경험해, 그것을 현실에서도 경험할 수 있는 능력의 변화가 생기는 것이 치료적 결과이다.

3
실존주의

행복이 무엇인지를 계속 찾고 있으면 행복하지 않을 것이며,
삶의 의미를 찾고 있다면 결코 살 수 없을 것이다.

- 알베르 카뮈(Albert Camus) -

실존주의적 사진치료는 실존주의 철학을 기반으로 한 실존주의 상담을 사진치료 기법에 응용한 것이다. 실존주의 상담처럼 사진치료는 다른 접근들과 통합할 수 있는 치료 형태로 모든 치료의 부분이 될 수 있으며 일부가 되어야 하는 인간의 경험에 대한 사고방식을 제시한다. 사진치료에 실존주의의 이해와 적용을 위해 먼저 실존주의의 기본 개념과, 실존주의 철학에 영향을 받는 실존주의 예술과 사진의 표현 양식, 그리고 실존주의 상담을 살펴본다. 그 다음에 실존적 관점에서 기획된 사진치료 프로그램을 소개한다.

1 실존주의 기본개념

실존주의는 삶의 문제를 중심에 둔 구체적이고 실재적인 철학이다. 『서양철학사의 이해』에 의하면, 실존주의는 1차, 2차 세계대전을 배경으로 키에르케고르(S. Kierkegaard)가 창시했고 야스퍼스(K. Jaspers), 하이데거(M. Heidegger), 사르트르(J. Sartre), 카뮈(A. Camus)의 저술로 인해 세력을 가졌다. 실존주의는 '불안의 철학', '위기의 철학', '소외의 철학'이라 부르기도 한다. 실존주의는 전쟁과 기계 문명으로 인해 불안과 소외를 느끼는 부정적인 상황에서, 삶의 의욕과 희망을 잃고 자기반성 없이 생활하는 사람들에게, 인간의 존엄성과 주체성을 회복해 본래적이고 실존적인 삶을 살아가도록 하는 철학이다. 실존주의는 신을 전제로 하는 유신론적 실존주의[2]와 신과 무관한

2 유신론적 실존주의는 신을 통해서, 신과의 만남을 통해서, 신에게 초월함으로써 본래의 인간으로 회복시키려는 것으로 키에르케고르, 야스퍼스, 마르셀이 속한다.

무신론적 실존주의[3]로 나눠진다.

실존(Existenz)은 '외적 존재', 즉 밖에 드러난 존재라는 뜻이며 밖에 드러나지 않는 '본질'에 대한 반대 의미이다. 야스퍼스는 '존재'란 거기 있는 것, 이미 만들어진 것, 완료된 것이며, '실존'은 가능한, 잠재적인, 되어가는 존재라고 설명한다. 사르트르는 실존을 있는 그대로의 자기에 관심이 없는 존재(돌, 나무, 사물)인 '즉자존재(in-itself)'와 자기에 관심을 갖고 지향하고 계획하는 존재(인간)인 '대자존재(for-itself)'로 나누고, 대자존재만을 실존이라 한다. 키에르케고르에게 실존은 단순히 세계 속에 있거나 살아가는 존재가 아닌, 자기를 선택하는 존재를 말한다.

키에르케고르는 주체적인 진리와 실존의 변증법을 강조한다. 그는 헤겔(Hegel)의 객관적이고 추상적이며 보편적인 진리에 반대한다. 주체적인 진리란 '내가 그것으로 사는 진리, 나의 삶에 영향을 미치는 진리, 나의 문제를 해결하는 진리'를 말한다. 실존은 변증법적인 3단계[4]를 거쳐 성숙해 점차 본래의 자기, 참다운 자기로 접근한다고 한다.

야스퍼스는 삶의 기쁨을 잃고 불안과 불만을 해소하지 못해 위기에 처한 현대인을 회복시키기 위한 실존철학으로서 실존의 세 가지 특징을 설명한다. 첫째, 실존은 자기를 선택하고 만들 수 있는 자유로운 가능성이 있는 존재, 둘째로 실존은 상호 교통하는 존재, 셋째는 실존은 역사적 존재로, 결단을 통해 행동하고 행동을 통해 역사에 참여하는 존재이다. '죽음, 고통, 경쟁, 죄'와 같은 한계 상황이 실존을 자각하게 한다고 말한다. 한계 상황은 인간의 유한성을 깨닫고 자기를 반성해 본래의 자기를 찾게 하는 계기가 되며 좌절 속에 실존을 넘어 신에게 초월하도록 한다. 즉 좌절 속에 초월이 있고 초월 속에 세계와 실존의 대립이 없어지고 일자(一者)인 신에 포괄되는 것이다.

하이데거는 주관과 객관의 대립 이전의 입장에서 존재를 탐구하며 실존을 통해 존재에 접근한다. 신이 아닌 이성과 양심에 귀를 기울여 세계를 초월하는 실존이다. 하이데거는 인간을 세계 속에 살고 있는 존재라는 의미인 '세계 내 존재'로 본다. 인간은 주관적으로 세계에 접촉하고 실천적으로 행동하며 끊임없이 세상을 둘러보며

---

3 무신론적 실존주의는 이성과 양심의 소리에 따라 책임 있는 행동을 해 본래의 인간으로 회복시키려는 것이며, 니체, 하이데거, 사르트르가 해당된다.

4 1단계: 탐미적인 삶의 자세의 미적 단계, 2단계: 어떤 것에 얽매인 삶의 자세를 가진 윤리적 단계, 3단계: 신에 의존하는 삶의 자세인 종교적 단계.

사는 태도를 가지고 있으며, 세계 내 인간의 존재방식은 불안하다고 본다. 인간은 일상 속 무자각, 무책임, 불성실한 생활태도를 보이지만, 불안으로 인해 자기를 반성하고 내면을 들여다보게 된다. 불안이 계기가 되어 양심의 소리에 의해 본래의 참 자기로 돌아가는 것이다. 인간은 세상에 내던져진 존재(피투성: 被投性)이지만 자신의 미래를 향해 능동적으로 내던져져 존재하는 기투성(企投性)이 결합된 모습이다. 기투성으로서 인간은 막연히 미래를 기다리기보다는 결의하는 존재로 한계 상황인 죽음의 불안에서 해방될 수 있다고 말한다.

사르트르는 실존의 두 가지 특징을 말한다. 하나는 '실존은 본질에 앞선다'는 것과 '실존은 주체성'이라는 것이다. 본질은 사물을 되게 하는 것으로, 만약 인간이 그 본질에 제한되는 존재로 한정된다면, 인간은 어떤 자유도 누릴 수가 없게 된다. 따라서 물질은 본질에 의해 한정될 수 있어도 인간은 본질에 앞선다.[5] 이는 인간의 창조자인 신을 부인하는 것이며 만들어진 본질을 부인하는 것이다. 이것을 부인할 때에 실존은 본질에 의해 한정되지 않는 존재가 되어 자기의 본질을 스스로 만들어 가는 자유로운 존재이며 무한한 가능성을 가진 존재가 되는 것이다. 실존의 주체성은 인간이 자기가 주인임을 말하는 것이며, 자신의 행동을 선택하고 미래를 기획하는 주체로서의 실존이다. 또한 실존은 자신이 선택하고 그것에 책임을 지는 책임의 주체이다(박영식,2014).

실존주의자들은 인간이 경험의 주체이며 자기반성의 객체인 의미를 생성하는 존재라고 본다. 인간은 유한한 생명을 가지고 있는 존재에 대한 인식과 함께 어떻게 살아가야 하는가에 대한 질문에 당면한다. "나는 누구인가?", "삶은 살 가치가 있는가?", "삶은 의미가 있는가?" 인간은 우리가 누구이며 무엇이 될 것인지에 책임이 있다. 실존주의자들은 인위적인 설명과 객관적인 진단보다는 진실한 경험과 그 경험의 주관성에 집중한다.

5 이는 인간의 창조자인 신을 부인하는 것이며 만들어진 본질을 부인하는 것이다. 이것을 부인할 때에 실존은 본질에 의해 한정되지 않는 존재가 되어 자기의 본질을 스스로 만들어가는 자유로운 존재이면서 무한한 가능성을 가진 존재가 되는 것이다.

2 실존주의 상담

실존주의 상담의 목표는 내담자가 실존적 조건에 대한 인식을 증가시켜 삶을 주체적으로 선택하고 책임지는 진실한 인간이 되도록 하는 데 있다. 실존심리상담자 에미 반 두르젠(Emmy Van Deurzen, 2010)은 실존주의 상담의 목표는 삶을 명료화하고 성찰해 이해하는 것이며, 삶의 문제를 직면하고 삶의 가능성과 한계를 탐색하는 것이라고 한다. 빅터 프랭클(Viktor Emil Frankl)은 삶에서 고통을 멈추는 것은 '의미'를 찾는 데 있다고 강조하며 '의미에 대한 의지[6]'를 실존상담에서 중요하게 여긴다. 실존주의 상담은 다른 상담처럼 사람을 변화시키려 하기 보다는, 내담자가 성찰해 삶의 의미와 방향(목적)을 발견하도록 돕고, 상담자는 내담자의 성격(성격 이해)보다는 삶 자체(삶을 어떻게 이해하는가)에 초점을 맞추어 직면한 개인의 방식을 발달시키고 강화시키는 것을 목표로 한다.

실존주의 상담의 접근에는 철학적 명료함이 요구된다. 실존주의 접근에는 세 가지 가정이 있다. 첫째는 삶에 의미가 있고, 사람들은 자신의 태도에 의해 자신의 세계에 대한 의미를 창조한다. 둘째, 인간 본성의 본래적인 유연성으로, 상황이 어떠하든 어떻게 창조하는가는 우리에게 달려있다. 셋째는 사람들의 삶의 상황에는 생물학적인 한계가 있다는 가정이다. 실존주의 상담에 있어서는 상담자와 내담자 모두 실존주의 관점에서의 이 가정을 깨닫는 것이 중요하다. 상담자는 자신의 의도와 가정에 대해 명료해야 내담자의 태도와 목표를 명료화하도록 도울 수 있다. 내담자들이 치료원칙에 확신을 가질 경우에만 치료 과정에 완전히 참여할 수 있으며, 자신의 삶과 삶에 대한 태도에 대해 올바른 선택을 할 수 있는 내담자의 능력이 중요하다고 가정한다(에미 반 드루젠, 2010).

실존주의 상담은 참된 인간적인 만남이다. 언제나 최소한 그 순간만큼은 그 사람과 온전히 함께 존재한다. 인간 대 인간의 만남 속에 진실로 관심을 갖는 타인의 인격적 실존에 참여하는 것으로, 상담자가 다른 사람의 삶과 다른 사람의 실존, 세계 내의 존재 양식을 공유하는 것이다. 내담자의 전인격적인 호소에 전인격적인 현존으로써만이 대답할 수 있다고 본다.

6 프랭크는 프로이트의 '쾌락의지'는 어린 시절의 발달 단계, 아들러의 '권력에 의지'는 사춘기의 발달 단계, '의미에 대한 의지'는 성인의 발달 단계로 본다.

3 실존주의 상담자

실존주의 상담자는 지금 여기에서의 현재성을 강조하며 내담자의 존재 양식에 초점을 두고 진실에 가치를 둔다. 내담자가 실존의 진실을 창조하거나 파괴하는 방식을 탐색하며 내담자와 현존해 현실을 만난다. 내담자를 공감 · 지지하고 수용하기보다는 생각할 수 없던 것을 생각하도록 격려하며 삶의 고난과 시련에 대처하도록 결심하게 한다. 상담자는 내담자를 변화시키려 시도하지 않고 자유롭게 한다. 내담자가 혼란스러워 하는 문제에 새로운 빛을 비추어주고, 내담자가 고착된 문제를 새로운 관점으로 보게 하고, 내담자의 능력을 활용하도록 격려하고, 성장을 위한 건설적이고 창조적 방법을 찾는다. 치료적 관계는 전문적인 관계로 엄격하게 정의한다.

4 실존주의 상담 개입

실존주의 상담은 불안을 제거(완화)하기보다는 직면해 견딜 수 있는 능력(용기)을 갖도록 돕고, 내담자의 취약성과 한계를 깨닫도록 해 자기-기만을 벗어나도록 개입한다. 탐색을 통해 내담자가 진정 원하는 방향(참된 삶)을 확인하도록 돕는다. 참된 삶은 생명력과 기쁨이 증가하는 경험이며, 진실하지 않은 삶은 의무감이나 운명에 대한 불만스러운 경험을 갖는다. 참된 삶을 살기 위한 기준으로써 방향을 발견하는 지침이 필요하다. 역경을 극복하기 위해 최선을 다해 생산적이고 창조적으로 사는 것이 가치 있는 삶임을 강조한다. 다음은 얄롬(Yalom, 2016)의 실존주의 상담개입을 살펴본다.

1. 죽음

얄롬은 "우리 존재의 중심에는 죽음이 있고, 삶과 죽음은 상호 의존적이기에 죽음을 어떻게 무시할 수 있는가."라고 말한다. 죽음은 인간을 물리적으로 파괴하나, 죽음에 대한 생각이 인간을 구할 수 있는 것이다. 그런 예로, 불치병 환자들이 죽음을 앞두고 긍정적인 변화를 겪는 것이나, 삶에서 중요한 우선 순위를 정리하다 보면 중요하지 않은 문제점들이 사라지는 것이 해당한다. 죽음을 불안해하는 내담자를 대할 때, 상담자는 죽음에 대해 직접적이고 사실적으로 말하라고 한다. 상담자가 죽음을 이야기하면서 편안한 마음을 보여주면 내담자들이 더 자주 죽음에 대해 말할 수 있게 된다.

2. 삶의 의미

얄롬은 삶의 의미에 대해 간접적으로 접근하는 것이 최선이라고 말한다. 우리가 해야 하는 것은 가능한 많은 의미 중, 자아 초월적 근거를 가진 것에 뛰어드는 것이며 상담자들은 그 일을 하는 데 장애물을 확인하고 제거하도록 하는 것이다. 삶의 의미를 촉진하는 방법으로는 내담자에게 자신이 바라는 묘비명을 적어보고서 그들의 삶의 의미와 목표(예: 이타주의, 쾌락주의, 대의를 향한 헌신, 생성, 창조성, 자기실현 등)를 나누는 것이 있다.

3. 자유

실존적 자유에는 책임감이 따르며 두려움이 항상 연결되어 있다. 사르트르는 "우리는 자유를 갖도록 운명 지어졌다"면서 우리는 자신의 창조자라고 했다. 우리는 선택, 행동, 실패를 거듭하지만 궁극적으로 자신을 만들어가면서 이런 책임과 자유를 피할 수 없다고 했다. 자유의 파생물인 책임, 의지, 소망, 결정은 모든 심리치료에서 분명하게 볼 수 있다. 궁극적인 자유에 대한 강한 두려움 때문에 사람들은 방어를 하다가, 그것이 정신병리가 된다. 심리치료는 내담자들이 개인의 경험에 대해 책임을 지고 재개하는 것이며, 내담자가 적극적으로 자신의 자유를 증진시키고 받아들이도록 하는 것이다.

4. 책임

상담자가 내담자에게 의미 있는 변화를 바란다면, 내담자가 책임을 지도록 돕고 스스로 고통을 어떻게 만들었는지 깨닫도록 돕는다. 내담자에게 일어난 일의 상당수가 다른 사람의 잘못이라고 해도, 단 1%라도 내담자가 한 역할을 보도록 돕는다. 예를 들어, 심하게 착취당한 사람에게 자신의 책임감을 깨닫게 하기 위해, "이 상황에서 당신이 얻은 것은 무엇인가요?"라고 물어 직면시키는 것이다. 집단 상담에서 개개인들의 행동이 '다른 사람에게 자신이 어떻게 보이고', '다른 사람에게 어떤 느낌을 주며', '다른 사람에게 어떻게 의견을 내는지'를 관찰해서 자신의 행동의 책임을 배우게 한다. 자신의 삶을 곤경에 빠지게 하는 자신의 역할을 깨달으면, 자신만이 그 상황을 변화시킬 수 있는 힘을 가지고 있다는 것도 깨닫게 된다. 미래를 스스로 기획하고 어떻게 살 것인지를 생각해보도록 촉구한다.

5. 결정

결정은 실존으로(자유, 책임, 선택, 후회, 소망, 의지) 가는 왕도이다. 결정을 하는 과정에서 혼란과 불안이 일어나면 내담자들은 상담자가 결정해주게 하거나 교묘하게 자신이 책임져야 할 부담을 타인이 지도록 유도까지 한다. 심리치료는 자신의 행동을 책임지도록 돕는 것이다. 따라서 내담자가 스스로 결정을 내리지 않고 다른 사람이 자신을 위해 결정을 내리게 조종하고 있다는 사실을 이해하도록 돕는다. 내담자가 자신의 전제조건과 행동을 수용하면, "당신은 그 결정에 만족하나요?"라고 묻는다. 만약 자신에게 관심을 두지 않고 환경을 변화시키는 데 관심을 두고 있다면, 내담자가 자신의 결정과 행동을 부인한다면, 진정한 변화는 일어나지 않는다. 결정은 자신을 창조하는 능력과 가능성(개인의 특별함, 잠재력, 소멸하지 않는 능력, 생물학적 운명에서 면제받을 수 있는 신화)의 한계를 직면해 포기해야 하는 한계 경험이다.

5 실존주의의 예술과 사진

『서양 철학과 미술의 역사』에 의하면, 현상학의 에드문트 후설(Edmund Husserl)은 예술가에게 예술작품은 목적 그 자체라고 말한다. 예술작품은 언제나 예술가와 분리된 형성물이다. 예술은 자체적으로 시작해 끝나도 예술작품은 사람들과 상호 주관적으로 작용한다. 감상하고 이해하면서 예술체험을 하고 이를 통해 인간으로서 고양된다. 야스퍼스는 진정한 아름다움은 형이상학적이어야 하며 실존과 초월을 담을 때에 그 진정한 아름다움이 나타난다고 주장한다. 반면에 하이데거는 예술작품에 '존재자의 존재'가 드러날 때 진정한 예술작품이 된다고 주장한다. 아름다움은 오직 선험적 주관성을 지닌 주체로부터 나오며, 묘사 대상이 사물이라 하더라도 주체의 의미와 결합될 때 비로소 서로의 존재가 드러나고 형식을 넘어 내용을 획득할 수 있으며, 예술작품의 작품다움은 여기에서 비롯된다고 한다.

실존주의에서의 예술작품은 즉, 주체와 사물, 내용과 형식이 통일되어야 하며, 사물을 통해 실현되는 하나의 의미이다. 또한 실존주의 예술에서 '불안'은 실존에서 초월로 이르게 한다고 본다. 따라서 예술에서의 비극의 묘사가 매우 중요하다. 왜냐하면 인간 존재는 좌절 속에서 나타나지만, 좌절 속에서 존재는 사라지지 않으며, 오히려 완전하고 결정적으로 감지되며, 이 속에서 초월로 향할 수 있기 때문이다. 또한 예술은 바라보면서 즐기는 데 머물지 않고 주체적인 나 자신으로서 참여하는 일이 중요하다고 본다.

사진가 딜런 맥버니(Dylan McBurney)는 '사진적 실존주의의 형태'라는 논지에서 실존주의와 사진을 비교해 유사성을 설명한다. 실존주의의 예술은 객관적인 외부 현실(reality)을 반영(reflection)하는 것뿐만 아니라 인간의 자유로운 투사(projection)라고 본다. 사진도 다른 예술처럼 단순히 외부의 피사체를 반영해 포착하는 것이 아니며 우리 앞에 놓인 피사체에서 무언가를 창조해 현실을 초월한다. 우리의 영향과 감정을 사진에 자유롭게 투사하지 않는다면, 사진의 행위는 객관적 현실에 대한 쓸모없는 문서와 같다고 말한다.

인간은 스스로 결정을 내림으로써 자유가 있듯이, 사진가는 세상(삶)을 여러 측면으로 자유롭게 촬영한다. 사진가가 결정한 선택으로 인해 사진가 자신을 인간 존재, 즉 사진가로 정의하게 한다. 실존주의자들에게 인간은 세상 속에서 존재의 자유를 누리면서 행동에 대한 책임을 받아 들여야 하는 것이다. 이와 마찬가지로 사진가 역시 무엇을 찍거나 어떻게 묘사할지를 결정하면서 그 행동에 대한 책임을 갖는다.

실존주의에서 불안은 인간의 운명이 정해져 있지 않다는 자각에서부터 무한한 가능성과 범위가 결정되지 않은 미래로 향해 열려 있다. 사진가의 선택 속 끝없는 범위도 이와 같이 생각해 볼 수 있다. 실존주의자들은 '불안'은 인간의 모든 순간에 존재하는 것이기에 불안을 받아들이는 것이 진정한 실존의 일부라고 주장한다. 이 불안이 인간에게 결정을 하게 하고 헌신을 하게 하듯이 많은 사진가들이 사진을 통해 자연계에 헌신하는 길을 발견해가고 있다.

6 실존주의와 사진치료

실존주의적 사진치료는 실존주의 상담 개입을 사진을 통해 실천해 내담자의 위기 상황의 어려움과 실존적인 문제를 이해하고 다루도록 돕는다. 실존적인 개념이 사진치료에 응용된, 울라 할콜라(Ulla Halkola)와 타르자 코페르트(Tarja Koffert, 2011)가 일상의 삶에서 아동 청소년의 정신 건강과 행복을 높이기 위해 기획한 '존재의 많은 이야기(The many stories of being)' 프로그램을 소개한다.

이 프로그램은 참여자들의 정체성, 이야기, 문제, 대처 능력을 보기 위해 "나의 이야기는 어떤가?", "무엇을 바탕으로 하는가?", "어떻게 삶에 대처하는가?" 실존적인 삶에 대해 질문한다. 특히 비언어적인 사진치료 기법으로, '아동청소년들이 인생의 이야기를 다루고 반영하면 정신건강이 완화될 수 있다'는 가정을 전제로 한다. '존재의 많은 이야기'에서 강조하는 것은 사회적 상호작용에서 인생 이야기를 되돌아보는 것이다. 이 과정에서 일상 생활에서의 이해력과 관리 능력, 그리고 의미를 지지하고 명확하게 하는 것이다.

이 프로그램을 지지하는 세 가지 이론적 배경에는 첫째, 심리학 교수 댄 맥아담스(Dan McAdams)의 '인생의 이야기 연구'로 6가지 원칙[7]과 둘째, 콜브(David A Kolb)의 경험적 학습이론 '하면서 배우기(Learning by doing)'[8] 셋째, 사회학자 아론 안토노프스키(Aaron Antonovsky)의 '이해력, 관리 능력, 의미성'[9]에 관한 이론이 있다. 이 프로그램의 목적은 첫째, 아동청소년의 삶의 경험을 탐색하고 관찰하도록 활성화하며 둘째, 고유한 이야기를 발견하도록 돕고 셋째, 장단점과 자원을 찾도록 돕는 데 있다.

---

7 ① 자아는 저장되어 있다. ② 이야기는 삶을 통합한다. ③ 이야기는 사회 관계를 이야기한다. ④ 이야기는 시간에 따라 변화한다. ⑤ 이야기는 문화적인 텍스트이다. ⑥ 어떤 이야기들은 다른 이야기들보다 낫다.

8 경험, 지각, 인지, 행동을 결합한 통합적 관점. 콜브의 학습 이론에 따르면, 이 4차원들은 서로 연관되어 나선형을 형성하며, 각 차원에 대한 개발은 자기실현, 독립성, 추진성 및 지향성의 상태를 향해 진행한다.

9 ① 이해성(인식): 일이 질서정연하고 예측 가능한 방식으로 일어난다는 믿음과 인생의 사건을 이해할 수 있고 미래에 무슨 일이 일어날지 합리적으로 예측할 수 있다는 의식. ② 관리성(기술): 사람등이 일을 처리하는 데 필요한 기술이나 능력, 지원, 도움 또는 자원을 가지고 있고, 일이 관리 가능하고 통제할 수 있다는 믿음. ③ 의미성(동기, 감정): 인생의 사물은 흥미롭고 만족의 원천이며, 사물은 정말로 가치가 있으며, 무슨 일이 일어나는지에 관심을 가질 만한 충분한 이유나 목적이 있다는 믿음. 세 가지는 삶과 그 의미를 이해하고 대처 능력을 갖는 데 중요하다.

1. 진행자를 위한 유의점

1) 시작하기 전에 집단 조직화하기

시설 예약 및 점검, 자료 정리, 정보 제공, 참여자에게 안내 및 체크 리스트 작성

2) 집단 규칙을 함께 정하기

집단의 안전한 분위기 증진시키기, 격려하고 구조화하기

예: 구성원은 정시에 도착하기, 진행 중에 휴대폰 사용 중지, 논의는 건설적으로 하며 비판은 피하기, 사생활을 보호하며 논의된 것은 집단 외에 발설하지 않기. 단지 집단 작업방식과 같은 것만 집단 밖에서 논의하기

3) 집단을 이끄는 진행자의 리더역할

구성원들은 서로 믿고 그들의 경험을 소중하게 느낄 필요가 있다. 리더는 진행을 잘 설명하고 질문에 답하는 전문가이며, 팀의 정신은 잘 조율되고 유지되어야 한다. 리더는 구성원들의 역할에서 책임을 강조하며 구성원들이 활동적일수록 얻는 것이 많다고 강조한다. 활동적인 집단 토론과 관찰, 그리고 동료와의 나눔은 중요하다. 구성원은 다른 사람들을 관찰해서 피드백을 준다. 리더는 구성원들이 경험을 서로 나눌 수 있도록 충분한 시간을 준다. 함께 할 수 있도록 동기를 부여하고 집단의 응집력을 촉진하다. 리더는 집단이 잘 기능하도록 확인하면서, 모든 것에 주의를 준다. 피드백에 세심하게 주의를 기울이고 비판과 부정적인 피드백은 피하는 것이 중요하다. 아동 청소년은 종종 비판에 민감하기 때문에 긍정적인 태도가 매우 중요하다. 긍정적으로 집단을 활성화시키고 구성원들에게 자신감을 준다. 리더는 작업 소요시간을 확인하고 전체 과정을 통제한다. 작업 일정과 시간은 모든 사람이 볼 수 있게 게시한다.

2. 준비사항

① **시간** 최소 3시간~ 2일(6시간)

② **준비물**

가족 앨범사진, 스냅샷 또는 기타 자서전 사진, 상징적인 사진

참여자가 모은 사진 중에서 의미 있는 6~10장의 사진 가지고 오기

리더는 사진카드, 사진엽서, 사진 콜렉션 등 50~80장 준비하기

종이, 연필

③ **진행인원** 1~2명

3. 진행과정

준비

장소와 장비를 미리 예약한다. 같이 활동하는 진행자나 운영진에게 작업 과정을 미리 알리는 것이 중요하다. 이 방법은 자서전적인 사진을 사용하므로 아동 청소년의 부모에게도 본 사진 활동에 대해 알린다. 또한 사진을 이용하거나 찍거나 전시할 수 있도록 부모의 동의서가 필요한지 확인한다.

STEP 1 소개

진행자는 집단에서 개방적이고 안전한 분위기 조성을 목표로 해야 한다.

예: 함께 사진보기, 사진촬영 연습하기 등으로 참여자들이 사진 활동에 익숙할 수 있도록 한다.

STEP 2 자서전적 사진 보기

진행자는 참여자가 자신의 사진(사진 10여 장)을 배치할 수 있는 공간을 마련한다. 참여자들은 사진을 살펴보고 작업할 5~6개의 사진을 선택한다.

STEP 3 사진 연상단어 적기

참여자들은 각각의 사진과 연상되는 단어를 종이에 글쓰기한다. 즉흥적으로 쓴다. 사진의 분위기와 기억을 담아 감정과 감각을 묘사하는 형용사를 사용한다.

STEP 4 사진과 단어에서 나오는 의미 있는 주제 선택

참여자는 자신이 쓴 사진과 단어를 검토하고 이를 확인한다. 외로움, 부족함, 타인과 함께 있는 것, 슬픔 또는 기쁨처럼, 자신에게 중요한 특정한 주제를 찾도록 한다. 상담자는 참여자가 주제를 고려하고 선택하는 데 도움이 되도록 한다.

STEP 5 상징적인 사진 고르기

상징적인 사진을 테이블 위에 펼쳐 놓는다. 참여자들은 자신의 사진에서 나온 주제나 분위기를 나타내는 사진을 직관적으로 선택한다.

STEP 6 글쓰기

참여자들은 자서전적 사진, 연상단어 글, 그리고 상징적인 사진을 손에 잡고서

자연스럽게 떠오르는 짧은 이야기나 시 또는 노래를 쓴다. 그 이야기는 사실일 수도 있고 허구일 수도 있다.

STEP 7 집단 나누기

본문을 작성한 후, 각 참여자는 자신의 내용을 소리 내어 읽고 자신의 사진, 또는 자신에게 특히 중요한 특정 사진에 대해 이야기한다. 이 시점에서 진행자의 역할은 매우 중요하다. 각 참여자의 인생 이야기, 그 의미 있는 순간들에 모든 관심을 집중하고 그것들을 검증하는 것은 매우 중요하다.

이 프로그램은 참여자의 자원을 찾을 수 있도록 지원하고 장려한다. 리더의 임무는 아동 청소년이 가지고 있는 기술을 명명하고, 미래에 어떤 분야에서 지원이 필요할지를 고려한다. 참여자들이 활동할 시간을 충분히 준다. 아래에 안토노프스키의 일관성 이론을 바탕으로 한 질문을 예시한다.

- **이해 가능성(인식)**

– 자기 이해: 자신이 개방적이고 자신감 있고 성실하다고 생각하는가?
– 삶의 이해: 직관적인가? 자신의 삶은 어떠한가? 자신이 자유롭게 선택하는 것은?
– 외부 세계 이해: 가족, 친구 등과의 관계는 어떠한가?

- **관리 능력(기술)**

– 자기 관리: 투지나 의지가 강한가? 있는 그대로 자신을 수용하는가?
– 삶의 관리: 자신의 행동에 대한 후회가 있는가? 새로운 상황의 적응은 잘하는가? 유능감은 있는가?
– 외부 세계 관리: 일의 관여 정도는 어느 정도인가? 책임감 정도는 어느 정도인가? 나의 불행이 남 탓이라 생각하는가? 사회적 욕구 충족은 되는가? 문제를 도전으로 보는가?

- **의미(동기, 감정)**

– 자기 의미 경험: 자신이 쾌활하고 성공적이라고 느끼나? 자신을 있는 그대로 받아들이나?
– 삶의 의미 경험: 자신의 삶이 성공적이라고 느끼나? 삶에 의미가 있다고 느끼나? 인생에 얼마나 만족하나? 지금 얼마나 행복한가?
– 외부 세계 의미 경험: 자신의 작품(의미)이 의미 있나? 자신이 더 큰 전체의 일부라고 느끼는가? 현재 커뮤니티에 얼마나 만족하나?

STEP 8 미래 계획, 삶의 힘을 부여하는 요소 찾기

참여자는 자신의 이야기를 바탕으로 독자적으로 검토하고 평가한다. 대처 능력

및 향후 대처 능력을 지원하기 위해 이를 활용할 수 있는 방법을 평가한다.

STEP 9 계속적으로 토론, 영화 제작, 콜라주 제작, 드라마 만들기

작업 과정이 끝난 후에 경험을 나누는 것이 좋다. 집단 내에서 어떤 대처 기술이 발견되었는지, 각자가 개선이 필요하다고 느끼는 기술을 어떻게 개발할 수 있는지 함께 검토할 수 있다. 참여자가 나중에 진행자와 논의를 계속할 수 있어야 하며, 필요하다면 자기 초상화 촬영, 단편영화 제작(하이쿠), 콜라주나 설치, 다른 구성원과 함께 드라마 연극을 만드는 등의 사진 작업을 계속할 수 있다.

7 실존주의적 사진치료 프로그램의 치유적인 효과 및 결과

내담자들에게 삶의 이야기는 그들의 삶을 의미 있고 자유롭게 실존적으로 살아가기 위해 중요한 자원과 가능성을 제공한다. 일반적으로 아동 청소년들은 종종 자신의 삶, 특히 그들이 가지고 있는 문제를 말하기 어려워한다. 그러나 사진치료 기법은 기억과 의미, 그리고 어려운 감정적인 문제를 말하기 쉽게 한다는 장점이 있다. 사진과 사진촬영은 사람들의 사생활과 관련된 감정, 기억, 의미에 대한 통로로 이용되었다.

타르자 코페르트와 울라 할콜라가 제시한 사진치료 프로그램은 세 가지 측면에서 유의미한 결과를 주었다. 이해 가능성(인지) 측면에서, 사진은 참여자가 자신의 목소리로 자신의 삶과 문제와 어려움을 말할 수 있도록 도움을 주었다. 참여자들이 언어로 하는 의사소통이 아닌 비언어적 의사소통을 배운 것은 매우 가치있는 것이었다. 참여자들은 삶을 다양한 색과 음악을 가진 이야기로 보게 되었다. 관리성(기술)의 측면에서, 사진치료는 감정을 깨우고 이해하고 조절하는 기술을 향상시켰고 참여자들은 대처 기술을 공유했으며 집단 작업을 통해 사회성이 향상되었다. 사진은 참여자 간의 상호 이해도를 창출하고 향상시키는 데 도움이 되었다. 참여자들은 더욱 '현존'하는 능력이 증진되었으며 자신의 삶에서 중요한 것들을 발견했다. 이들은 스트레스와 문제가 있는 상황을 새로운 방식으로 이해했고 심지어 숨겨진 자원을 찾는 것도 가능했다. 이들에겐 재구조화가 일어났으며 공감의 느낌이 높아졌다. 의미(동기, 감정)적인 면에서, 이 프로그램은 아동 청소년의 정체성을 지지했으며 참여자들은 자신의 삶에서 중요한 것을 발견했다.

4
인본주의

나는 아무것도 바라지 않는다.
나는 아무것도 두려워하지 않는다.
나는 자유다.

- 카잔차키스(Kazantzakis) -

1 인본주의 심리학

인본주의 심리학은 인간 행동이 환경적 요인에 의해 결정된다는 행동주의의 견해와 인간 행동이 무의식적 욕구와 힘에 의해 결정된다는 정신분석적 접근의 견해를 모두 반대했다. 인본주의자들은 인간의 본성을 선하다고 보고 본성의 긍정적 측면을 강조했다. 인본주의 심리학은 행동주의나 정신분석학처럼 인간 행동을 환경이나 본능 등에 대한 반응으로 제한하고 인간의 전체적인 부분을 검토하지 않은 채 학습과 동기에 미치는 영향에 관심을 갖는 것은 옳은 접근이 아니라고 주장한다.

인본주의 심리학은 인간 자체를 대상으로 삼았으며, 인간을 능동적인 성장의 잠재력을 가지고 있는 주체로 보았다. 또한 인간은 보다 자기조절적이고 자기통제적이며 자기선택적이기 때문에 강요와 통제를 지양하고 대신 자발성과 자율성을 더욱 강조해야 한다고 했다(서울대학교 교육연구소, 1994). 인간은 의식적이고 합리적인 결정을 할 수 있는 능력을 가지고 있으므로 개인적으로 성장하고 정신적으로 건강할 수 있다고 본다. 인간은 경험하고 스스로 결정하며 자신의 행동을 자유롭게 선택하는 의지를 지녔다고 한다. 인본주의 관점에 속하는 대표적인 학자로는 인간중심 접근을 제시한 칼 로저스(Carl Rogers)와 욕구 위계를 제시하고 이를 바탕으로 자아실현 접근을 제안한 에이브러햄 매슬로우(Abraham H. Maslow)가 있다.

2 로저스의 인간중심 접근

1. 로저스의 생애

로저스(Carl Rogers, 1902~1987)는 1902년 미국 일리노이 주 시카고 근처에서 6남매 중 넷째로 태어났다. 그의 부모들은 근본주의적 기독교를 신봉하며 자녀들에게 도덕적 행동, 정서표현의 억제, 근면에 대한 미덕을 강조하는 교육을 했다. 대학 졸업 후에는 뉴욕에 있는 유니온 신학교에 진학했다. 뉴욕에서의 두 가지의 경험이 그의 삶의 방향을 변화시켰는데 첫째는 로저스가 심도 있는 신학 연구를 통해 자신의 종교적 믿음에 대한 의문을 갖게 된 것이고, 둘째는 새롭게 심리학에 대한 이해를 하게 된 것이다. 이후 로저스는 신학을 포기하고 심리학을 공부하기 위해 콜롬비아 대학 대학원 과정에 등록했다. 1931년에 박사 학위를 받은 후 로체스터의 아동보호상담소에서 12년 동안 임상 심리학자로 근무하며 비행 및 장애아동을 진단하고 치료하면서 대부분의 시간을 보냈다. 1940년에 그는 오하이오 주립대학 심리학 교수가 되었고, 1945년 카운셀링 센터 설립을 위해 시카고 대학교 교수로 초빙되었으며, 1947년 미국 심리학회(APA) 회장이 되었다. 말년에는 세상을 떠나기까지 인종 간 긴장 완화와 세계 평화를 위한 노력에 열정을 바쳤다.

2. 인간중심 접근

인간중심적 접근법은 인간의 잠재력과 가능성에 대한 신뢰를 바탕으로 칼 로저스에 의해 창시되었다. 1960~1970년대에 걸쳐 심리상담분야에서는 정신분석과 행동주의의 대안적인 접근으로서 '제3세력'에 대한 관심이 증가하게 되었다. 이에 인간중심 접근은 인본주의 심리학에 뿌리를 두고 실존주의 철학의 영향을 받아 발달했다.

그의 이론은 초기에는 내담자에 대해 진단하며 지시적이었던 전통적 정신분석적 접근방법에 반대해 비지시적 상담접근으로 불렸으나, '비지시적'이라는 방법적 측면보다 내담자가 가지고 있는 '성장'의 요인을 강조하면서 '내담자 중심 상담'으로 이름을 바꾸었다. 로저스는 개인의 독특한 주관적인 경험을 강조하며 삶 속에서 사건들을 바라보고 해석하는 방식이 행동에 결정적인 영향을 준다고 믿었다. 로저스는 "행동은 지각되는 장에서 경험하는 유기체의 욕구를 만족시키려는 유기체의 전형적인 목표지향적인 시도이다."라고 언급하면서 개인은 자신에 대한 가장 최고의 전문가이며 자신에 대한 최상의 정보를 지니고 있다고 언급하고 있다.

1) 인간관

인간중심적 접근법은 긍정적인 인간관에 기초해 인간이 스스로 성장하고자 하는 실현경향성을 가진 존재라는 것을 강조한다. 인간은 정신분석에서 말하는 무의식적인 동기나 행동주의에서 말하는 환경적 요인 등으로 통제할 수 없는 어떤 힘에 의해 움직이는 존재가 아니라 스스로 성장하는 방향으로 나아가려는 경향성을 타고 났다고 본다. 한 인간의 성장은 자신이 수용 받고 소중히 여김을 받을 때, 자기 자신을 돌보는 태도를 더욱 발달시키게 됨으로써 촉진된다. 이런 경험을 로저스는 개인의 성장을 위한 필요충분 조건으로 보았으며 구체적으로는 일치성, 무조건적 긍정적 존중, 공감적 이해로 설명했다. 즉 상담자가 내담자를 변화시키려 하기 보다는 충분히 수용적이고 공감적인 분위기를 제공하면 내담자는 스스로 긍정적인 변화를 모색하며 문제를 해결하는 존재라는 것이다.

로저스가 말하는 인간의 성장은 자기 자신에 대한 이해를 통해 더 진실되고 온전한 사람이 되는 것을 의미하며, 인간은 끊임없이 충만하고 진솔한 삶으로서의 변화를 향해 도전하는 존재로 보았다. 로저스는 인간이 자기이해와 이를 통한 자기실현의 욕구를 전 생애 동안 끊임없이 추구한다고 보았다.

① 유기체적 가치화 과정

인간은 하나의 통합된 유기체로 이해되어야 한다. 인간 유기체는 신체적 기능과 감각, 감정, 동기, 사고 등의 심리적 기능이 통합적으로 조직된 체계로서 환경과 상호작용하며 매순간 유기체적 경험을 하게 되고, 이런 경험은 개인이 경험하는 모든 것으로서 현상적 장, 즉 심리적 현실을 구성하고 모든 인간은 자신의 경험에 대해 가치를 부여한다. 현상적 장은 개인에게 실제적인 세계로 여겨지는 내적 참조체계로서 모든 판단과 행동의 근거가 되고, 개인의 행동을 이해하기 위해서는 그의 내적 참조체계에 대한 이해와 공감이 필수적이다. 이런 내적 참조체계에 따라 어떤 경험이 자기와 유기체를 유지시키거나 고양시키는 것으로 지각하면 그 경험을 긍정적으로 평가해 더욱 추구하는 행동을 한다. 반대로 해가 되는 것으로 인식되는 경험은 부정적으로 평가해서 피하게 된다. 이것을 유기체적 가치화라고 하는데, '유기체적 가치화 과정'이라는 말은 가치가 고정되거나 경직되지 않고 과정 내에서 새롭게 가치를 부여받는다는 의미이다.

② 긍정적 존중에 대한 욕구

모든 인간은 중요한 사람으로부터 따뜻함, 존중, 사랑과 수용 등 인정받고 싶은 기본적인 욕구를 가지고 태어난다. 이런 욕구는 대상으로부터 분화되고 자신과 외부세계를 분리할 수 있게 되면서 발달하며 지속된다. 인간의 긍정적 존중에 대한 욕구는 중요한 타인에 의해 충족되기도 하고 좌절되기도 한다. 아동은 중요한 타인으로부터 긍정적 존중을 얻기 위해 자신의 유기체적 평가를 포기하면서까지 그들의 기대와 평가에 맞추어 그 기준과 규범들을 따라 행동하게 된다.

③ 조건적 가치화

개인은 각각의 경험을 자신이 어떻게 느끼는가에 따라 평가하는데, 이런 평가과정을 유기체적 가치화 과정이라고 지칭한다. 부모를 비롯한 중요한 타인과의 상호작용을 통해서 자신이 소중하게 인정받는다는 느낌을 갖게 되며, 타인에게 긍정적 관심을 얻기 위해 타인의 기대에 따라 행동함으로써 칭찬받고 인정받게 되는데 이것을 가치의 조건이라고 한다. 조건적 가치화는 타인의 생각과 가치를 마치 자신의 것으로 내면화하게 되는 것으로, 이렇게 되면 개인은 진정한 자기와의 접촉은 단절되고 자기소외를 경험하며, 건전한 성장과 발달에 방해를 받게 된다.

3. 주요개념

1) 유기체와 자기

유기체란 각 개인의 신체, 정서, 지성을 모두 포함하는 전체로서의 한 개인을 말한다. 유기체란 상호 간 영향을 주고받는 잘 조직된 체계로 인간은 경험에 대해 유기체적으로 반응한다. 어떤 자극이 있을 때, 인간 유기체는 그 자극에 대해 전 존재가 반응을 하는데 이런 의미에서 로저스는 인간을 총체적(holistic)인 존재로 보았다. 또한 한 개인의 경험은 객관적인 하나의 세계가 아니라 주관적 현실로서의 현상학적 장으로 이해했다. 따라서 인간중심 접근에서는 한 개인의 현상학적 장에서 그 사람의 내적 경험을 이해하는 것이 매우 중요하다.

한 개인이 형성하게 되는 자기개념은 현재의 자기 모습을 반영하는 현실적 자기(real self)뿐만 아니라 긍정적 존중을 받기 위해 추구해야 할 이상적 자기(ideal self)로 구분된다. 이상적 자기는 자신의 진정한 모습을 토대로 현실적으로 규정되기도 하지만, 많은 경우 주변의 중요한 타인들이 자신에게 거는 기대 또는 사회적 요구에 의해 형성되기도 한다. 특히 로저스는 이 두 가지 자기개념을 설명하면서 현재의 경험이 자기개념과 일치할 경우 적응적이고 건강한 성격을 갖게 되지만, 불일치할 경우 개인은 불안을 경험하고 부적응적이며 병리적인 성격을 갖게 된다고 보았다.

2) 자기실현 경향성

모든 유기체는 자기 자신을 보존하고 더 나은 방향으로 형성되고자 하는 실현 경향을 갖는다. 인간은 선천적으로 자신을 유지시키거나 향상시키기 위해 자신의 능력을 개발하는 경향을 지니고 있는데, 이를 자기실현 경향성(self-actualizing tendency)이라고 한다. 이런 자기실현 경향성은 자신의 능력을 향상시키고 자기를 실현시키려는 모든 행동의 동기가 된다. 자기실현의 과정은 자신을 창조하는 행위로 그것을 통해 모든 인간은 삶의 의미를 찾고 주관적인 자유를 실천해감으로써 점진적으로 완성되어간다. 여기서 주의할 점은 자기실현 경향성의 방향이다. 유기체의 성장과 향상, 발달을 촉진한다는 것은 양적인 또는 수직적인 성장을 의미하는 것이 아니다. 실현화 경향성은 성숙의 단계에 포함된 성장의 모든 국면에 영향을 주는 것으로 로저스는 유전적인 구성으로 프로그램되어 있는 인간의 모든 변화는 실현화 경향성에 의해 달성된다고 보았다. 그런 변화가 유전적으로 결정되었을지라도 유기체의 완전한 발달에 대한 진전은 자동적이지 않고 노력 없이 이루어지지도 않는다고 보았다.

3) 충분히 기능하는 사람

충분히 기능한다는 것은 현재 진행되는 자신의 자기를 완전히 자각하는 것으로 로저스는 "충분히 기능하는 사람(the fully functioning person)은 최적의 심리적 적응, 최적의 심리적 성숙, 완전한 일치, 경험에 완전히 개방되어 있는 사람이다. 이런 사람의 특성은 정적이지 않고 과정 지향적이다. 즉 충분히 기능하는 사람은 계속적으로 변화하는 사람으로 과정 중에 있는 사람이다."라고 했다. 로저스가 말한 충분히 기능하는 사람의 특성은 경험에 대해 개방적이고, 매 순간에 충실한 실존적인 삶을 영위하며, 자신의 유기체를 신뢰한다. 또한 인간이 자신의 행동과 그 결과에 책임을 지는 것은 자기뿐이라는 경험적 자유를 지니며, 창조성을 지니고 있다. 사회에 얽매여서 살아가지 않기에 선택의 자유를 가지며 어려움에 직면할 수 있다.

3 매슬로우의 자아실현 접근

1. 매슬로우 생애

매슬로우(Abraham Maslow, 1908~1970)는 뉴욕의 브루클린에서 태어난 매슬로우(Abraham Maslow, 1908~1970)는 미국으로 이민 온 유대인 부모의 일곱 자녀 중 맏이였다. 그의 가정환경은 개인적 성장을 독려하는 환경이 전혀 아니었다. 그는 가정에서나 학교에서 고립감과 외로움을 느끼며 성장하면서 주로 도서관에서 책을 읽으며 혼자 시간을 보냈다. 아버지를 좋아하기는 했지만 두려워했고 어머니를 미워했다. 한마디로 그의 아동기 및 청소년기는 불행한 시기였다고 말할 수 있으나, 인생 초기에 겪은 고난은 그가 인간의 자아 실현과 관련된 개념을 이해하고자하는 결심을 하게 만든 발판이기도 했다.

매슬로우는 법을 공부하고자 대학에 들어갔으나 심리학으로 관심을 돌렸고 그에 따르면 그때가 진정한 자기 인생을 시작한 때였다. 2차 세계대전 기간 동안 매슬로우는 나치의 위협을 피해 미국으로 이주한 호나이(Karen Horney), 프롬(Erich Fromm), 아들러(Alfred Adler)등과 지적 교류를 하면서 인간으로 연구의 관심을 돌렸고, 전쟁이 초래한 고통과 고뇌에 의해 마음이 크게 움직였다. 이런 경험과 더불어 그의 첫 아이 출생은 그가 행동주의에서 인본주의 관점으로 전환하는 계기를 마련했다. 그는 인간의 가장 높은 이상과 잠재력을 다룰 심리학의 발달에 헌신할 것을 결심했다. 인간이 전쟁, 증오, 편견 보다 숭고한 행동을 표출할 수 있다는 것을 입증하고자 했으며 인간 성격을 향상시키고자 했다. 매슬로우는 대학에서 심리학을 가르쳤으며 심리학 영역 및 일반 대중에게 막대한 영향력을 주는 인물이 되었다.

2. 자아실현 접근

매슬로우는 일반적으로 인본주의 심리학의 창시자 및 정신적 지주로 여겨진다. 그는 인간에 대해 결정론적 입장을 취하는 정신분석과 행동주의를 강하게 비판했다. 그는 삶에서 가장 많은 것을 얻는 것처럼 보이는 사람들, 즉 충분히 기능하고 가장 건강하며 가장 잘 적응하고 발전하는 사람들의 특성에 관심을 가졌다. 인간의 건강한 면을 이해해야 비로소 정신적으로 병든 것에 대해 이해할 수 있다는 것이 매슬로우의 신념이었다.

그는 인간은 자신의 잠재력을 발달, 성장시키고, 완성시킬 수 있는 본능적 욕구를 가지고 태어난다고 보았다. 그는 인간을 "소망을 갖는 동물"이라고 묘사하면서 동기의 단계로서 욕구위계를 제안했다. 매슬로우의 주요 공헌은 동기가 어떻게 위계적으로 조직되는가에 대한 분석과 건강한 성격에 대한 기술을 바탕으로 인간의 자아실현의 중요성을 강조한 점이다.

1) 인간관

매슬로우는 인간행동을 설명하고 이해하려는 관점을 크게 두 종류로 구분했다. 한 가지는 결핍(deficiency)이고 또 한 가지는 성장(growth)이다. 결핍은 기본적 욕구충족 영역에서 인간행동에 관심을 두는 반면, 성장은 가장 높은 자각의 상태 및 자아실현 욕구의 추구에서 인간행동과 경험에 관심을 둔다. 이런 분류에 따른 몇 가지 내용은 다음과 같다.

① 결핍동기와 성장동기

결핍동기의 대표적 예는 배고픔, 고통, 공포 등으로 유기체 내에 있는 부족한 어떤 것을 충족시키려는 욕구이다. 이것은 불만족 혹은 좌절감 때문에 현재 상태를 변화하고자 하는 욕구를 형성한다. 이 욕구를 충족하려고 하는 것은 불유쾌한 상태를 피하려는 것이라기보다 성장에 대한 추구로 간주한다.

성장동기는 유기체가 일차적으로 현재 상태에서 즐거움과 만족을 느끼며 긍정적으로 가치 있는 목표를 추구하는 것을 의미한다. 성장동기는 기본적 욕구가 충족된 후 나타나는 것으로 정의, 선, 질서, 아름다움, 조화, 자기충족 등과 같은 타고난 가치에 대한 욕구로 삶을 풍부하게 하는 것이다.

② 결핍인지와 성장인지

결핍인지는 욕구가 강할 때 자주 나타난다. 이 상태에서 외적 대상은 단지 욕구충족자로, 목적에 대한 수단으로 인식된다. 매슬로우는 강한 욕구는 사고와 지각에 영향을 준다고 언급하면서 강한 욕구를 가진 개인은 단지 욕구충족과 관련해 환경을 자각한다고 했다. 예를 들면, 배고픈 사람은 우선 다른 것보다는 단지 음식을 찾으려는 경향을 보일 것이다.

성장인지는 환경에 대한 보다 정확하고 효율적인 자각이다. 기본적인 동기가 충족된 사람은 욕구에 대한 반응 시 자신의 지각을 덜 왜곡하는 경향을 보인다. 성장인지 상태에서 지각하는 사람은 지각되는 대상에 대해 독립적인 태도를 유지하며 외적 대상은 개인적 관심에 대한 관계에서보다 대상 그 자체에 가치가 부여된다.

③ 결핍가치와 성장가치

결핍가치는 구체적인 목표 대상에 지향된 가치이다. 매슬로우는 결핍가치에 대해서는 분명하게 설명하지 않았으나 성장가치에 대해서는 자세히 설명하고 있다.

매슬로우는 모든 개인은 태어날 때부터 성장가치를 가지고 태어나는데 가장 높은 가치는 인간성 그 자체 내에 존재하며 발견되는 것이라고 언급했다. 개인은 성장가치를 충족시키지 못하면 메타병리(metapathology)에 빠지게 된다. 이것은 자아실현자들이 자신의 잠재력을 표현하고, 사용하고, 충족시키는 것을 방해한다.

④ 결핍사랑과 성장사랑

결핍사랑은 타인이 자신의 욕구를 충족시켜주기 때문에 타인을 사랑하는 것이다. 이런 사랑은 이기적인 관심에서 비롯된 사랑으로 개인이 이런 방식으로 충족되면 될수록 결핍사랑은 강화된다. 결핍사랑은 자존감, 고독의 두려움 혹은 섹스를 위한 욕구 등에서 비롯된다.

성장사랑은 타인의 성장을 위한 사랑이다. 성장사랑을 가진 사람은 비소유적이며 이기적인 자기만족보다 타인의 행복에 보다 많은 관심을 가진다. 예를 들면, 성장사랑은 자녀교육을 하는 부모가 자녀의 행동이 자신의 기대에 부응하지 못한다 할지라도 그 자체에 가치를 부여하면서 자녀를 위해 표현하는 부모의 이상적, 무조건적인 사랑이다.

3. 주요개념

1) 욕구의 위계

다양한 욕구는 서로 밀접한 관계를 지니고 있으며 체계적으로 발달하는 경향이 있다. 매슬로우는 인간의 다양한 욕구들이 일정한 위계적 순서에 따라 발달한다고 주장했다. 그는 인간의 욕구가 종종 피라미드와 같은 그림으로 묘사되는 일종의 위계를 형성한다고 보았다. 욕구는 그 자체로 본능적이나 이런 욕구를 충족시키기 위해서 우리가 하는 행동은 선천적인 것이 아니며 학습하게 되는데 이런 이유로 사람마다 매우 큰 차이를 보이게 된다. 매슬로우(Maslow, 1970)의 욕구 위계는 인간 행동에서 명확한 방향성을 보여준다. 기본적인 생리적 욕구에서부터 자아실현이라고 할 수 있는 심미적·지적 욕구를 포함하는 욕구 위계를 제시하고 있다. 그는 모든 사람이 자아실현을 위해 노력한다고 믿었으며, 우선 하위의 욕구가 충족되어야만 상위 욕구가 충족되며 모든 욕구가 동시에 생기지는 않는다고 보았다.

욕구의 강도와 중요성에 따라 생리적 욕구(physiological needs), 안전 욕구(safety needs), 소속감과 사랑 욕구(belonging and love needs), 존중 욕구(esteem needs), 자아실현 욕구(self-actualization needs) 등의 5단계로 분류할 수 있다. 행동을 일으키는 동기 요인이 바로 '욕구'이다. 이 중 하위 욕구는 부족해서 생기는 욕구이고, 상위 욕구는 더 성장하고 싶어서 생기는 욕구이다.

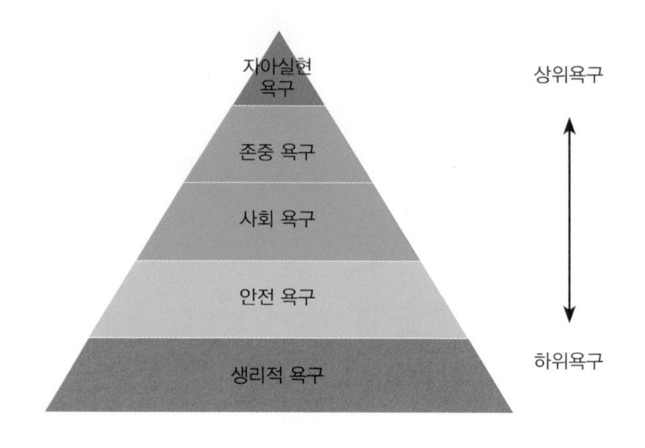

매슬로우의 욕구 위계

① 생리적 욕구

모든 욕구 중에서 가장 강력한 욕구로 의식주에 해당하는 욕구다. 음식, 물, 호흡, 섹스, 수면, 배설과 같은 기본적이고 생존을 위해 필수적인 것들이다. 이 욕구가 충족되지 못한다면 다른 욕구들이 완전하게 차단될 수 있다.

② 안전 욕구

다양한 위험을 회피하고 안전과 보호를 유지하려는 욕구를 뜻한다. 이 욕구의 만족을 위해서 안전, 안정성, 보호, 질서, 그리고 공포와 불안으로부터의 자유가 요구된다. 자기보존에 대한 욕구이다.

③ 소속감과 사랑 욕구

인간은 사회적인 존재이기 때문에 여러 가지 집단에 소속하고 싶은 소속감과 사랑 욕구가 생겨난다. 인간은 다른 사람과 우정, 애정, 소속감 등 타인에 대한 수용에 대한 욕구로 친밀한 관계, 특별한 관계를 맺기를 원하며 집단에 소속되기를 바란다.

사랑 욕구는 사랑을 주거나 받는 욕구로 다른 사람과 긴밀하고 따뜻한 관계 속에서 충족될 수 있다. 매슬로우는 사랑과 성을 동일시하지 않았으며 다만 성이 사랑의 욕구를 표현하는 하나의 방법이라고 했다.

④ 존중 욕구

소속 단체의 구성원으로 명예나 권력을 누리려는 욕구다. 이전 단계들이 충족되면 다음으로는 외부 평가와 자기 평가를 포함하는 존중 욕구를 갖게 된다. 이 욕구는 자신이 가치 있는 존재라는 것을 느끼고자 하는 욕구로 타인에게 인정받고 싶은 욕구를 포함한다. 이것은 전 단계에 해당하는 것과는 다르다. 수용(acceptance)은 평가적이지 않을 수 있으나 인정(appreciation)은 평가적이다. 개인이 지닌 어떤 특성이나 자질 때문에 인정받고 존중받을 수 있기 때문에 인정에 대한 욕구는 수용에 대한 욕구보다 좀 더 정교(elaborate)하다. 내부적인 존경 요인은 자아존중감, 자율, 성취 등이고 외부적인 존경요인은 지위, 신분, 인정, 관심이 대상이 되는 것이다.

⑤ 자기실현 욕구

위계의 가장 상위에는 자기실현 욕구가 있다. 자신의 재능과 잠재력을 충분히 발휘해서 개인이 무엇이든지 이루고 되고자 하는 경향성, 즉 자기 능력의 한계까지 자신을 확장하려는 경향성을 의미하며 모든 것을 성취하려는 가장 높은 수준의 욕구이다. 매슬로우는 모든 인간은 삶에서 자신의 재능과 잠재력을 충족시킬만한 자아실현의 기회를 가지고 있으며 자아를 실현하기 위해서는 많은 전제조건이 필요하다고 했다. 첫째는 사회와 자기 자신의 구속으로부터 자유로워야 하며, 둘째는 욕구위계에서 하위에 있는 욕구들이 먼저 충족되어야 하지만 생리적 욕구나 안전의 욕구에만 집착해서는 안 된다. 마지막으로, 무엇보다도 자신의 강점과 약점, 선악에 대한 현실적 지식을 갖추어야 한다.

2) 자기실현과 자기실현적 인간

매슬로우는 욕구 위계에서 자기실현을 가장 높은 욕구에 위치시켰으며, '개인이 잠재적으로 지니고 있는 것을 충분히 발현하려는 경향'이라고 정의했다. 자기실현은 결핍을 채우기 위한 욕구가 아니라 성장을 추구하는 욕구로서 개인의 포부와 야망을 성취하는 데 기여한다. 또한 매슬로우는 창조적 업적과 인격적 성숙을 통해 자아실현을 이룬 세계적인 위인들의 삶을 분석해 15가지 특성을 추출했다. 이런 위인들은 완벽한 사람이 아니며 15가지 특성을 모두 지니고 있지는 않았지만, 대부분 신경 증적인 갈등으로부터 자유로운 건강한 성격 특성을 지니고 있었다.

4 인본주의와 사진치료

실습 1 무조건적인 긍정적 수용하기

무조건적인 긍정적 시선을 받으며 자란 아이들은 건강한 자아 존중감을 갖게 될 것이며, 로저스는 이를 완벽하게 기능하는 인간(fully functioning person)이라고 했다. '나(당신)는 얼마나 자주, 얼마나 깊이 '존중'을 받고 있나요? 나(당신)는 누군가를 '존중'해본 적이 있나요?' 타인과의 '관계'를 경험해 본 사람이라면 관계를 맺을 때 이해와 존중을 빼놓을 수 없을 것이다. 모르는 이에게 받는 것보다 내가 사랑하고 소중하게 여기는 누군가에게 주고, 받고 싶을 것이다. 가장 인정받고 싶어 하는 누군가에게 인정받을 때 그 깊이는 달라진다.

자신에게 소중한 사람을 한 명 생각해보도록 한다. 돈이 얼마든지 있다면 조건 없이 그 사람에게 어떤 선물을 해주고 싶은가? 선물에는 한계가 없음을 알려준다. 집단원들은 직접 사진을 찍거나, 책이나 잡지, 인터넷에서 이미지를 선택할 수도 있다. 매체가 다양할수록 집단원들의 상상력을 최대한 끌어낼 수 있다. 예를 들어 지중해의 아름다운 섬, 프리미어 리그 축구투어 티켓, 요트, 다이아몬드 등과 같은 것도 좋다. 평화, 고요, 햇빛 등과 같은 조금 더 섬세한 정신적 선물도 가능하다. 내가 주고 싶은 이를 떠올려보고 활동을 통해 자신의 내면을 탐색해본다.

① 준비물

- 잡지, 사진, 엽서, 이미지 프린트물
- 가위, 풀, 도화지
- 색연필 또는 사인펜
- 스카치테이프

② 무조건적인 긍정적 수용 활용방법

- 무조건적인 사랑을 베풀고자 하는 사람을 떠올려본다.
- 도화지와 사진, 잡지 등을 각 개인별로 나눠준다.
- 사진 또는 이미지를 활용해 그 사람을 상징하는 것을 오려 붙이거나 그린다.

– 왜 선택했는지 적어본다.

③ 완성된 작품에 대한 질문

– 작품에 대해 설명해 줄 수 있나요?

– 당신(내담자)이 선택한 그 사람이 이야기를 듣는다면 어떤 느낌일까요?

– 그 사람은 당신(내담자)을 어떻게 생각할 것 같나요?

– 반대로 무조건적인 수용 · 사랑을 받고 싶은 사람은 있나요?

실습 2 무인도에서 혼자 살아가기

내가 만약 무인도에 혼자 고립되어있다고 가정해 본다.

– 무인도에 갈 때 꼭 가져 가고 싶은 것 3가지를 사진으로 찍고 전지에 붙인다.

– 사진이 붙은 전지에 무인도에 있을 때의 모습과 풍경을 그려본다.

– 무인도에서는 어떻게 생활하고 싶은지 표현해본다.

Part III

세계의 주요 사진상담자

1
주디 와이저: 다섯 가지 기법

사진을 찍을 때 한쪽 눈을 감는 것은
마음의 눈에 양보하기 위해서다.

- 앙리 카르띠에 브레송(Henri Cartier Bresson) -

1 주디 와이저 소개

주디 와이저(Judy Weiser)는 심리학자이자 예술 상담자이며 사진치료 및 관련 기법을 개발한 초창기 선구자 중 한 명이다. 1982년에 설립한 캐나다 밴쿠버 '사진치료센터'의 창립자이자 소장으로 있으며, 사진치료, 사진예술치료, 치료적사진, 비디오치료의 세계적 권위자로 알려져 있다. 상담자로서 35여 년간 상담 활동을 하면서 언어적인 질문만으로는 도달하기 어려웠던 내담자의 내면 깊숙이 묻혀 있는 무의식적 기억이나 감정, 생각들을 사진이 연상시켜줌을 발견했다고 한다. 이후 '사진치료(PhotoTherapy)'라는 용어를 만들고 캐나다 원주민, 거리의 청소년, 중독자, AIDS에 감염되거나 영향받은 사람 등을 돕는 치유적 작업들을 했다. 또한 주디 와이저는 저술가로서 사진치료 기법의 고전 텍스트라고 할 수 있는 'Phototherapy Techniques: Exploring the Secrets of Personal Snapshots and Family Albums(1999)'를 비롯해 전문 간행물들을 활발하게 출판하고 있다. 또한 강의와 워크숍 등 집중 교육을 통해 정신건강 전문가들에게 사진치료, 사진예술치료, 비디오치료 등의 활용 방법을 가르치며 치료역량 및 상담 능력을 함양시켜 왔다. 오프라인 교육뿐만 아니라 온라인 웹 사이트들을 통해서도 전 세계의 정신건강 관계자들과 커뮤니티를 강화하고, 치료 방법의 질적 지원과 개선을 위해 사진치료 기술을 사용하는 방법을 꾸준히 연구해오고 있다.

2 주디 와이저의 사진치료에는 어떤 기법들이 있는가? : 개인적인 스냅 사진과 가족 앨범의 비밀 탐구

사진을 찍거나 수집해오는 것은 사진치료의 시작이다. 사진이 공개된 이후의 다음 단계는 그것이 마음에 불러일으키는 모든 작용 즉 사진의 시각적 메시지를 탐구하고, 사진을 통해 대화를 시작하고, 상상 가능한 변화나 다양한 관점들에 대해 생각해 보는 것 등을 활성화시키는 것이다. 따라서 사진가에게 있어서 사진을 완성하는 종결 지점이 사진상담자에게는 시작이 된다.

내담자들이 보고, 만들고, 수집하고, 기억해내고, 능동적으로 재구성한, 때로는 상상에 불과한 개인이나 가족의 스냅 사진은 내담자 자신의 개인적 발견을 가져온다. 상담자의 주요 역할은 이런 내담자의 자아 발견을 유발시키고 지지해주는 것이다. 이런 작업들을 촉진하기 위해 주디 와이저는 사진치료의 다섯 가지 기법을 제시하고 있으며, 때로 이 기법들은 다른 예술치료나 창조적인 치료기법 등과 다양하게 결합되기도 한다.

1. 투사적 사진치료

투사적 사진은 관찰자의 인지과정이 사진의 의미를 창조해낸다는 현상학적 사실에 근거하며, 투사적 과정을 담은 사진치료 기법은 평범한 사진 한 장 속에는 눈으로 보이는 것 이상의 것들이 존재한다는 것을 활용한다. 사람들이 사진을 볼 때 사진 속에서 일어나는 사건들과 관련된 의식적 · 무의식적 의미와 연결시키는 자발적인 연상 과정을 활용한다는 점에서 다른 전통적인 투사 도구들 즉 로르샤흐 검사, TAT(주제통각검사), DAP(인물화검사), HTP(집, 나무, 사람 그림검사) 등과 유사하다. 그러나 사진 자극에 대한 투사적 반응을 평가하기 위한 매뉴얼은 아직 없으며, 해석은 그 정확도의 여부보다는 연상과 반응 내용을 중심으로 받아들여진다. 어떤 반응이 특정한 용어로 자동화되어 한 가지로 일축되어 진단될 수 없기에, 상담자의 질문에 대한 답은 해석 매뉴얼에 있지 않고 내담자로부터 나온다는 점을 상담자는 항상 명심할 필요가 있다. 또한 내담자에 관한 어떤 가설을 세우기 전에 내담자에게 반복되고 패턴화된 반응들을 탐색하는 것도 중요하다.

이런 투사적 사진치료 기법을 통해 내담자의 무의식적 영역에 초점을 두도록 함으로써 외부의 자극들에서 어떤 의미를 얻게 되었는지 분석하는 법을 배우도록 할 수 있다. 따라서 투사적 사진치료 기법은 내담자의 지각, 가치관, 기대를 살펴볼 수 있을 뿐만 아니라 자신이 자신에 대해 느끼는 것과 타인이 자신을 바라보는 것이 다르다는 것, 그리고 내담자가 믿고 있는 것을 타인에게 투사하고 있다는 것을 이해하도록 하는 데 특히 적합한 도구이다. 그리고 대인 관계에서 하나의 방식만이 있는 것이 아니라 다른 수많은 방식들이 존재할 수 있다는 것을 인식하게끔 도와준다.

2. 자화상을 가지고 작업하기

자화상(self-portrait) 사진은 폭넓게는 실제적이든 은유적이든 간에 자신의 인식(자각)을 다루는 모든 사진이 포함될 수 있다. 하지만 이 경우 이미지 창조의 측면에 있어서 내담자들에 의해 완전하게 지배되고 통제된 사진들이어야 한다.

자화상 사진치료 기법의 바탕이 되는 '자기인식(자기자각, self-awareness)' 이론에서는 다른 사람의 관점으로 자신을 바라보는 치료적 가치를 강조한다. 자화상 사진치료 기법은 가족이나 주변 사람들, 사회적 상황에서 벗어난, 그것들과는 구별되는 개별적 존재로서 인식되는 자기에게 초점을 맞추고 상호작용하기 때문에 상담에서의 자기인식 과정에 유용하게 사용될 수 있다.

자화상 사진치료 작업은 자기 자신과 직면하고, 그동안 부정해온 것들과 맞서고, 한계를 탐색하게 해, 내담자로 하여금 이런 직면과 부정과 한계를 넘어서 안전한 방식으로 보다 주체적이고 자기결정적인 삶을 살아가도록 돕는다. 또한 자화상 사진치료 기법은 자기수용, 자기통찰, 자기확신, 자존감과 같은 자기지향적 이슈를 비교적 치료적으로 접근하기 쉽고, 스스로에 대한 부정적 면을 분리시키기 때문에 자신의 이미지를 강화하거나 임파워링할 수 있다.

상담자는 다음과 같은 자화상 사진 과제를 내줌으로써 내담자로 하여금 자신의 정체성에 대한 다양한 가능성을 탐색하게 할 수 있다.

- 내담자의 문제가 해결되었을 때 자신이 어떻게 보일지 자화상을 찍도록 제안한다.

- 당신 부모도 결코 이해할 수 없는 당신에 대한 자화상을 찍도록 제안한다.
- 당신이 가장 좋아하는(혹은 덜 좋아하는) 당신의 일부분에 대한 자화상을 찍도록 제안한다.
- 만약 사람들이 당신의 매력을 발견한다면 당신은 어떤 모습을 하고 있을지에 관한 자화상을 찍도록 제안한다.
- 당신의 어머니(혹은 아버지)가 항상 원했던 당신에 대해 자화상 사진을 만들도록 제안한다.

내담자의 무의식적 상징들을 더 많이 탐색하고 끌어올리기기 위해 콜라주, 사진을 복사해 다시 작업하기, 조각하기, 동작 등 다른 표현 매체들과 접목해 사용할 수 있다.

3. 타인이 찍은 내담자의 사진 검토하기

다른 사람이 내담자를 찍은(의도적으로 포즈를 취했거나 모르는 사이에 찍힌) 사진들을 검토하는 작업이다. 사진은 사진을 찍는 사람과 내담자 사이에서 발생하는 권력 역동을 탐색할 수 있는 좋은 수단이 된다. 어떤 상담자들은 타인이 찍은 내담자의 사진도 자화상 작업의 한 범주로 포함하기도 하지만, 주디 와이저는 타인이 찍어 주는 사진의 경우 내담자의 결정권과 독립적인 통제가 어려운 상황 속에서 촬영된 사진으로부터 나오는 차별화된 힘 때문에 자화상과는 구별됨을 강조한다.

타인이 찍은 내담자의 사진은 내담자로 하여금 다른 사람이 내담자를 지각하는 수많은 방식을 볼 수 있는 기회를 제공하고, 타인이 찍어준 사진들을 통해 살면서 자신의 어떤 부분이 타인에게 중요한지를 탐색하고 비교하게 된다. 더 나아가 자기 자신 및 타인과의 비언어적 의사소통을 어떤 식으로 지각하는지 발견하게 할 수 있다.

4. 내담자가 찍거나 수집한 사진 검토하기

내담자가 직접 카메라로 사진을 찍거나, 내담자가 발견하거나 수집한 사진들(잡지, 엽서, 카드, 인터넷 이미지, 디지털 조작 등)이 활동에 포함된다. 내담자가 찍은 사진은 자기 표현의 한 형태이며, 비록 다른 사람이 찍은 사진일지라도 개인적으로 간직하거나 모아 놓은 사진들 또한 직접 찍은 사진과 다름없는 특별한 의미를 지닌다.

모든 사진은 어떤 방식으로든 주의를 집중하고 초점을 맞춘다는 측면에서 개인적인 선택의 문제가 들어가 있고, 그 가운데 은유적인 자화상의 속성을 가지는 것이 사실이다. 따라서 사진을 찍고 선택하는 문제는 내담자가 어떤 종류의 사진을 주목할 만하거나 간직할 만한 사진이라고 느끼는지 암시해 준다.

사진 선택의 문제는 '사진 찍는 순간'을 둘러싸고 있는 하나의 사건이다. 사진을 찍기로 선택한 그 순간을 면밀히 살펴봄으로써 셔터를 누르거나 사진을 선택할 때 미처 충분히 인식하지 못했던 사실적 정보, 정서적 정보, 지속적인 주제와 흥미, 반복되는 패턴, 개인적 은유와 상징 등을 알 수 있게 된다.

상담자는 다음과 같은 사진을 찍거나 수집해오는 과제를 내줌으로써 내담자로 하여금 자신의 미해결된 과제들, 무의식적 소망, 개인적 은유와 상징들에 대해 주의를 집중하고 탐색하도록 할 수 있다.

– 세상이나 자신 속에서 바꾸고 싶은 것
– 남이 모르는 자신(비밀스러운 자신)
– 가까운 사람, 가족, 낯선 사람 등
– 나의 장애물
– 계획이나 소망, 꿈
– 자신을 상징하는 것들
– 타인에게 이야기하고 싶지 않은 것, 남과 나누기 싫은 비밀
– 상담자가 질문하지 않기를 바라는 것 등

5. 가족 앨범을 비롯한 일대기적(전기적) 사진들 살펴보기

그동안 내담자가 겪어 왔던 인생 및 가족 상황, 기타 다양한 상황에 대한 자전적 이야기를 일대기화할 목적으로 취합한 사진들로 작업한다. 기존의 가족사진이나 없어진 사진에 대해 회고하는 작업뿐 아니라 특정 과제에 따라 가족사진을 재구성하는 작업 모두를 다룬다. 가족 앨범은 오랜 시간에 걸쳐 만들어진 패턴을 통해 언어로는 표현될 수 없는 가족 내 관계 역동과 권력 체계를 검토할 수 있게 해 준다.

가족 앨범은 흔히 우리가 떠올리는 하드 커버의 두꺼운 책 형태 앨범뿐 아니라 벽에 걸린 액자, 냉장고 문, 지갑 안, 책상 위, 컴퓨터 배경화면, 스마트폰 배경화면, SNS 등에 올려놓은 사진들처럼 가족의 역사를 보여주는 사진은 모두 해당된다. 만

일 혈연이 아니라 선택에 의해 가족이 구성될 수 있다면 어떤 사람들로 구성된 가족을 이룰 것인지에 대한 내담자의 생각과 정보도 이끌어낼 수 있다. 원가족 외에 내담자의 맥락을 이해하길 원하는 상담자에게는 선택 관계인 가족 또한 의미가 있다.

이런 기법을 통해 출생 이후 내담자를 둘러싸고 있는 복잡한 가족체계 속에서 그들이 담당했던 역할에 대해 좀 더 많이 알 수 있으며, 세대를 통해 전수되는 기대에 의해 형성된 내담자 자신을 다루게 된다.

가족체계이론으로 접근하는 상담자는 가족 앨범에서 발견한 정보를 통해 분화와 융합, 제휴, 삼각관계화, 이중구속 등에 대한 질문을 이끌어 낼 수 있으며, 가족체계이론으로 접근하지 않는 상담자들은 사진의 시각적 정보를 바탕으로 사진 속 인물들 간의 물리적 거리, 감정, 몸짓, 특정인의 존재 여부 등에 대해 질문할 수 있다.

다음과 같은 질문들은 상담자가 내담자와 가족 앨범을 비롯한 일대기적 사진들로 작업할 때 대체로 유용한 질문들이다.

- 오늘 가져온 앨범 속에서 어떤 것이 진실이 아니고 어떤 것이 거짓인가요?
- 좋게 보이려고 하지 않고, 있는 그대로의 가족을 보여 주는 것은 어떤 사진인가요?
- 어느 사진에 대해서 질문하지 않길 바라나요?
- 과거의 기억에 따라 당신 방식으로 다시 사진을 찍을 수 있다면, 진정 변화시키고 싶거나 없애고 싶은 사진은 어떤 건가요?
- 지금까지는 이 사람들이 누구인지 말해 주었는데, 그러면 사진 속에 드러난 그들 사이의 관계에 대해서 이야기해 줄 수 있나요?

만약 내담자에게 앨범이 없다면 그와 유사한 이미지를 발견하거나 이미 있는 이미지들을 조합함으로써 대체 앨범을 만들도록 할 수 있다. 사진을 다시 찍거나 복사된 사진을 사용하고 콜라주하는 작업 등은 모두 자서전적 앨범을 만드는 데 활용될 수 있다.

2
울라 할콜라: 스펙트로 카드

사진을 심리치료로 활용할 때 요구되는 것은
상담자가 사진의 강력한 효과에 대해 충분히 알아야 한다는 것이다.

- 울라 할콜라(Ulla Halkola) -

1 울라 할콜라 소개

핀란드의 전문 심리상담자이자 사진작가인 울라 할콜라(Ulla Halkola)는 1989년부터 2011년까지 투르쿠(Turku) 대학교에서 교육 코디네이터로 활동하면서 심리치료, 정신 건강, 건강 증진 및 개발 과정을 기획했다. 핀란드 사진치료 학회 (Finnish PhotoTherapy Association)의 창립 멤버이면서 초대 회장(2004~2006)을 역임했고 핀란드 사진 예술가 학회 및 사진 센터(PERI, Finnish Photo Art Association)의 회원으로 활동하고 있다.

울라 할콜라는 2000년부터 심리상담자와 상담자에게 사진치료 방법을 지도하고 있으며 사진치료 기법을 내담자에게 적용하고 있다. 2003년에 트라우마 치료 전문 분야의 논문인, '위기개입에서의 사진의 활용(Using Photographs in Crisis Therapy)'을 썼다. 또한 투르쿠 대학에서 많은 사진치료 워크숍과 광범위한 프로그램을 기획했다. 프로그램 '치료와 상담에서의 사진과 이야기'와 '조직 발달에서의 사진과 이야기'를 구성했고, 이것들은 사진치료와 독서치료 기법(bibliotherapeutic techniques)을 기반으로 한다. 특히 그는 트라우마 치료와 아동 청소년의 심리치료에 주력하고 있다.

울라 할콜라는 1996년부터 최근까지 사진전에 참여해 활발하게 사진 작품을 발표하고 있으며, 사진 주제는 자연, 바위, 꽃, 식물 등 다양하게 발견한 것들이다. 또한 심리치료, 상담 및 교육을 위해 상징적인 사진으로 구성된 스펙트로 카드(Spectro Cards) 시리즈를 만들었다. 기억과 감정을 유발하기 위해 사용되는 스펙트로 카드는 트라우마 치료에 효과적이며 현재 여러 나라에서 사용되고 있다. 울라 할콜라는 사진은 마음을 감동시키고 인간의 마음에 깊이 들어간다고 주장한다. 의미 있는 사진의 도움으로, 새로운 것을 배우고 자기 이해가 증가되고 치유적인 효과에 닿을 수 있으며 사진은 또한 상상과 창의성의 세계를 연다고 믿고 있다.

2 울라 할콜라의 사진치료

울라 할콜라는 사진치료의 개척자들이 만든 사진치료에 관한 정의를 기반으로 한다. 그러면서도 사진치료의 기법은 맥락과 다양한 이론적 접근 방식에 따라 여러 전문가들에 의해 광범위하게 적용될 수 있다고 한다. 적용의 맥락에서 사진치료와 치유적사진을 명확히 구별하며, 사진술과 사진의 활용을 3가지 맥락에서 다음과 같이 설명한다(Halkola, U., 2011).

① 심리치료 맥락(Psychotherapy context)

훈련된 심리상담자들이 심리치료에서 사진촬영과 사진을 사용하는 것.

② 건강, 사회와 교육적인 맥락(Health, social and educational contexts)

사진치료의 기법 활용을 훈련하고 경험한 전문가들(예: 의사, 간호사, 심리학자, 사회복지사, 상담자)이 치유적인 방식으로 사진촬영과 사진을 이용하는 것.

③ 그 외 맥락들(Other contexts)

다른 영역에서(예: 교사, 예술가, 컨설턴트, 촉진자, 훈련가) 사진술과 사진을 응용하는 것. 모든 맥락과 분야에서, 사진과 사진촬영에 같은 기법들이 사용될 수 있지만, 치료 목표는 전문적인 목적에 따라 다르다.

RELEVANT FIELDS FOR PHOTOTHERAPEUTIC PRACTICE AND RESEARCH

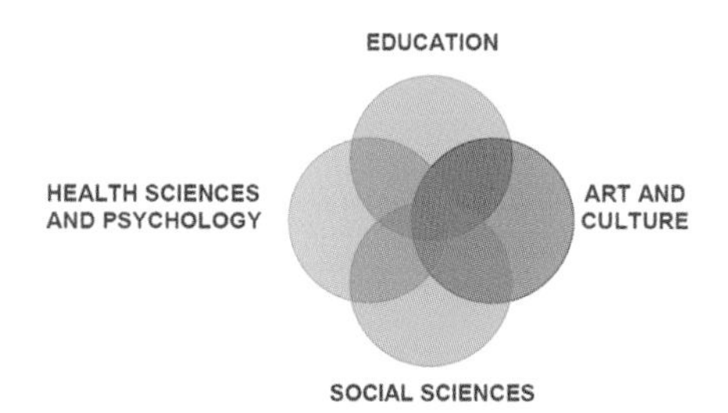

Phototherapeutic research can be conducted in different fields of science and with various theoretical approaches. See figure 1.

HEALTH SCIENCES AND PSYCHOLOGY
Different specialities of medicine
Psychotherapy
Psychosomatics
Counselling
Rehabilitation
Nursing science
Prevention and health promotion

SOCIAL SCIENCES
Social work
Social policy
Community work
Sociology

EDUCATION
Public education
Special education
Higher education
Adult education
Health education

ART AND CULTURE
Visual Arts
Photo Art
Art Education
Media sciences
Anthropology

울라 할콜라는 핀란드의 사진치료의 정의에서 자신이 만든 사진치료 기법을 세 가지로 구분한다.

① 자전적 사진 사용하기

자전적 사진에는 내담자나 다른 사람이 찍은 가족 앨범 사진과 스냅 사진이 포함된다. 더불어 일생 동안 내담자가 수집한 모든 종류의 사진도 포함한다. 자전적 사진은 가장 필수적이며 특히 심리치료의 맥락에서 매우 중요하다.

② 연상적 · 상징적 사진 사용하기

연상 · 상징적 사진에는 많은 종류의 사진들이 포함된다. 사진은 보는 사람의 마음과 연관되어 상징적이고 연상적인 방법으로 사용되는 것으로 투사적 사진(projective photographs)이나 사진 투사(photo-projectives)라고 명칭붙일 수 있다. 치료의 도구로서 상징적인 사진을 사용하는 것에 대해 영국에서는 '말하는 사진치료(Talking Picture Therapy)'로 부른다. 상담자와 상담자를 위한 스펙트로 사진카드 시리즈가 있다.

③ 사진촬영과 치유적 도구로서 사진 사용하기

치유적 도구로서 상징적 사진 혹은 투사적 사진을 활용하거나 자연을 촬영할 수 있다. 가장 중요한 사진촬영 중 하나로 자화상이 있다. 힘을 북돋아주는 임파워링 사진처럼 자화상 사진은 셔터 연결 장치인 릴리즈로 찍기, 거울을 이용해 찍기, 또는 다른 사람의 도움을 받아 다양하게 찍는 기법들이 있다. 사진치료는 서로 상호 관련될 뿐만 아니라 다른 개별적인 기법에도 잘 작동한다. 사진치료 기법은 음악, 글쓰기, 춤, 드라마와 같은 다른 많은 활동적인 프로세스들과 결합하는 것이 가능하다. 울라 할콜라는 사진치료는 독립적인 형태가 아니며 대부분의 심리치료에서, 그리고 사회복지, 보건교육, 그리고 상업적 사업과 같은 공동 작업에서 치유적인 작업이나 교육에서 여러 방법들 중 하나의 도구로 사용될 수 있다고 본다.

사진 기법은 매우 강력해서, 예를 들어 강한 감정 반응을 유도하기 때문에, 진행자는 특히 연약한 내담자(아이, 트라우마가 있는 사람, 정신적으로 장애가 있는 사람)의 반응을 민감하게 감지해야 한다고 말한다. 결론적으로, 내담자와 함께 사진치료 기법을 사용하는 진행자는 충분히 훈련되어야 하며, 경험 및 역량을 갖춰야 하며, 심리치료 차원의 슈퍼비전 같은 전문적인 지원을 제공받는 것이 필요하다고 강조한다.

3 울라 할콜라의 스펙트로 카드(The Spectro cards)

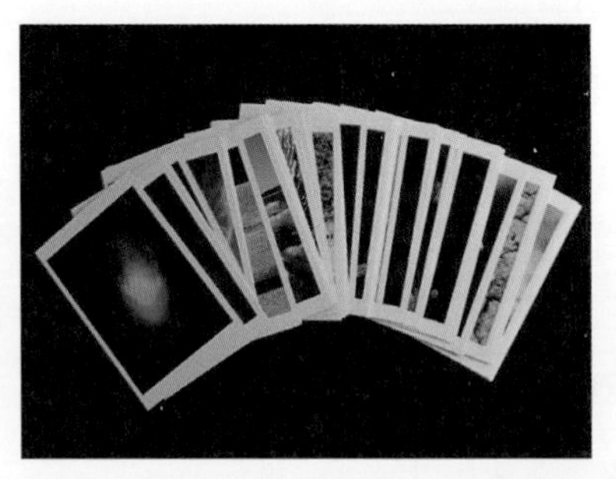

울라 할콜라의 『치료와 상담에서의 스펙트로 카드(Spectro cards in therapy and counselling)』 매뉴얼(Halkola, U., 2001)에 기재된 스펙트로 카드에 대한 설명과 사용법을 중점으로 살펴본다. 울라 할콜라가 직접 제작한 스펙트로 카드는 연상 카드에서 영감을 얻어 만든 컬러 사진 시리즈이다. 이 카드는 가능한 다른 감정 상태를 표현할 수 있도록 다양한 시리즈를 만들려 한 것이다. 울라 할콜라는 상징적인 차원에서 보통 자연이나 장소, 사물의 요소가 사람들의 일상 생활과 연결되어 있다고 본다. 그는 심리치료나 교육에서 스펙트로 사진카드로 상징적인 이미지와 단어를 표현하는 것이 자연스럽다고 본다. 합리적인 사고나 언어로 도달할 수 없는 것에 관해서는 상징적인 사진의 도움을 받아서 자신에게 의미 있는 것을 직면하고 표현할 수 있기 때문이다. 기본 시리즈인 스펙트로 비전 카드(Spectro Visions)에 스펙트로 위기(Spectro Crises), 스펙트로 모델(Spectro Models), 스펙트로 낙서(Spectro Graffiti), 스펙트로 구름(Spectro Clouds) 시리즈를 보완했다.

각각의 스펙트로 시리즈 내용과 목적을 살펴보면, 스펙트로 비전 카드는 일반적으로 모든 대상에게 연상 작용을 일으키고 상징적으로 감정을 표현할 수 있도록 구성한 자연물의 컬러 사진이다. 이에 반해 스펙트로 위기 시리즈(50장)는 위협적인 상황, 끝장날 것 같은 갈등의 인상을 주는 사진들이다. 이 시리즈는 심리치료에 적합하며, 특히 트라우마 상황을 다룰 때 더욱 효과적이다.

스펙트로 모델 시리즈는 쇼 윈도우에 있는 마네킹 사진이다. 인체 모형의 표정은 무미건조하지만 스토리텔링을 위한 재료를 제공한다. 단순화된 사진은 사진상에선 사진을 보는 사람이 누구인지를 말하게 하고, 현재 어떤 일이 일어났고, 그 순간에 어떤 일이 벌어지는지를 묘사하게 한다. 여러 장의 사진을 동시에 사용하면, 이야기 속 인물들 사이의 상호작용 관계가 반영되어 나타날 수 있다.

스펙트로 낙서 시리즈는 우리 주변의 이미지 세계를 상징한다. 낙서는 그리스 로마 제국 시대의 동굴 벽화에서부터 오늘날에 이르기까지 여러 시대를 거쳐 만들어지고 있다. 사용된 재료도 페인트에서 스프레이로, 펠트 펜과 스티커로 변해가고 있다. 이 시리즈는 세상과 만난 즉흥적이고 창의적인 표현이다. 이 낙서는 눈에 띄는 컬러풀한 젊은이들의 표시처럼 보이지만, 도시의 어두운 삶에 대한 증거로 볼 수 있다.

마지막으로 스펙트로 구름 시리즈는 상식적인 수준에서 정서와 미래의 전망을 묘사하는 데 적합하다. 구름이 있는 하늘은 매혹적이고 끊임없이 변화하는 자연의 장관을 보여준다. 다른 문화권에서도 하늘과 구름은 수많은 신화적 · 서술적 의미를 갖으며, 화가들과 시인들은 오랜 세월 동안 하늘에서 영감을 받아왔다.

4 울라 할콜라의 스텍트로 카드 사용법

울라 할콜라는 스펙트로 카드를 사용하는 과정에 엄격한 규칙은 없다고 한다. 기본적으로 모든 사람들이 볼 수 있도록 카드를 탁자 위에 놓고 상담자가 질문을 하면서 내담자가 직관적으로 질문과 연결된 사진을 선택하게 한다. 이후 사진에서 자극받은 정신적 이미지와 생각, 감정 등에 대해 대화한다. 여러 장의 사진을 다른 주제에 따라 선택할 수도 있고, 다른 이야기를 들려주는 데 사용할 수도 있다.

사진과 대화하는 과정에서 울라 할콜라는 내담자에게 중심을 둔다. 사진을 보는 행위는 상호적인 과정이지만 내담자가 주인공이다. 사진을 선택한 사람이 사진에서 불러 일으켜진 연상을 자유롭게 이야기할 수 있는 시간을 먼저 갖게 한다. 이 점이 중요하다. 상담자는 나중에 상담자의 자각이나 질문 · 감정 · 연상에 대해 나누며, 그 후에 치료적인 대화로 이어질 수 있다. 치료 과정에서 내담자는 반복해서 여러 번 선택한 사진으로 되돌아갈 수 있으며, 새로운 사진도 선택할 수 있다. 일반적으로 내담자는 사진 시리즈에서 자신의 마음의 풍경을 표현하는 의미 있고 중요한 사진을 발견하며 나중에 대화에서 언급하게 된다.

울라 할콜라는 사진 카드가 집단 상담에서 사용하기에 적합하다고 말한다. 사진은 사람들의 개성과 차이점, 그리고 독특함을 끌어낸다. 이것이 스펙트로 카드 사용의 기본적인 장점이다. 울라 할콜라는 모든 카드는 동일하고 어떤 카드도 다른 카드보다 우월하거나 열등하지 않다고 하며 스펙트로 카드에 숨겨진 정보는 없다고 한다. 각 카드의 이야기가 카드를 선택한 사람의 시각화에 따라 다시 만들어진다. 울라 할콜라는 스펙트로 카드를 수백 번이나 사용했으며 그 카드들로 구성된 이야기는 항상 다르다고 했다. 카드에는 삶과 모든 감정의 스펙트럼이 강하게 존재하며, 누구나 카드에서 나온 발견과 선택에서 만족감을 느낄 수 있다고 설명한다.

스펙트로 카드는 개인 및 집단 상담, 강의에 적합하며 우리의 상상력을 사로잡고 감정 표현과 자유로운 상호작용을 자극하며 스토리텔링을 촉진한다. 강의 및 집단 상담에서 스펙트로 카드는 전문 진행자 · 집단 리더가 전문적인 지식과 심리치료학적인 틀과 방법으로{개방형 질문, 심리도식(schemes), 삶의 주제 탐색, 명료화하기, 성찰적인 대화} 이끈다. 울라 할콜라는 카드 사용에 제한은 없지만 상담 시작 시 진행자가 명확한 목표와 질문을 하는 것이 중요하다고 하며 촉진된 연상은 주관적인 해석이므로 이 연상에는 옳고 그른 해석이나 진실이 없다는 점을 명심해야 한다고 말한다. 참여자의 해석, 개인주의 및 개인 정보 보호는 항상 존중되어야 할 것이다.

5 울라 할콜라가 말하는 스펙트로 카드 사용의 치유적 의미

스펙트로 카드는 모든 연령층을 대상으로 다른 모든 종류의 교육, 훈련과 집단 상황에서 사용되어질 수 있다. 울라 할콜라가 설명했던 스펙트로 카드의 치유적인 의미 설명과 함께, 그가 치유적인 사진치료 작업에서 사람들과 경험했던 사례들의 일부를 소개한다. 먼저 울라 할콜라는 스펙트로 카드를 사용하면 가능한 치유적인 의미에 대해 다음과 같이 말한다.

Search essential emotions and thoughts 핵심 감정과 사고 찾기
Portray experiences and memories 경험과 기억을 묘사하기
Explore, analyze and define 탐색하고 분석하고 정의 내리기
Create something new 새로운 것을 창조하기
Tell stories 이야기 말하기
Realize visions 비전 깨닫기
Observe, learn and find new perspectives 관찰, 학습과 새로운 관점 발견하기

1. 핵심 감정과 사고 찾기(Search essential emotions and thoughts)

스펙트로 카드를 통해 감정, 생각, 그리고 기억이 환기될 수 있다. 사진을 고르고 살펴보는 것은 자신에게 중요한 것을 가져다 줄 수 있다. 말로 하는 표현이 사진을 통해 촉진된다. 더할 나위 없이 자신에 대한 앎이 높아지고 타인과의 상호작용도 깊어진다. 집단 내에서 각 개인이 사진에 애착을 느낀 감정의 의미에 관한 유사점과 차이점을 비교할 수 있다.

- **사례:** 집단을 시작할 때, 카드는 정말 훌륭했다. 참여자들은 선망, 두려움, 기쁨의 감정이나 동기를 쉽게 표현할 수 있다는 것을 알게 되었다. 다른 사람들에게 같은 사진이, 예로 나선형 사진이 정반대의 감정을 표현할 수 있는 점은 흥미로웠다. 나선형이 어떤

사람들에게는 연속성으로 묘사되고 다른 사람들에게는 마치 빨아들일 것처럼 보이거나 무서운 것으로 보인다.

2. 경험과 기억을 묘사하기(Portray experiences and memories)

카드를 가지고 작업하는 것은 인간 마음의 우주를 탐험하는 것이다. 카드는 한 사람이 살면서 겪은 기억과 경험을 떠올리게 한다. 이런 순간들을 살펴보는 것은 상황과 필요에 따라 교육이나 치료 맥락에서 계속될 수 있다. 시각적 이미지와 언어적 표현을 결합하면 경험에 대한 상상력과 반성도 떠오르게 한다.

- **사례:** 죄수 한 명에게 자작나무 숲의 사진을 주면서 가족과 함께했던 의미 있는 한 순간을 생각하고 묘사해 달라고 부탁했다. 그는 오랫동안 마약을 해서 모든 기억이 사라져 아무것도 기억할 수 없다고 말했다. 그는 체념했지만, 두어 시간이 지나 자작나무 숲 옆 해변에서 한때 가족과 함께 소풍을 갔던 기억이 떠올랐다고 말했다. 잡지를 이용해 자작나무 숲 해변에서 모닥불 주위로 모여 있던 가족을 묘사한 콜라주를 만들었다.

3. 탐색하고 분석하고 정의 내리기(Explore, analyze and define)

문제 상황과 고민을 분석하는 데 스펙트로 카드를 사용할 수 있다. 스펙트로 카드의 도움으로 문제 해결의 대안을 고려하거나, 문제의 본질적인 측면을 찾아내고, 문제를 처리하거나 해결할 수 있다. 사진의 다목적 사용은 유연성과 창의적 접근의 모델을 제공한다.

- **사례:** 소진되어 힘들어하는 내담자에게 자신을 진정시킬 수 있는 사진 한 장을 고르게 하고 5분 후에 돌아와 보니, 내담자가 "당신이 나를 진정시켰다"고 하면서, 그동안 자신을 믿지 못하고 치료받기 힘들어했던 내담자가 자신의 처지를 말하기 시작했다.

4. 새로운 것을 창조하기(Create something new)

스펙트로 카드를 평화롭게 관찰하면서 떠오르는 아이디어와 생각에 여유를 주어 창조성을 자극할 수 있다. 카드를 이용해 다른 사람뿐만 아니라 내면의 마음과 대화하면서, 타인 관계와 함께 자기지식과 공감을 증진시킨다. 카드를 보는 것이 편안한 휴식으로 사용될 수 있다.

- **사례:** 한 여성이 두 장의 사진을 번갈아 보면서 자신에게 편지를 쓰고 있었다. 얼굴 없는 동상에서 글이 시작되어 여자 모델로 끝났다. 그는 여성스러움에 대한 갈망을 느꼈다. 새로운 통찰에 대한 기쁨과 믿음이 그의 존재에 강하게 반영되었다. 사진과 글쓰기, 자화상으로 힘을 돋우면서 새로운 여성의 정체성을 창조하기 시작했다.

5. 이야기 말하기(Tell stories)

사진을 보는 것은 스토리텔링과 결합할 수 있다. 단지 몇 마디 간단한 설명일 수도 있고 더 긴 이야기일 수도 있다. 또한 자신에게 실제적이고 의미 있는 행사이거나 상상의 이야기일 수 있다. 사진을 통해 자신의 인생 이야기 또는 가족의 역사가 설명되고 활기가 생긴다. 교육 및 집단 작업에서 사진은 주어진 주제 내에서 이야기를 만드는 데 사용될 수 있다.

- **사례:** 우울증 재활치료 중인 사람들과 함께, 그날의 분위기 또는 이야기를 쓰게 하고 새로운 시각에서 사물을 볼 수 있도록 그리고 피드백을 주기 위해 스펙트로 카드를 사용했다. 멋진 사진과 유쾌하지 않은 사진을 골라보고 그 사진에서 긍정과 부정적인 이야기를 쓰게 했다. 이야기는 다양했고 인생의 많은 그늘들이 관찰되었다. 처음 이야기는 구체적인 설명이 짧았지만 스펙트로 카드를 사용하자 이야기들이 더욱 상징적으로 교묘해졌고 새로운 방식이 일어나기 시작했다.

6. 비전 깨닫기(Realize visions)

스펙트로 카드의 이미지와 삽화 요소는 비전에 필수적이다. 스펙트로 카드는 비전의 과정을 용이하게 한다. 예를 들어, 개인 또는 공동체의 비전과 미래 전망을 찾게 하는 촉진적인 요소로서 기능한다. 자신의 작업을 돌아보고 희망을 강화시킨다.

- **사례:** 집단에서 '문제와 관련된 사진'과 '작업과 연결되는 자원 사진'으로 주제를 둘로 나누어 오랜 시간 동안 다루었다. 이 작업의 목적은 미래 집단의 공동 목표를 찾는 것이었다. 스펙트로 카드로 마침내 비전을 선택했고 목표를 골라 토론에 합의되었다. 결과적으로 내년의 집단 목표를 시각적으로 표현한 것이었다. 원만한 협력에 의기양양하게 끝났다.

7. 관찰, 학습과 새로운 관점 발견하기(Observe, learn and find new perspectives)

스펙트로 카드는 우리가 다른 관점과 새로운 관점에서 문제들을 관찰할 수 있게 해준다. 안전한 분위기에서 사진은 창의적인 사람으로 만들어 마음을 주고받을 수 있게 하고, 새로운 것을 배우게 한다.

- **사례:** 집단에서 우리는 각각 '좋은' 사진 한 장과 '나쁜' 사진 한 장을 고른 다음 그것들을 비교했다. 거의 모든 사람들이 자연과 관련된 사진을 '좋은' 사진으로 선택했었다. 비록 우리는 모두 도시 거주자들이지만, 자연 그리고 그것과 관련된 모든 것들은 적어도 우리에게는 무한정의 힘을 주는 평화의 원천인 것 같다.

6 울라 할콜라의 스펙트로 카드 실기

상담자가 직접 사진을 배열하는 과정부터 시작하며, 사진 모음을 함께 볼 수 있도록 놓는다. 참여자가 고른 사진에 관련된 질문을 해서 참여자가 방향을 결정하도록 한다. 직관적으로 사진을 고른다. 이것이 바로 내면으로 가는 여행이자 사진 속의 메시지가 펼쳐지는 시작이다.

① 테이블이나 평평한 표면 위에 사진을 한 번에 진열해 놓는다.

② 진행자는 사진 작업을 하기 위해 기본적인 가이드라인을 기술해준다. 도입부는 집단과 진행자의 경험에 따라 달라진다.

③ 진행자는 기본적인 주제를 명확히 정의한다. 사진을 고르는 데 기본이 된다.

④ 참여자는 집중적으로 사진에 초점을 두도록 한다. 그리고 상황에 따라 1~2장의 사진을 고른다. 5~10분 정도 사진을 고를 수 있는 시간을 준다. 일반적으로 참여자들은 조용하고 빠르게 진행자의 주제 지시문에 따라 그들만의 사진을 발견한다.

- 상담자는 집단 구성원의 기분, 감정, 생각에 접근 가능한 시각화될 수 있는 방식으로 질문을 만든다.
  - 집단에 들어왔을 때의 느낌
  - 동기와 기대
  - 주제와 관련 경험

– 의미 있는 문제를 명확화하기
– 그룹 활동 평가
– 배운 내용에 대한 평가

- 상담 중에, 시각적으로 볼 수 있도록 한다.
  – 어떤 사진이 감정이나 생각에 직관적으로 일치하는가
  – 상징적인 차원에서 어떤 감정이나 감각과 같은가
  – 인생에서 중요하거나 의미 있는 것이 무엇인가
  – 인간관계를 보여주는 것이 무엇인가
  – 어떤 꿈이나 희망이 존재하는가

⑤ 사진을 침묵 속에서 선택한다. 사진을 본능적으로 고른다. 고른 후에 사진을 가지고 자기 자리로 돌아가 앉는다. 원으로 앉거나 전원을 서로 볼 수 있게 한다.

⑥ 참여자들은 자신이 고른(찍은) 사진을 보여주고 고른(찍은) 이유에 대해 말한다. 이야기하는 동안 방해하지 않으며 코멘트를 하지 않는다. 이야기하는 집단의 순서는 자연스럽게 정한다.

⑦ 돌아가면서 이야기한 후에, 진행자와 참여자들이 코멘트를 할 수 있으며 그동안에 떠올라온 생각들을 나눈다. 이 활동은 계속해서 개인 상담이나 집단 상담으로 진행될 수 있다. 주제에 따라 참여자들(또는 개인)은 계속 작업할 수 있다.

- 추가적인 질문을 계속한다.
  – 이 사진을 왜 골랐나요? / 왜 찍었나요?
  – 어떤 생각 · 감정 · 희망이나 환상들이 이 사진과 연결되나요?
  – 이 사진이 인생의 어떤 특정 시기의 기억을 불러일으키나요?
  – 이 사진과 관련된 이야기를 해줄 수 있나요?
  – 이 사진을 누구와 같이 보고 싶은가요?
  – 이 사진에 관한 생각을 나누면서 어떤 기분이 들었나요?
  – 이 사진 속의 상대는 무엇이며 그 이유가 있나요?
  – 어떤 상황에서도 고르지 않게 되는 사진이 있나요? 그 이유는 뭔가요?
  – 이 사진의 제목을 정한다면 뭐라 할까요?
- 위기 상황과 전환점에서 구체적인 질문을 할 수 있다.
  – 자신의 위기 순간을 반영한 사진은?

- 인생에 어떤 두려움이 있는가?
- 어떤 사진이 보호를 제공하거나 평화를 조성하는가?
- 자신의 위기에서 전환점을 묘사한 사진은?
- 위기에 시달리지 않기 위한 목표는?

• 사진과 관련해 숙제를 내줄 수도 있다.
- 사진에 대한 이야기나 편지, 시 등을 쓰기
- 자신의 사진에서 사진의 반대편(상대편)을 찾기
- 당신이 선택한 사진에 연속되는 사진을 찍기

상담자 반응

내담자에게 사진 복사본을 주어 다양한 방법으로 사진을 계속 사용하도록 한다. 사진 카드로 집단 활동을 시작하거나 마칠 수 있다. 자연스럽게 집단 활동 중에 카드를 언제든지 볼 수 있다. 사진은 본인의 직관과 관심 방향에 따라 선택하는 것을 원칙으로 한다. 카드 사용은 여러 가지 방식으로 다양하게 사용될 수 있다.

쌓아져 있는 곳에서 무작위로 사진을 선택하기, 사진을 뒤집어 놓은 상태에서 선택하기, 진행자나 다른 집단의 구성원이 사진을 보는 사람을 위해 카드를 선택하기, 부부치료 · 가족치료와 집단치료 참여자에게 상대방이 어떤 사진을 선택할 것인지 가설을 세워 다른 사람의 사진을 선택해 보라고 요청할 수 있다.

3

조엘 워커: 워커 비주얼

사진은 무엇을 보여주고 어떻게 표현하든 간에,
보이는 대상을 말하는 것이 아니라 비가시적인 그 무엇,
즉 보이는 것 너머를 말한다.

- 롤랑 바르트(Roland Barthes) -

*본 원고는 아래 텍스트를 번역한 내용이 주가 됨을 밝힙니다.
Joel Walker, Cancerología 4 (2009): 9-18.

1 조엘 워커 소개

사진치료에서 사진의 활용은 크게 촬영과 투사로 나눌 수 있다. 물론 이 두 가지는 상담 과정에서 서로 연합해 작동한다. 상담자는 회기 주제나 내담자의 기질과 성격에 따라 촬영을 할지, 투사 사진 등을 사용할지를 유연하게 적용한다. 투사적 사진기법은 모든 사진치료 기법의 토대를 이루기 때문에, 이 장에서는 특별히 투사적 기법의 일종인 모호한 사진을 통해 숨겨진 내면이나 억압된 정서를 자각하기에 좋은 조엘 워커(Dr. Joel Walker)의 워커 비주얼 기법(The Walker Visuals)을 소개한다.

조엘 워커는 캐나다의 정신과 의사로 사진치료 도구인 워커 비주얼(The Walker Visuals)을 개발했다. 이 과정은 우연한 관찰을 통해 시작됐는데, 자신의 사무실 벽에 걸어놓은 사진을 본 내담자들의 반응이 살펴지면서부터다. 이후 비임상학적으로 더 많은 정보를 수집하기 위해 1979년 뉴욕시의 록펠러 센터에서 'See & Tell'이라는 제목의 인터랙티브 전시회를 열었다. 이 전시에서 수천 명의 익명의 관람객들에게 10장의 사진을 제시하고 질문지에 응답을 받았다. 질문은 이 사진을 보며 드는 생각이나 느낌 · 환상이 있는지, 무엇이 보이는지, 어떤 것을 추가하거나 삭제하고 싶은지 등에 관한 것이었다. 응답을 종합해 본 결과, 긍정적인 반응과 부정적인 반응 모두가 포함된 사진이 치료에 유용하다는 결과를 얻었다. 이후 1983년 빈에서 열린 세계 정신의학회에서 4개 국어로 발표했고, 정신과 의사들에게 용기를 얻어 4장의 사진과 그들이 사용할 수 있는 매뉴얼이 만들어지게 되었다. 조엘 워커는 치료 현장과 워크숍에서 35년 이상 자신이 개발한 워커 비주얼을 사용하고 있으며, 대표 저서로는 『Portrait of the Human Spirit: Livings in Living』과 『The Ride of the Ride: RCMP Musical Ride』가 있다.

2 워커 비주얼 기법

워커 비주얼은 심리치료기법이나 진단 도구가 아니라 심리치료나 심리상담현장에서 쓰이는 치료 도구이자 사진을 말한다. 워커 비주얼은 13"x19" 크기의 4개 사진으로 이루어져 있다. 이미지들은 가장 긍정적인 것에서 가장 부정적인 것까지 다양한 테마를 가지고 있으며, 문화 · 언어 · 교육의 차이를 뛰어넘는 보편적인 주제를 담고 있다.

성별과 연령, 개인과 가족 및 그룹에 모두 광범위하게 활용되는 워커 비주얼은 정서장애, 불안장애, 결혼 문제, 성적 문제, 성적 학대, 정체성 문제 같은 심리치료 전반에서 효과가 입증되었다. 하버드 의과대학, 프라하 찰스 대학교 의과대학과 멕시코시티의 국제 암연구소에서도 사용되고 있을 뿐 아니라, 북미와 유럽 전반에서 널리 쓰이고 있다. 우리나라에서도 한국사진치료학회를 통해 워커 비주얼 기법을 배울 수 있고, 현재 사진치료 현장에서 활용되고 있다.

애매하고 추상적이며, 몽환적이고 모호한 이미지들은 무의식을 불러 일으킨다.

우리가 눈으로 '본다는 것'은 광원에서 나온 빛의 입자들이 보고 있는 그 대상에 부딪혀 반사되고, 그 반사된 빛이 우리 눈의 망막을 자극하면, 이 빛을 전기적 신호로 바꿔서 시신경을 통해 뇌로 정보를 보내는 것이다. 즉, 우리가 보는 것은 '원래' 그렇게 생긴 것을 보는 게 아니라, 뇌가 만들어낸 영상을 보는 것이다. 마찬가지로 우리의 사고라는 것도 '원래' 그런 것이 아니라, 마음이 만들어낸 것이다. 과거 경험이나 교육에 따라, 성격과 기질에 따라 각자의 해석과 주석이 붙은 것이 바로 우리의 '생각'이다. 워커 비주얼은 이 점을 극대화시키기 위해 직접적이거나 설명적이지 않은, 모호하고 추상적인 이미지를 사용하는 것이다. 이를 통해 기대, 욕구, 신념, 감정 등의 깊이 있는 탐색이 가능하다.

워커 비주얼로 탐색할 수 있는 심리 영역과 활용의 주제는 다음과 같다.

워커 비주얼은 내담자와의 대화를 자연스럽게 이끌어낼 수 있고, 정서적이고 인지적인 표현을 할 수 있도록 돕는다. 개인의 생각, 감정 또는 관계에 영향을 미치는 중요한 주제를 식별해 자기인식을 향상시킬 수 있다. 특히 성이나 슬픔, 죽음 등의 민감한 주제를 탐색하기에 용이하다. 억압된 경험과 감정을 드러내고, 저항을 극복하도록 촉진할 수 있다. 집단에서는 개인 간의 교류를 촉진해 상담자들이 내담자를 보다 빠르고 효율적으로 도울 수 있도록 지원한다.

워커 비주얼을 통해 근친상간 생존자의 심리적 풍경에 쉽게 접근할 수 있습니다. 꿈결 같은 사진이미지는 억압된 기억이 안전하게 보관되어 있는 환경으로 작용해, 상담자와 내담자가 함께 작업할 수 있는 매우 유용한 도구입니다.

- Marcia Miller, MSW, 뉴욕 -

사진은 상담 초기에서 종결까지 치료 전반에 걸쳐 사용될 수 있으며, 불안, 우울증, 공황장애, 외상후 스트레스, 상실 및 슬픔, 말기 환자를 도울 수 있다.

워커 비주얼 사용 시 참고할 만한 안내 및 질문 목록은 아래와 같다.

- 지금 하는 작업은 테스트가 아닙니다. 나를 알아가는 또 다른 방법입니다.
- 내게 가장 큰 소리로 말을 거는 것 같은(긍정적으로든 부정적으로든 가장 끌리는) 사진을 골라 보세요.
- 당신의 생각, 감정, 떠오르는 장면을 말해줄 수 있나요?
- 사진에 제목을 달아보시겠습니까?
- 당신의 생각, 감정, 환상 같은 것을 자세히 말해 줄 수 있나요?
- 사진 안의 내용을 바꿀 수 있다면, 무엇을 바꾸고 싶은가요?

3 워커 비주얼 치료 세션 예시 소개

워커 비주얼은 내담자의 사고나 무의식을 탐색하고 치료를 빠르게 진전시킬 수 있다. 뿐만 아니라 치료 과정에서 상담자가 역전이에 봉착할 경우, 이미지에 초점을 맞춤으로써 치료 가설을 점검하고 환자를 재응시해 내담자와의 감정적인 밀착 상태로부터 분리하는 데도 도움을 줄 수 있다.

다음은 조엘 워커가 진행한 치료 세션의 일부이다. 닥터 조엘이 치료하고 있는 앤의 세 번째 회기였고, 이미지와 함께 한 첫 번째 치료장면이다. 화자인 '나'는 닥터 조엘이다.

39세의 앤은 불안과 우울증을 겪고 있다. 그녀는 3년 전, 유방암 진단을 받고 수술과 화학요법으로 치료를 받았고, 현재는 완치되었다. 앤은 화학치료를 받는 동안 심리치료도 병행했다. 나는 앤에게 워커 비주얼 사진 4장을 보여주고, 그중 가장 큰 소리로 말하는 사람을 고르라고 했다. 그녀는 사진 3을 선택했고, 가슴과 갈비뼈, 유방의 윤곽이 보인다고 말했다. 앤은 울기 시작했고 점점 자신의 공간을 차지하고 드는 음흉한 어둠에 대해 묘사했다. "나는 좁고 어두운 통로를 지나 더 짙은 어둠 속으로 들어가요. 하지만 난 결국엔 삶으로 가고 싶어요. 어두운 부분은 유방뿐만 아니라 다른 곳에도 퍼져있는 암처럼 보여요. 나는 피가 섞인 분노를 느껴요. 마치 소용돌이치는 분노처럼, 젠장할 암이 생겨났어요. 사진을 찢어 버리고 싶은 심정이예요." 앤은 이 작업으로 카타르시스를 경험하고 치료과정 내내 그 이미지를 의식적인 차원에서 치료적으로 이용했다. 세션이 끝난 후에도 그 이미지는 앤에게 치료를 지속하게 하고 내면에 집중해 감정적 자아를 드러내도록 이끌었다. 이런 내적 이미지는 환자/내담자들 자신이 신뢰하는 방식으로 문제를 해결하는 데 도움을 받기 위해 다시 사진이미지로 돌아갈 수 있게 해준다.

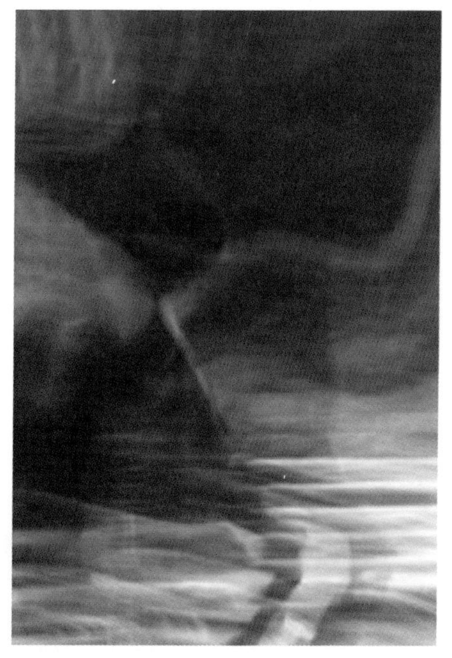

다음 세션에서 앤은 이렇게 말했다. "사진이 달라 보여요. 더 어둡고 우울해 보이고 죽음처럼 보여요. 죽음과 어둠이 내 가슴을 덮치고 있어요. 나는 내 유방과 함께 있고 싶고, 내 일부는 달리기를 원해요. 난 죽고 싶지 않아요. 죽는 게 두려워서 미치겠어요. 죽음 자체는 두렵지 않아요. 죽어가는 게 두려운 거예요." 나는 앤에게 이미지 속 어디에 자신을 두고 싶냐고 물었다. 그녀는 "생과 죽음의 중간에 머물고 싶어요. 인생을 놓치고 싶지 않아요. 어둠이 무겁게 내리막길을 헤매고 있어요."라고 말했다. 사진에 제목을 붙여보라는 제안에 앤은 "삶의 터널"이라고 대답했다. 그러면서 앤은 "빛에 더 초점을 맞출 것"이라며, "어두운 조각도 삶의 일부분이죠. 터널 반대편에 있는 불빛에 닿으려면 결국 어두운 곳을 통과해야 하잖아요. 오늘은 또 다른 '현(絃, 악기줄 현)'을 친 것 같아요."

다음 세션에서 앤은 그 이미지를 "분노"라고 부르겠다고 했다. 앤은 자신의 분노를 주지화했고, 막상 잘 표현하지 못했다. 그녀 역시 자신의 분노와 연결되지 않는 것에 답답해했다. 나는 성난 황소의 모습을 상상해 보라고 제안했다. "성난 황소가 폭풍을 일으키니, 야성적이고 자유로워요. 내가 지난 3년 동안 맹렬한 황소였다면, 모든 장벽을 헤쳐나갈 수 있었던 건 바로 그 에너지 때문이에요." 하지만 나는 그 에너지를 분노로 보지 않았다. 그것은 분노가 아니라 통제하는 것이라고 말해주었다. 그때 그녀는 자신의 분노를 인식하더니 방금 전처럼 우울한 느낌보다는 긍정적인 느낌으로 보기 시작했다. 그녀는 인생의 수많은 일들 가운데 하필이면 자신의 가슴에 악성종양이 생기는 일이 일어났다는 것에 정말 화가 났다. 의사들은 그녀의 몸에만 집중했고, 앤은 자신의 영성과 개성이 무시된 것에 격분했다.

그녀는 자신의 몸에 집중하고 느껴지는 대로 반란을 일으키기도 하고 싸우기도 하며 자신이 느끼고 있는 것을 표현했다. 그녀는 중요한 관계 안에서 자신의 욕구를 표현하기 시작했고, 점점 더 자기 주장을 할 수 있게 됐다. 앤의 분노가 겉으로 드러나자 우울증이 사라졌다.

심리치료 후 2년 동안은 6개월마다 한 번씩 세션을 가졌는데, 이 방문을 통해 암의 재발을 알게 되었다. 앤은 살 수 있는 날이 1년 정도 남았다는 말을 듣게 됐다. 그녀는 자신의 임박한 죽음에 대해 가족과 친구들과 의논했고, 사랑하는 사람들에게 작별인사를 했다. 그녀가 죽기 전날, 내가 방문했을 때 그녀는 그 이미지가 죽음을 직면하게 하고, 마지막 죽음의 순간에 대처할 수 있는 힘을 주었다고 말해주었다. 그녀는 인생의 마지막 몇 년 동안 어둠이 뒤뜰로 사라지도록 내버려두고 밝은 쪽에서 살기로 선택했으며, 결국 충만한 생을 살았다.

내가 똑바로 보려 하지 않기 때문에 나쁜 것의 영향이 보이지 않을 때가 있다. 침묵하거나 참는 것에는 문제를 회피하고 책임지지 않으려는 마음이 숨어있을 수 있다. 두려움을 정확히 자각하고 구체적으로 말하면서 감정을 표현하는 것만으로도 괴로움이 줄어든다. 문제는 실체가 아님을 깨달을 때 두려움은 줄어들기 마련이기 때문이다. 워커 비주얼을 이용해 마음속에 흐릿하고 모호하게 가려진 심리적 어려움을 직면하면서 자기 자신과 미래를 보다 선명하고 명쾌하게 드러내보기를 바란다.

4
로돌프 드 베르나르트: 사진분석 기법

세상에서 가장 바람직한 것은 자신에게 진실할 수 있는 자유 즉, 정직이다.

- 수잔 손택(Susan Sontag) -

1 로돌포 드 베르나르트 소개

로돌포 드 베르나르트(Rodolfo de Bernart, 1947~2019)는 1972년 플로렌스 대학교에서 의학 및 외과를 졸업했으며, 1993년 피사 대학교에서 정신과 전문의를 전공했다. 그는 이탈리아의 정신과 의사이며, 의학박사로서 피렌체의 가족치료 연구소(Institute of Family Therapy)를 설립했다. 1997년부터 유럽 주요 학교와 가장 중요한 가족 중재 센터를 모으는 가족 연구 및 중재를 위해 유럽 포럼(European FORUM)의 창립 멤버로 활동했으며 스페인 빌바오의 바스코 나바라(Vasco-Navarra) 가족 치료 학교 소장으로 있었다. 유럽 및 라틴 아메리카 체계 학교(RELATES)의 회장, 스페인 가족 치료 협회의 전 회장이기도 했다.

로돌포는 영화, 사진, 이미지 등 다양한 예술매체를 활용했지만 그 중심에는 가족이 있었다. 그 과정에 『영화와 가족치료』, 『이미지를 활용한 가족치료』 등 200여 개가 넘는 저서와 논문을 펴냈고, 전 세계적으로 널리 알려진 사진과 영화 등을 활용하는 부부치료 및 가족치료 전문가로 활동하다가 2019년 세상과 이별을 했다. 로돌포는 2015년 한국사진치료학회가 주관하는 동계 연수 프로그램을 위해 내한해, 영화와 사진을 활용한 부부치료 및 가족치료 워크숍을 진행하기도 했다.

2 로돌포 드 베르나르트의 기법

1. 영화와 가족치료(Cinema and Family therapy)

영화를 활용한 가족치료는 로돌포에 의해 1983년부터 가족치료 과정 워크숍이나 교육 등에 사용되었고, 그 이후에는 여러 상담자들을 통해 다양한 방식으로 영화치료가 소개되었다. 가족의 역동이나 생활주기에 대한 내용을 다양한 영화와 연결하는 방식으로 내담자들을 만나왔다. 현장에서는 개인상담, 커플치료, 가족 및 집단치료에서도 영화와 가족치료 방법을 적용시켜왔다. 실제 경험한 내용들이 기본 바탕이 되어 나온 책『cinema e terapia familiare』은 이탈리아에서 출판되었고 현재 많은 나라에 번역되고 있다.

2. 사진을 활용한 가계도(The Photographic Genogram)

머레이 보웬(Murray Bowen)은 1970년대 가족 관계를 시스템으로 알려주는 가계도(Genogram)를 소개했다. 보웬은 3세대 이상의 가족에 관한 정보가 있는 가계도를 통해서 가족 구성원 각 개인과 가족 속에서 반복되어 나타나는 유형이나 사건을 파악할 수 있게 했다. 가계도 작성 시 가족의 정서적 과정은 반복적인 경향이 있으며 미해결된 동일한 정서적 문제가 세대에 걸쳐 반복적으로 일어날 가능성을 전제로 했다.

로돌포 박사는 보웬의 가계도를 사진을 활용한 가계도로 훈련 및 개인치료, 부부치료에 사용했다. 내담자들은 자신들이 가져 온 자신의 모습이 담긴 사진이나 가족사진으로 작업했다. 그중 일부 사진으로는 가족 가계도 작업에 사용해 탐색하고, 통찰을 얻기도 했다. 가계도는 현재 의학, 정신과, 심리학, 사회 복지, 유전 연구, 교육 등에 널리 사용되고 있으며 개인 및 가족치료의 일부분으로 내담자들에게 가족 역동과 관계에 대해 적용하고 있다.

로돌포는 가족 사진의 차별점은 개인 사진, 스냅 사진 등 다른 일반 사진에는 없는 그 내담자 가족만의 특별함이 담겨있는 것이라고 했다. 따라서 언어적으로 표현하지 않아도 단 한 장의 사진에 내포되어 있는 것만 살펴봐도 어떤 방법에서도 정보를 얻을 수 없는, 한 사람의 역사를 이해할 수 있다고도 했다. 이때 사진은 잘 찍은 사진, 멋지게 나온 사진, 미학적인 사진일 필요성은 없다. 가족 중 누가 사진을 찍고 누가 찍히는지, 누가 누구 옆에 서 있고, 포즈는 어떠한지, 어떤 표정을 하고 있는지 등을 살펴보면 가족들의 역동성을 알 수 있다. 가족치료에 가족사진을 활용하는 사진치료 기법으로써 과거의 경험이 내담자의 삶에 영향력을 주고, 관계의 역동과 미해결된 갈등이나 상호 관계를 파악할 수 있다. 3세대를 통해 전수되어 내려오는 가족 간의 패턴 등을 이해할 수 있기 때문이다.

아래 내용은 PSPF(Perugia Social Photo Festival)의 2013년도 Experiencing Photography 워크숍에 참여해 로돌포가 강의한 내용 중 일부분이다.

그림으로 살펴 본 가족 역동

에드가 드가(1858~1860), 「벨레리 가족」, 캔버스에 유채, 오르세 미술관

이 작품은 이탈리아를 여행하던 중 피렌체의 벨레리 고모 집에 머물 때 그 가족을 그린 초상화다. 인물들의 행동과 시선을 통해 고모 가족들의 소통이 단절되어있음을 표현했다. 그림을 보면 드가의 고모, 고모부, 그들의 두 딸들이 모여 있는 가족사진의 형식을 띈다. 벽에는 최근 작고한 그의 아버지 '오귀스탕 드가'의 초상화가 걸려있다. 드가의 고모는 화면의 왼쪽에 두 딸과 함께 자리하고 서 있고, 남편은 화면의 오른쪽에 놓인 의자에 등을 돌린 채 앉아서 딸들과 아내가 있는 쪽을 바라다보고 있다. 즉, 남편과 아내는 화면의 왼쪽과 오른쪽으로 멀리 떨어져 있고, 7세와 10

세가 되는 조카들은 다소 경직되어 있는 모습을 볼 수 있다. 시선 처리를 봐도 남편, 아빠를 바라보기보다는 다른 곳을 바라보고 있다. 엄마와 자녀들의 옷과 서 있는 모습과는 달리 고모부는 편안한 옷을 입었다. 고모부가 가족이 있는 쪽으로 몸을 돌리고 바라보지만 중간에 놓인 탁자로 이들의 사이는 단절되어 있음을 엿볼 수 있다. 이 가족의 사이가 원만하지 않음을 암시하는 것은 의자에 앉아있는 조카의 모습이다. 이 조카는 한쪽 다리를 다 뻗지 않은 채 고개만 아빠에게 돌렸을 뿐, 몸 전체는 엄마 쪽으로 향해있음을 알 수 있다.

디에고 벨라스케스(1656), 「시녀들」, 캔버스에 유채, 프라도 미술관

시녀들(Las Meninas, The Maids of Honour)의 작품명에 관해서는 여러 설이 있는데 최초 작품명은 「가족(La Familia)」이라고 알려지고 있다. 스페인 마드리드의 프라도 미술

관이 소장하고 있는 이 작품은 스페인 예술의 황금기를 이끌었던 거장 디에고 벨라스케스가 1656년에 완성한 작품이다.

벨라스케스는 무엇을 그리고 있고, 중심은 누구이며 그가 있는 공간에서는 어떤 일이 일어나고 있는 것인지 우리는 짐작만 할 뿐 사실을 알 수는 없다. 화가가 그리는 대상은 제목처럼 시녀들인지, 공주인지, 스페인 국왕 펠리페 4세 부부인지 등 그림 속에 재현되지 않은 그들은 단지 윤곽이 불분명한 실루엣으로 거울 속에 투영되어 있을 뿐이다. 「시녀들」의 작품에는 11명의 인물들이 등장한다. 이 그림을 바라보면 커다란 캔버스와 난쟁이와 개가 있고, 그 위에는 공주 일행과 화가, 거울 속 왕의 부부 등이 나온다. 이 그림에는 시선의 교차와 시선의 유희가 공존한다. 시녀들은 서로 마주하고 있는 듯처럼 보이지만 서로 다른 곳을 보고 있다. 화가 또한 작품 안에 위치하고 있으며 그는 왕의 부부를 바라보고 그들은 딸의 모습을 보는 것처럼 느껴지기도 한다. 시선과 함께 거울의 존재는 그림을 더욱 신비하게 만든다. 그림 전체를 지배하는 왕의 부부는 거울 속에 유령처럼 투영되어 있다. 거울의 존재는 미스터리다. 유령과 같은 이미지로 그려진 펠리페 4세 부부의 모습을 보면서 우리는 가족 구성원의 관계에 대해 생각해 보게 된다.

이와 같이 단 한 장의 그림이나, 단 한 장의 사진은 가족체계에 어떤 영향을 미치는지에 대해 많은 것을 담고 있음을 시사하고 있다. 이 관점에서 사진가계도는 가계도의 가족 구성원의 위치에 그 사람의 사진을 붙인 후 가족의 구성원, 패턴, 관계성 등 시각적 이미지를 포함한 가족의 역동을 한 눈으로 바라보고 이해할 수 있다는 것이 특징이다.

3 사진가계도 기법

개인, 커플, 가족, 집단 등에서 사진가계도를 사용할 수 있다. 사진가계도를 통해 내담자가 자신의 가족 관계를 탐색하고 스스로 이해할 수 있으며 원 가족 내에서의 삼각 관계, 정서적 온도, 다세대 전수과정, 분화와 융합 등을 통한 자기 이해 및 변형이 가능하다. 가계도를 위해 사진을 준비하는 수량은 30장 내외이지만 더 많은 사진을 가져올 수도 있고, 더 적게 가져올 수도 있다. 가끔 내담자가 30장 이상의 사진을 가져올 수도 있는데, 이때는 테이블 위에 올려놓고 내담자가 고르고 선택하도록 한다. 이런 과정을 통해서도 심리를 파악할 수 있다.

1. 준비물

- 가족사진
- 가위, 풀, 도화지
- 색연필 또는 사인펜
- 스카치테이프

2. 활용방법

- 4절 도화지를 책상 위에 올려놓는다.
- 사진 또는 이미지를 활용해 가계도 순서에 맞게 오려 붙인다.
- 가족 상호 간의 감정 관계를 도식으로 표시한다(갈등, 밀착, 융합, 소원, 단절 등).
- 가족 구성원의 이력(출생, 결혼, 사망, 등) 가족의 특성이나 역할을 기록한다.

3. 완성된 가계도 읽는 방법

사진가계도 전체는 시간에 걸쳐 반복되는지 보기 위해 종단으로 관찰되어야 하고, 가족의 다른 구성원들에게 같은 시기에 비슷한 사건이 발생하고 있는지를 보기 위해 횡단으로 관찰되어야 한다. 또한 같은 시간대 다른 구성원의 시간의 변화나 다양한 행동을 관찰할 수 있다. 단체 가족사진에서는 구성원의 위치, 중요한 구성원의 부재를 관찰할 수 있고 이런 현상들은 중요한 내용이 내재되어 있음을 파악해야 한다.

개별 사진들은 가족 구성원 사이에서 유사성과 다양한 패턴들을 관찰하기 위해 유용하다. 첫째는 단일 인물사진의 비율로 확인할 수 있다. 예를 들어 어머니 사진은 4장, 아버지 사진은 1장만 가지고 왔다면 이것은 때로 중요할 수 있다. 두 번째는 특정 연령대 사진의 비율로 내담자가 그 시기의 사진을 갖고 있지 않은 경우 세부사항을 탐색해봐야 한다. 세 번째는 원가족과 핵가족 사진의 비율로 확인할 수 있다. 예를 들어 '가족사진'에 대한 개념이 내담자마다 다를 수 있는데 이를 통해 내담자가 인지하고 있는 '가족'의 경계를 확인할 수 있다.

4. 사진가계도 작업 시 포인트

- 내담자가 사진을 펼쳐놓을 때 어떤 순서로 놓았는지 살펴본다.
- 가족 구성원 중 빠진 인물은 있는지, 유독 많이 등장하는 인물이 있는지도 중요한 요소이다.
- 갖고 오고 싶었지만 찾다가 못 찾은 사진은 있었는지 물어보고, 의도적으로 놓고 온 사진이 있는지 물어본다.
- 현재 구성하고 있는 가족사진인지, 원가족 사진만 가져왔는지 살펴본다.
- 사람 외에 동물, 인형, 사물 등이 포함되는지 살펴본다(가족처럼 여기는 것).
- 특정한 연령대의 사진이 많이 분배되어 있는지, 또는 빠져 있는지도 중요하다.

예술작품을 활용한 심리진단검사(The test: Images of Arts)

심리진단검사는 많은 예술가들에 의해 200개의 이미지 컬렉션으로써 서로 다른 국가, 문화 및 기간 등 20개의 카테고리로 나누어졌다. 이런 이미지는 가족과 함께 사용해 개인이나 커플, 가족을 진단하거나 임상 작업에 도움을 주며 자기 이해 및 타인을 이해하는 도구로 사용한다. 이 심리진단검사는 다양한 임상적 상황에 맞게 제안해 사용할 수 있는 검사다.

5

크리스티나 누네즈: 셀프 포트레이트

하지만 우리 인간은 사라질 존재이고, 변화하는 존재이고, 가능성의 존재지.
우리 인간에게는 완전함도 완벽한 존재도 있을 수 없어. 그렇지만 잠재적인 것이 실현되고 가능성이 현실성으로 바뀔 때 우리 인간은 참된 존재에 참여하게 된다네.
그것이 곧 자아실현이라 할 수 있겠지.

- 헤르만 헤세(Hermann Hesse), 나르치스와 골드문트 중에서 -

1 크리스티나 누네즈 소개

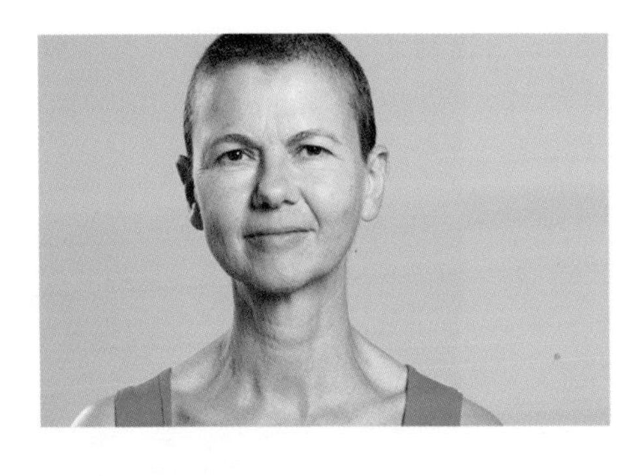

1962년 스페인에서 태어난 크리스티나 누네즈(Cristina Nunez)는 자기 자신에 대한 부적절감과 낮은 자존감으로 인해 헤로인 중독자와 매춘부로 청소년기를 보내며 방황하는 삶을 보냈다. 하지만 한편으로는 자신의 한계를 탐구하고 자신을 자각하고 싶다는 생각을 줄곧 했던 누네즈는 중독 치료를 받은 후, 바르셀로나로 다시 돌아오면서 이탈리아인 사진사를 만나 사랑에 빠지게 된다. 그것은 어쩌면 그녀에게 사진작가이자 사진상담자의 정체성을 가질 수 있도록 한 큰 계기가 되었을 것이다. 그가 작업하는 것을 관찰하면서 누네즈는 카메라가 '나 자신'을 이해하는 데 활용될 수 있을 것이라고 생각하며 카메라 렌즈를 자신 쪽으로 돌려 첫 번째 셀프 포트레이트를 촬영한다. 1988년, 첫 번째 셀프 포트레이트를 시작으로 자신의 삶을 다시 창조할 수 있는 방법을 찾으며 6년간의 셀프 포트레이트 작업과 심리치료를 통해 세상에 '다시 태어날 수' 있었다고 밝혔다. 이후 자신의 체험이 자신에게도 유용했듯 다른 사람에게 카메라로 셀프 포트레이트 작업을 권유했고, 2004년에 SPEX(Self-Portrait Experience)을 통해 자신의 내면을 탐색하는 데 도움을 주는 작업들을 시작했다. 크리스티나 누네즈는 2020년 영국 더비(Derby) 대학교 예술 대학에서 『예술 실습과 SPEX 방법』으로 박사 학위를 받았고, 현재 스위스 티치노에서 살며 일하고 있다. 그녀가 작업한 사진과 자료는 https://www.cristinanunez.com에서 확인할 수 있다.

2 셀프 포트레이트

셀프 포트레이트(Self-Portrait)라는 용어는 라틴어 protrahere가 어원으로, protrahere는 원래 '끄집어내다(drawforth), 발견하다(discover), 밝히다(reavel)'라는 뜻을 지니고 있으며 이것이 발전해 오늘날의 초상화를 그린다는 뜻의 'portray'가 되었다. '자아'라는 의미의 self와 '그리다'라는 의미의 portray가 합해 이루어진 셀프 포트레이트(self-portrait)는 '자기를 끄집어내다, 밝히다'라는 뜻으로 이해할 수 있다.

로지 마틴과 조 스펜스는 재연사진치료를 통해 잠재웠던 우리의 경험을 드러내는 방식으로 자신에게 내재되어 있거나 타의로 만들어진 또는 정의되어진 자신을 탐색하고 나아가 스스로의 이미지를 재구성 할 수 있다. 같은 맥락에서 크리스티나 누네즈는 카메라 렌즈를 거울삼아 자신을 탐구하는 영역을 구축해왔다.

3 셀프 포트레이트의 심리적 기제

'인간이 자신이 누구인지 인식하는 방식은 무엇인가?'라는 철학적 명제는 오랫동안 철학자와 예술가들에게 많은 영감을 제시해왔다. 특히 프랑스의 정신분석학자이자 철학자인 자크 라캉(Jacques Lacan)은 '거울단계 이론'을 제시했다. 거울단계란 어린 아이가 거울에 비친 자신의 신체 이미지를 매개로 정체성을 형성하고 그것을 중심으로 외적 세계를 구성하는 단계이다. 대략 생후 6~18개월 정도의 아이는 처음에 거울에 비친 자신의 이미지를 외부 대상과 구별하지 못한다. 모든 것이 카오스처럼 하나로 뒤엉켜 있기 때문이다. 그러다 어느 순간 아이는 자신의 이미지를 알아보게 되고 자신의 이미지에 매료되어 그것을 붙잡으려 하며 떠날 줄 모른다. 이 단순해 보이는 거울 이미지는 이후 모든 심리 발달 단계에서 원형으로 작용한다.

침팬지나 다른 고등동물들은 거울을 통해 보여진 이미지가 자신임을 인식하기도 하지만 그 이미지에 계속 집착하지는 않고 이내 흥미를 잃는다고 한다. 하지만 인간 어린 아이는 계속 자신의 이미지에 열광한다. 라캉에 따르면 이는 거울단계에서 처음으로 자신의 가시화된 신체를 지각하면서 존재감을 느끼기 때문이라고 한다. 자아는 어느 순간 나의 이미지를 다른 대상 이미지로부터 분리하고 그것에 고착됨으로써 형성된다. 외부로 가시화된 이미지는 내 것이기도 하지만 실은 주체의 나르시즘이 투사된 타자적 대상일 뿐이다. 따라서 그 모습은 나의 내면을 보여주지 못하는 대상일 뿐이기 때문에 자신과도 소외된 자아일 수 밖에 없다.

누네즈는 자신의 딸 야신(Yassine)이 3세 때 찍은 셀프 포트레이트 작업을 통해서 셀프 포트레이트의 역동성을 연구하고 이해할 영감을 얻었다고 밝힌다.

> 야신은 마치 자신의 아프리카 근원을 표현하듯, 표범 쿠션을 선택하고 옷을 벗어 버렸다. 그날 그녀가 찍은 멋진 시리즈에 나는 놀랐다. 그녀의 시선은 믿을 수 없을 정도로 강렬했고, 의지력과 자부심으로 가득 차 있었다. 그녀가 그녀의 언니나 나처럼 백인도 아니고, 아버지나 아프리카 가족들처럼 흑인도 아닌 차이점을 확인해야 한다는 것을 난 이해했다. 그리고 자신을 표현한 그녀의 결정이 자신은 어머니로부터 단절된 개인이며, 그 나이의 아이들에게서 나올 수 있는 절대적으로 정상적 반응이란 것을 안다. 즉 그 나이의 아이들에게 자연스러운 욕구인 어머니로부터 단절된 개인임을 느끼려는 마음에서 비롯된 것일 수 있다. 그녀의 갈색 피부와 짙은 파란 벽의 대조는 아프리카의 따스함과 유럽의 차가움 간의 큰 차이를 표현하는 듯했다.

누네즈는 어린아이가 거울 속 이미지를 자신이 소유한 것처럼 인식하고, 이미지에 자신을 동일시하는 과정을 카메라 렌즈로 재현해 낼 수 있다고 보았다. 또한 카메라를 마주하고 셔터를 누르는 것이 우리 자아를 정의하는 첫 번째 과정으로 간주했다. 사진을 찍는 행위는 순간에 의해 만들어지며 또한 가장 덜 의식적이고 무의식에 가깝다. 그렇기 때문에 카메라 렌즈를 대하면 독특한 경험과 깊은 비언어적 대화의 기회를 얻을 수 있다.

4 셀프 포트레이트: 그 자체로의 예술

예술과 치료는 긴밀하게 연결되어 있다. 감정은 예술가들의 원재료이다. 아이디어는 감정이나 욕구, 심지어는 내적 고통에서도 생겨난다. 자신을 표현하는 것은 우리의 창조적 자아를 꺼낼 수 있는 중요한 방식일 수 있다. 예술을 창작하려는 결정은 감정을 표현하거나, 정체성을 정의하거나, 일종의 사회적 임무(우리는 세상에 말할 것이 있으며, 반드시 말해야만 한다)를 성취하기 위한 욕구에서 올 수도 있다. 곤란과 내적 고통은 예술가뿐만 아니라 모든 인간에게 창조하고 소통할 필요성을 불러일으킬 수 있다. 누네즈는 이 시대에는 자신의 삶을 위해 무엇을 할 것인지에 대한 책임이 각 개인 자신에게 있다고 말하면서 우리의 삶을 구원하는 영웅의 지위를 스스로에게 부여해야 한다고 보았다. 영웅적인 것은 고통과 어려움 속에서 우리 내면의 짐승과 직면해 싸우는 것이고 누네즈는 셀프 포트레이트 작업을 통해서 보다 안전한 방식으로 우리가 만든 예술작품을 보며 고통과 그 짐승의 진정한 면모를 알 수 있다고 전한다. 고통과 어려움을 통해 우리 내면의 짐승과 직면해 싸우고 있기 때문에 그 자체로 영웅적이지만, 우리의 영웅적 행동을 타인과 소통하며 공유할 때 서사적 이야기가 된다.

5 셀프 포트레이트: 주체이자 관찰자의 역할 부여하기

셀프 포트레이트 작품의 다양한 의미는 다른 측면의 자아 통합에 기여하기도 한다. 극단적 감정을 표현하려는 시도는 우리 내면에 대한 충분한 관심에서 우러나온다. '셀프 포트레이트 경험'에서 우리는 우리 예술의 주체이며, 우리는 가장 취약한 상태로 카메라 앞에 서고, 일어난 내적 대화는 소상히 치료의 내적 과정인 자아인식 · 자기성찰 · 판단 · 사고 · 수용과 유사하다. 누네즈는 앤서니 본드(Anthony Bond, 2005)가 말한 셀프 포트레이트 작가에게 부여되는 세 가지 역할(저자, 주체, 관찰자)에 더 많은 의미를 부여한다. 주체는 이렇게 말한다. '예, 접니다. 전 이대로 괜찮아요.' 저자는 '나는 창작 중이고, 창작자입니다.'라고 말하며, 관찰자는 '나는 나 자신을 보고 있어요. 나는 나 자신을 볼 수 있습니다.'라고 말한다. 이 세 가지 역할 간의 관계 및 역동성은 우리가 '셀프 포트레이트'을 통해 소통할 수 있도록 한다. 이런 깊은 교환을 통해 무의식이 드러날 수 있도록 도와주며, 나의 다른 페르소나들을 경험해보면서 내가 알지 못하는 '다른' 이미지를 바라볼 수 있도록 한다.

디지털 디바이스에 익숙한 현대사회에서 모든 디지털화된 카메라는 어쩌면 그들의 진짜 거울이 된다. 내가 구성한 사진을 SNS 등에 게재하면서 자신의 모습을 드러내지만, 결국 타자에게 인정받기 위해 타자가 욕망하는 것을 욕망하는 모습일 뿐이다. 누네즈는 "우리는 왜 여전히 어려운 순간에 촬영되는 것을 두려워 하는가? 우리는 왜 항상 행복하고 조화롭고 웰빙하다고 소통하려 하는가? 우리는 여전히 우리 인생의 앨범에서 우리 자신을 항상 흠 없고 미소짓고 있는 것으로 상상할 수 있는가?"라고 질문한다.

셀프 포트레이트에서 어려운 감정의 표현은 특히 치료적이다. 분노와 절망은 종종 표면화될 수 없으므로, 우리는 그것을 억누르는 데에 익숙해 있다. 그러나 만약 우리가 최대한 집중해 들으려고 한다면, 이런 극심한 감정들은 우리를 마음속에서(gut level) 움직이게 하고 자신을 충분히 표현하는 것을 도울 수 있다.

6 셀프 포트레이트 실습

셀프 포트레이트는 매우 창의적인 작업과정이다. 내담자가 작업하는 동안 자신의 감정과 육감(gut feeling)에 귀를 기울이면서 내면의 대화를 시도하도록 조력한다.

1. 준비하기

- 주디와이저처럼 암실이 아니어도 가능하나 혼자서 작업하며 방해받지 않을 만큼 조용하고 독립된 공간
- 카메라와 삼각대, 릴리즈
- 내담자는 자신의 작품을 담아갈 USB
- 노트북 또는 데스크탑, 스크린

2. 사전 안내

- 분노, 절망, 공포 중 하나의 감정을 선택하도록 한다.
- 선택한 감정은 총 5컷을 찍도록 한다.

- 다섯 컷 중 처음 한두 컷은 자신이 느끼는 감정을 연기하듯이 표현해본다.
- 세 번재 컷은 선택한 감정을 느낀 대로 표현한다.
- 네 번재 컷은 선택한 감정의 잔여감을 표현한다.
- 마지막 컷은 감정의 잔여물이 남아있는 상태를 신체로 표현한다.

3. 셀프-포트레이트 작업하기

- 내담자는 혼자 독립된 공간에 들어가 원하는 감정을 표현하고 안내받은 대로 사진을 찍는다.
- 5장의 촬영이 끝나면, 내담자는 밖으로 나와서 상담자와 함께 결과물을 함께 확인한다. 이때 사진촬영을 어떻게 했는지 중요하지는 않다.
- 내담자가 자신의 놀라운 점을 알아차릴 수 있도록(perceive) 돕고 최종 결과물을 선택할 수 있도록 조력한다.

4. 통찰을 위한 질문

① 얼마나 많은 의미, 메시지, 감정들이 보이시나요? 그 반대로도 느껴지시나요?

② 반대의 느낌들이 느껴진다면 그것이 당신에게 무엇을 의미하나요?

③ 만약 얼굴이 크게 나온 사진이라면 한쪽 눈을 가려서 보시고 느낌을 말해주세요. 나중에는 얼굴을 그냥 보시고 감각을 느껴보세요.

④ 피사체의 신체, 얼굴 표현이나 자세, 분위기에서 보이지 않는 어떤 요소를 느끼시나요?

⑤ 연속 사진에서 하나의 사진을 선택하세요. 그것이 나머지 사진을 대표하나요? 왜 그렇다고 생각하시나요? 만약 대표사진에서 느껴지는 감정이나 메시지가 다른 사진에서 조금이라도 느껴진다면 대표사진으로 선택한 이유가 결국 무엇인가요? 선택되지 않은 사진에 대해서도 다시 생각해 보세요.

⑥ 대표하는 사진을 선택하고, 또 그 대표하는 사진 중에 단 한 장의 사진을 선택해주세요.

5. 셀프 포트레이트 나누기(미러링)

- 우울할 때는 우울을 빨리 잊거나 다른 감정으로 대체하기보다는 우울을 그대로 느끼는 것이 치료적으로 효과가 있다.
- 삶의 목적은 어려움을 헤쳐나가고 극복하면서 성장하는 것임을 스스로 통찰하면서 전체의 과정을 통해 자신의 삶 속에 존재할 수 있도록 한다.

2014년 한국사진치료학회 동계학술대회: 크리스티나 누네즈(Cristina Nunez) 초청 연수

6

로지마틴 & 조 스펜스: 재연 사진치료

내가 인식되는 것처럼 보이는 순간, 나는 존재한다. 이제 나는 보고, 바라볼 여유가 있다. 이제 나는 창의적으로 보고, 내가 지각한 것을 또한 이해한다.

- 도널드 위니캇(Donald Winnicott) -

1 로지마틴 & 조 스펜스 소개

로지 마틴

조 스펜스

영국의 사진작가이며 여성주의 운동가인 로지 마틴(Rosy Martin)은 1983년부터 조 스펜스(Jo Spence)와 함께 재연 사진치료(re-enactment phototherapy)를 발전시켜왔다. 재연 사진치료는 사진치료 과정에서 남아있지 않은 가족사진(2차 세계대전을 거치면서 필름이 없거나), 그나마 몇 장 남아있는 사진도 부모가 의도한 대로 포즈를 취한 것뿐인 사진들의 한계점에서부터 시작되었다고 할 수 있다.

재연 사진치료는 개인 정체성의 다면적인 측면을 복합적으로 이해하기 위한 자서전적 측면을 드러내는 과정에서부터 출발된 것으로, 연기하는 신체를 포함해 자기 자신의 다양한 측면을 가시적으로 드러내어 객관적으로 세밀하게 검토할 수 있게 하는 방법이다. 재연된 모습(의상, 소품, 화장 등을 통해) 자체뿐만 아니라 제스처, 얼굴 표정 및 움직임, 구체적인 언어적 표현 등이 몸의 언어로 드러나게 된다. 사진으로 촬영되는 재연 과정에서 생성된 이미지와 많고 다양한 사진 재료들이 무의식 세계와 연결됨으로써 강력한 치료적 도구로 활용될 수 있다.

2 재연 사진치료의 목적

로지 마틴과 조 스펜스는 우리의 삶에서 매우 구체적으로 존재하고 있는 시각적인 이미지들을 분석함으로써, 우리에게 재연적인 표상이 매우 부족하고 구조적인 부재(structual absences)가 있다는 것을 알게 되었다, 우리는 항상 개인의 문제를 사회적 틀 안에 넣고 정치적 존재로서 개인을 설명하고 싶어하므로, 재연 사진치료는 잠재웠던 우리의 경험을 드러내는 데 목적을 둔다. 따라서 우리는 우리의 다중 정체성을 탐색할 수 있는 이미지를 창조해 냄으로써 스스로의 이미지를 재구성할 수 있다.

재연 사진치료는 내담자가 영향을 받는 역사–문화적인 대상들을 스스로 알아낼 수 있도록 도움을 준다. 또한 가족적이고 제도적인 다양한 시선의 대상이 되는 것이 어떤 것인지도 알아낼 수 있다. 그리고 학습이나 대중문화에 의해 만들어진 자신에게 내재된 또는 다른 사람들에 의해 만들어지거나 정의되어진 자신의 정체성을 탐색하도록 해 치료적인 장면에서 새로운 자신의 사진이미지를 창조하도록 한다. 그 창조된 이미지에서 의도되었거나 또는 의도하지 않았어도 무의식적으로 드러난 자신을 관찰자로서 바라보는 것은 물론, 그 모든 과정에서 알아차린 감정과 이미지의 의미까지도 알아차릴 수 있도록 하는 것이다.

3 재연 사진치료 과정

재연 사진치료는 볼 수 있는 과정(visible process), 변화(change), 전환(transformation)의 과정이다. 문제라고 생각되는 오래된 과거 속 트라우마의 원인으로 되돌아가 그것을 재연한 후 새로운 엔딩, 새로운 가능성이나 가시적인 존재가 될 수 있는 새로운 방법을 만들어내는 과정으로써 재연 사진치료는 매우 강력한 활동이다. 상담자는 깊고, 어둡고, 어려운 문제를 함께 다루면서 내담자를 지지하고 수용할 수 있게 된다. 기존의 억눌려 있었거나 얼어붙은 다양한 정서가 '지금–여기'에서 재경험 된 후 전환 단계로 이동하는 순간, 내담자 스스로 힘을 갖게 되거나 카타르시스적인 감정의 방출이 일어난다.

재연 사진치료 과정은 소품이나 의상 등을 활용해 자신의 어떤 이미지를 재연하는 과정, 재연으로 완성된 자신을 드러내는 과정, 재연된 자신의 변화와 재연 과정

동안에 느꼈거나 경험했던 자신의 감정이나 느낌을 이야기하는 과정, 그리고 전체 과정이 기록된 사진이나 동영상을 함께 보면서(사진치료 회기) 구체적으로 그 과정 내에서 알아차리게 된 것들을 표현하는 과정까지를 포함한다. 재연 사진치료 과정에서 적절한 의상과 다양한 소품을 찾아내고 준비하는 것은 내담자를 위한 상담 과정 중요한 부분 중 하나이며, 그 과정에서 내담자를 위한다는 의지가 드러나며 그 자체만으로도 내담자에게 많은 감정을 불러일으킬 수 있다.

치유 과정은 재연된 이미지를 사진으로 포착하는 것뿐만 아니라 그런 과정이 일어나도록 만들어주는 어떤 보여지지 않는 것이 더 중요할 수 있다. 재연된 모습을 통해 내담자의 정체성 자체를 그냥 폭로하는 것이 아니라 그 정체성이 무엇으로 어떻게 구성되어 있는지 볼 수 있도록 해주는 작업인 것이다.

4 재연 사진치료의 치유적인 역할

재연이 진행되는 과정 동안의 모든 상황을 사진으로 찍은 다음 이미지의 재연 후에 회기 내에서 사진을 함께 보는 것도 치유적 과정이 된다. 시작부터 재연 이미지가 완성된 때 그리고 역할 연기나 사이코 드라마 과정에서 찍은 수많은 사진들은 사진의 양 자체로서 내담자에게 자신이 충분히 관찰되고 관심의 대상이 되었다는 느낌을 줄 수도 있다. 제작된 사진들은 무의식으로의 연결 통로로서 그 자체에 대한 가능성을 제시하며 치유적 관계 속에서 분리와 통합의 재료로 사용될 수 있다. 이 사진치료 회기에서 재연 과정 동안 찍은 많은 사진들이 내담자 이미지들의 변화 가능성에 대해 말해주는 것은 때로 사진 속 진실의 발견으로 이어져 기존의 정체성의 혼란이나 붕괴를 가져올 수도 있다. 그러나 내담자는 이상적인 자아를 추구하던 것에서 벗어나 보다 자유롭게 되어 자기 자신을 '과정 그 자체' 그리고 '진행형인 존재 그 자체'로서 수용할 수 있게 된다.

재연 사진치료의 전 과정을 통해서 스스로에 대한 구체적인 이미지를 창조할 뿐만 아니라, 재연으로 실제화된 자신의 모습을 통해 기존의 자기 이미지에서 벗어나거나 새로운 자기 이미지를 탄생시킬 수 있다, 즉, 과거의 내 모습, 내 안의 미처 발견하지 못한 나의 모습, 미래의 되고 싶은 나, 이상화된 나를 재연해 볼 수 있다. 이런 재연 사진치료는 사진을 통해서 스토리텔링하는 것보다 훨씬 능동적이고 적극적인 방식으로 사진적인 재연을 실제로 진행함으로써 의도적으로 자기인식을 높이고 자신에 관해 재구성된 이미지를 만들어낼 수 있다. 이 치료 방법은 자기 이미지가 저하된 내담자들이 직접적으로 우리 내면의 다중 정체성을 탐색할 수 있도록 돕는다. 내담자는 어린 시절의 상처 입은 자신의 모습을 재연할 수도 있고, 되고 싶었으나 되지 못했던 근사한 인물로 재탄생할 수도 있다.

집단에서 활용되는 경우에는 새롭게 창조된 자신 또는 내면의 모습이 드러난 자신에 대한 집단원들의 지지와 피드백을 통해, 미처 발견하지 못한 자신을 발견하는 기회를 갖기도 하고, 모호했던 감정이나 이미지를 명확하게 알아차리는 경험을 하게됨으로써 자기확신과 자신감 회복에 도움이 된다. 재연된 모습으로 역할 연기를 하는 심리극이나 빈 의자 기법 등 다른 기법들과 함께 병행해 사용할 수도 있다.

5 재연 사진치료 기법

1. 준비하기

- 초기 상담을 통해 내담자와 라포를 형성하고 심리적 역동을 탐색한다.
- 내담자가 재연하고 싶은 인물과 특성을 정하도록 한다.
- 상담자는 내담자와 함께 재연하고 싶은 인물에 필요한 의복, 소품, 화장품 등과 헤어 스타일을 기획하고 준비한다.
- 필요한 경우 특정한 시대, 장소 등을 재현하는 데 필요한 것을 준비한다.
  - 준비 과정에서부터 내담자가 함께 참여하도록 한다.
  - 상담 기관에 다양한 복장과 소품들이 구비되어 있는 경우에는 바로 연결된 회기로서 진행할 수 있으나, 그렇지 못할 경우에는 내담자와 함께 기획한 인물에 적합한 의복 · 소품 등을 준비해서 다음 회기에 재연 회기를 가질 수 있다.

2. 재연하기

- 내담자와 상담자는 보조자(사진촬영자, 재연 도우미 등)와 함께 인물을 재연한다.
- 사진촬영자는 최초 시작부터 재연이 모두 끝날 때까지 보통 50~100여 장 이

상의 사진을 찍는다

- 상담자는 내담자가 재연하는 동안 관찰자, 지지자, 양육자적 역할을 해야 한다.
- 재연은 단 한 번으로 끝날 수도 있지만 퇴행된 상태, 억압되었거나 변형된 상태 등 다양한 단계별 자기 탐색이 가능하도록 다양하게 재연할 수 있다.
- 모든 재연은 내담자에게 강력한 정서를 일으키므로 각 특정한 재연이 끝날 때마다 내담자가 역할에서 벗어나서 충분히 쉴 수 있도록 해야 한다.

3. 사진 탐색하기

- 재연 과정이 끝난 후 충분한 휴식 후에 사진탐색 회기를 갖는다.
- 먼저 50~100여 장의 사진 중에서 내담자가 다루기를 원하는 사진을 선택하도록 한다. 또는 마음에 들거나 마음에 들지 않는 사진을 선택하도록 할 수도 있다.
- 사진과 함께 재연 과정 중에 느꼈던 경험과 감정 또는 기억들을 탐색한다.
- 이때 몇 장의 사진을 한꺼번에 선택해 연결된 스토리텔링을 통한 탐색도 할 수 있다.
- 상담자가 제안하거나 선택한 사진으로 탐색해볼 수도 있다.

4. 작업하기

- 선택한 사진을 충분히 바라보고 사진의 내용, 자신의 감정과 느낌을 충분히 느끼도록 한 다음 아래와 같은 질문이 도움이 될 수 있다. 상담자는 상황에 따라 필요한 질문을 창조할 수 있지만, 이때에도 내담자 중심의 질문이어야 한다.
  - 이 사진(들)을 보는 지금 마음은 어떤가요?
  - 어떤 사진(들)이 가장 마음에 드나요?
  - 재연하는 과정 중에 가장 많이 떠올랐던 감정이나 생각은 무엇이었나요?
  - 어떤 것을 재연하고 싶었나요? 원하는 대로 재연이 된 것 같나요?
    만약 바꾸고 싶다면 어떻게, 무엇을 바꾸고 싶나요? 왜 바꾸고 싶나요?
  - 이 사진 속의 '재연된 나'는 어떤 마음일까요?

- 이 사진 속의 '재연된 나'가 지금의 '나'에게 어떤 말을 해줄 것 같나요?
  또는 해주었으면 하나요?
- '재연된 나'를 누가 가장 좋아할 것 같고, 또 누가 가장 싫어할 것 같나요?
  그들은 왜 그럴까요?
- '재연된 나'를 누구에게 가장 보여주고 싶나요? 그 이유는 무엇인가요?
- 재연과정을 통해서 알아차린 것이 있다면 무엇인가요?

〈 내담자가 특별한 상황이나 장소 등의 설정을 했다면 〉

- 그 상황이나 장소에서 '재연된 나'는 어떤 느낌을 느끼고 있나요?
- 만약 그 상황이나 장소에 계속 있고 싶다면 왜 그런가요?
  또는 만약 벗어나야 한다면 왜 그런가요? 어떻게 하면 벗어날 수 있을까요?

5. 나누기

- 전체 과정 동안 내담자(또는 집단원)의 느낌과 알아차림을 나눈다.
- 재연과정을 통해 변화된 구체적인 자기 이미지에 대해 언어적으로 표현할 수 있도록 한다.

Jo Spence, the bride
(collaboration with Rosy Martin)
출처: artnet.com

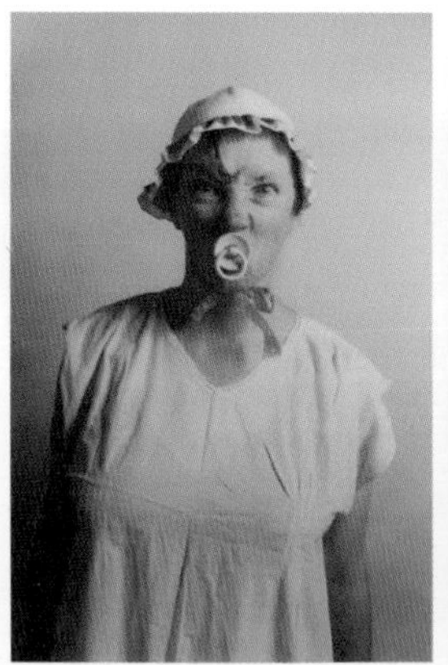

Jo Spence, Infantilization,
1984, Misvehaving Bodies

Rosy Martin, Phototherapy
workshop/ goldsmiths,
university of London

Part IV

사진심리상담 실제기법

1 투사적 사진기법
2 사진으로 자기소개하기
3 상징적 사진
4 자전적 사진으로 자기이해하기
5 사진 자기상자
6 셀카 찍기
7 지각, 인지, 그리고 기억
8 내가 모은 사진, 우주정거장
9 사진을 활용한 가족치료
10 사진 콜라주
11 사진일기
12 대인관계 탐색하기
13 스토리텔링과 사진치료
14 사진명상

1
투사적 사진기법

만약 여러분이 내 사진을 아직도 보관하고 있다면,
나는 여전히 여러분의 마음속 어딘가에 살아있다는 뜻이다.

- 주디 와이저(Judy Weiser) -

1 투사적 사진치료(Projective PhotoTherapy)

한 장의 사진은 우리들 내부로부터 어떤 정서적 반응을 일으키며 우리 자신이나 우리의 독특한 개인적 해석을 투사한다. 그 사진에서 개인적으로 연관된 감정이 일어나고, 그 감정이 어떤 의미를 부여하거나 또는 다른 것과 연결된 특정한 자극이나 매개물이 되기도 한다. 사진치료에서 투사적 과정이 유용한 것은 타인이 자신을 바라보는 것과 자신이 스스로에 대해 느끼는 것이 다르며, 그들이 자신이라고 믿는 것을 타인에게 투사하고 있다는 점을 알아차리고 이해하는 데 적합하기 때문이다.

투사적 사진치료 과정은 다른 심리치료에서 활용되는 다양한 투사 도구인 로르샤흐 검사(Rorshach Test), 주제통각 검사(TAT), 집-나무-사람 검사(HTP)나 인물화 검사(DAP) 등과 유사하다.

2 투사적 사진치료의 목적

투사적 사진치료는 사진이미지를 활용한 자기인식과 셀프 임파워링을 위한 도구가 될 수 있으며, 자신의 삶을 안내하는 무의식 과정을 탐구하고 싶어하는 사람들뿐만 아니라 그들의 반응이 오랫동안 평가절하되었거나 의심받았다고 느끼는 내담자에게도 활용될 수 있다. 투사적 사진치료 기법은 내담자의 무의식적이었던 부분에 초점을 둠으로써 내담자 자신이 누구이며, 외부의 자극과 타인의 말에서 왜, 어떻게, 어떤 의미를 얻게 되었는지를 이해하고 분석할 수 있으며, 자기 자신과 타자를 평가하는 데 사용한 삶의 가치 기준이나 규칙 등을 알아낼 수도 있다.

3 투사적 사진의 치유적인 역할

사람들은 사진을 볼 때 사진에서 드러난 메시지와 암시적인 메시지, 명백하거나 함축적인 의미, 의도 그리고 감정 모두에 반응한다. 한 장의 사진을 여러 사람이 보더라도 각 개인이 찾은 의미는 절대로 일치하지 않는다. 이것은 각 개인이 '그' 사진에서 투사한 개인의 무의식적인 감정과 생각, 기억, 개인적인 가치나 믿음 등이 다르기 때문이다. 사진은 이런 투사적 과정을 통해 개인에게 접근할 수 있기 때문에 치료적 도구가 될 수 있다.

투사적 사진치료는 사진을 보는 사람에 따라 지각과 의미가 달라진다는 것을 이해하는 데서 출발한다. 내담자는 세상을 보는 관점 · 감정 · 관계에서의 다양성을 받아들일 수 있게 된다. 내담자가 자신의 지각을 평가절하하거나 폄하하지 않고 상황을 보는 방법이 하나 이상이라는 것을 깨닫고, 현실과의 비교를 위해 다른 사람이 갖는 또 다른 관점으로도 생각해 볼 수 있게 되는 것이다.

4 투사적 사진의 종류

투사적 사진치료에는 추상적 사진이든 구체적 사진이든 모두 사용할 수 있다. 찍거나 찍힌 사진은 물론이고 잡지나 신문, 달력, 포스터, 문안 카드, 앨범 표지, 광고 전단지 등에서 오려내거나 수집한 어떤 것이든 투사적 사진으로 가능하다. 예술적으로 꼭 훌륭할 필요도 없다. 그러나 내담자가 아닌, 공식적으로 허용되지 않은 특정 인물 사진일 경우에는 초상권 사용에 대한 사전 허락이 필요하다. 때로는 기본 사진 사이즈와 같은 크기의 백지(또는 사진 인화용지)를 사용해 이미지를 채워 넣는 방법을 활용할 수도 있다.

투사적 사진치료 기법을 위한 사진은 사적/개인적이고 집단적/원형적인 상징을 동시에 포함하고 있어야 한다. 즉, 정확하고 구체적인 이미지가 있는 것뿐만 아니라 동시에 연상, 함축, 상징에 의해 그 복잡한 층위를 파악할 수 있는 이미지를 포함해야 한다.

5 투사적 사진치료 기법

투사적 사진치료 기법은 사진에 원래부터 담겨져 있다고 믿는 의미와 정서를 연상해보고 그 구성을 탐색하면서 이미지로부터의 감정적인 내용을 투사(projecting)하고 풀이(de-coding)하며 해체(de-constructing)하는 과정에서 발생하는 모든 능동적이고 수동적인 면을 포함한다.

투사적 사진치료 기법은 사람들이 자신만이 지닌 개인적이고 문화적인 필터들과 직면할 수 있도록 하는 데 적합한 방법이다. 같은 사진을 보는 각 개인들은 사진과 마주할 때마다 다른 의미가 생겨날 수 있으며, 심지어 같은 사진이라도 시간의 흐름에 따라 마주할 때마다 또 다른 의미를 인식할 수 있다. 즉, 사진으로 투사적 자극을 통해 치료적 작업을 한다는 것은, 내담자만의 무의식적인 가치체계를 탐색하고, 어떻게 그들이 자기 주변의 세상을 보고 구성하는지, 어떻게 다른 사람들을 규명하며, 어떻게 그들에게 반응하는지를 짧은 시간 안에 알아차릴 수 있는 방법이다.

6 투사적 사진 접근방법

1. 준비물

- 참여 내담자 수에 따라 50~100여 장의 투사적 사진
- 투사적 사진은 사람, 자연, 건물, 관념, 장소 등 다양한 주제를 담은 것으로 구성되는 것이 좋다.

2. 사진의 선택

- 책상 위나 넓은 바닥에 50~100장의 투사적 사진을 준비해 불규칙적으로 늘어놓은 다음 참여자들이 일정 시간 동안 사진들을 둘러볼 수 있는 시간을 제공한다.
- 제시된 사진 선택 지시문은 상담자가 향후 어떤 투사적 작업을 할 것인지에 따라 독립적으로 활용하거나 연합해서 활용할 수 있으며, 치료적 목적에 따라 다양하고 창의적인 지시문을 만들어서 사용할 수 있다.

- 집단에서는 기본적으로 한 장의 사진을 선택하도록 하며, 개인상담에서는 내담자가 원하는 만큼의 사진을 전부 선택하게 할 수 있다.
- 만약 집단에서 한 개인이 다른 사람이 선택한 사진과 같은 것을 선택했다면, 한 장의 사진이 자신이 아닌 다른 사람에게는 어떻게 다르게 작용하는지 서로의 대답을 비교해보도록 한다. '옳거나' 혹은 '틀린' 것이 아닌, 자신과 다른 사람의 반응의 차이를 살펴보고 왜 각 개인은 그런 차이를 보였는지를 서로 탐색해 볼 수 있다.

3. 사진을 선택할 때 지시문

① 당신에게서 가장 강한 감정을 불러일으키거나 오늘의 기분이나 감정을 가장 잘 표현하는 사진을 고르세요. 특히, 멈추어 서서 지나칠 수 없을 정도로 강렬하거나 도저히 마주할 수 없을 정도로 혐오감을 일으키는 사진들을 고르세요.

② 자신이 가지고 싶거나 다른 사람에게 선물로 주고 싶은 사진을 고르세요.

③ 당신에게 가장 흥미로운(당신을 부르는 것 같거나, 당신을 웃게 만들거나, 당신이 더 잘 알고 싶게 만드는) 사진들이나 집에 돌아가서도 계속 보고 싶게 만드는 사진을 고르세요.

④ 반발감이 일거나 당신을 무섭게 하는 사진이나 절대 말하고 싶지 않은 사진을 고르세요.

⑤ 당신의 비유적 자화상이라고 느껴지는 사진을 고르세요. 인물 사진이 아닐 경우에는 당신을 가장 잘(혹은 가장 잘못) 대표한다고 생각하는 사진을 고르세요.

⑥ 긍정적이든 부정적이든 누군가 다른 사람을 떠올리게 하는 사진을 고르세요.

⑦ 시공을 초월해서 당신이 사진 안에 들어가고 싶다면 당신이 있고 싶은 장소가 담겨진 사진을 고르세요.

⑧ 당신의 배우자, 연인, 어머니, 아버지(또는 다른 의미 있는 사람)가 위의 질문들에 대한 대답으로 고를 것 같은 사진을 고르세요.

⑨ 당신의 배우자, 연인, 어머니, 아버지(또는 다른 의미 있는 사람)들이 위에 제시된 질문의 답으로 당신이 뽑았을 것이라는 사진을 추측했다면 그것이 어떤 사진인지 골라보세요. 당신이 뽑은 사진과 비교해 유사점이나 차이점을 생각해보고 그 이유를 탐색해 보세요.

사진 선택 지시문 활용 tips

상담의 목적에 맞는 지시문을 사용해야 하며, 어떤 지시문을 사용할지 미리 생각해 두어야 한다.

① 내담자의 자아를 발견하고 가치관을 탐색하고자 하는가?

- 가장 '나'를 잘 나타내는 '나'다운 사진 또는 '나'를 의미하는 것 같은 사진을 선택하세요.

② 내담자의 삶을 연대기적으로 재구성하는 데 활용할 목적인가?

- 당신의 과거, 현재, 미래를 대표하는 것 같은 사진을 골라보세요.
- 삶에서 가장 힘들었던 시절과 가장 행복했던 시절을 대표하는 것 같은 사진을 골라보세요.

③ 내담자의 부정적인 정서나 그림자(shadow)를 탐색하고자 하는가?

- 강렬한 느낌을 주는 사진이지만 도저히 마주할 수 없을 정도로 혐오감을 일으키거나 너무 부정적이어서 피하고 싶은 마음이 드는 사진들을 골라보세요.
- 과거의 상처나 슬픔을 떠올리게 만드는 사진을 골라보세요.

④ 대인관계(또는 가족관계)에 대해 탐색하고자 하는가?

- 가장 가깝게 느끼거나 사랑하는 사람(가족)이 생각나는 사진이나, 가장 보기 싫고 생각만 해도 화가 나는 사람(가족)을 나타내는 사진을 골라보세요.

4. 사진 선택 후의 투사적 질문

- 내담자가 선택한 사진(들)을 살펴보도록 한다.
- 투사적 사진치료에서의 질문들은 열린 질문을 활용해야 하며, 질문 그대로 또는 순서대로 질문해서는 안된다. 상담자–내담자 관계 속에서 상담의 맥락을 따라갈 수 있도록 직관적으로 질문하는 것이 좋다.
- 사진의 내용이 사람, 장소, 사물, 또는 추상적인 이미지인 것에 따라 세부적인 질문들이 달라질 수 있어야 한다.

① 각 사진에 대한 당신의 느낌은 어떤가요? 그 사진을 보면서 무엇에 대해 생각하거나 어떤 것(사람)이 떠오르나요?

② 사진에서 가장 두드러지는 부분(전경)과 그렇지 않은 부분(배경)을 살펴보세요.

어떤 사진이고 무엇에 대한 사진인가요? 사진을 보면서 어떻게 해서 그것에 대해 알게 되었나요? 그것에 대해 절대적인 확신을 가지고 있나요? 그렇지 않다면 확신하기 위해서 어떤 세부 사항들을 살펴볼 필요가 있을까요?

③ 사진에서 가장 명백하게 들어오는 것은 무엇인가요? 무심코 볼때는 놓쳤지만, 이제 당신의 눈에 들어오는 것은 어떤 부분인가요? 사진을 돌려보거나 가까이서 보거나, 좀 물러나서 다른 관점에서 보면서 무언가 명백해지는 것이 있나요? 또는 무엇이 빠져있는 것 같나요? 빠져있다면 완성된 사진을 위해서는 무엇이 더 필요할까요?

④ 사진에게(사진의 이름과 정체, 의미에 대해) 당신에게 하고 싶은 말이나 메시지가 있는지 물어보세요. 만약 사진에게 물어본다면 사진은 무엇이라고 대답할까요? 사진은 또 어떻게 느낄 것 같나요? 만약 사진이 당신에게 질문할 수 있다면 어떤 것을 질문할까요? 사진을 보면서 어떤 사람 혹은 무엇을 떠올리게 되나요?

⑤ 이 사진은 누구의 것인가요? 이 사진을 주고 싶은 누군가가 있나요? 이 사진을 주고 싶지 않거나 줄 수 없는 사람이 있나요? 있다면 누구이며, 왜 주고 싶지 않고, 왜 줄 수 없나요?

⑥ 사진에 제목을 붙이거나 이름을 붙여보세요. 사진이 당신과 공유할 비밀이나 감정, 자세, 색상, 움직임, 소리 등을 가지고 있나요?

⑦ 사진의 크기를 각 방향으로 마음속에서 잡아당기고 늘여보는 상상을 해보세요. 원본 이미지에 없던 다른 것이 있나요? 원래 없었던 다른 이미지가 사진의 내용이나 의미, 정서에 어떻게 영향을 미치고 있나요? 사진의 일부를 없애서 조그맣게 만든다면 줄이고 싶은 부분은 어디이며 그 이유는 무엇인가요?

⑧ 사진 속으로 들어가 사진의 일부가 되어 보세요. 당신은 거기에서 무엇을 하고 있나요? 무엇을 보고 무엇을 알고 무엇을 느낄 수 있나요? 사진 안에 들어 있는 당신을 찍는 사람이 누구이며 왜 그 사람은 이 사진을 찍고 있나요? 사진을 찍는 사람은 지금 이 순간 무엇을 보고 있나요?

⑨ 당신이 사진 안으로 시간 여행을 할 수 있다면 어디로 가고 싶은가요? 실제로 그렇게 하면 어떨 것 같나요? 그곳에 머물기를 원하나요? 거기에 있는 것이 좋은가요?

⑩ 사진에서 무언가를 바꿀 수 있다면 무엇을 바꾸고 싶나요? 사진 속 사물이나

사람을 바꾸면 어떻게 되며, 이로 인해 무슨 일이 생길까요?

⑪ 당신이 사진 자체인 것처럼 또는 사진의 특정 부분인 것처럼 가정해 보세요. 사진이 되는 것(혹은 특정 부분이 되는 것)은 어떤 느낌일지 상상해보고 당신이 실제 사진인 것처럼 행동하고 느끼고 말해보세요. 사진 전체와 부분들, 그리고 사진에 나타난 관계 등에 대해 "나는 ~이예요. 나는 ~라고 생각하고, ~을 보고, ~을 느끼고, ~을 상상하고, ~을 기억하고 있어요."처럼 '나'를 주어로 말해 보세요. 만약 그 사진이(혹은 사진의 일부가) 말할 수 있다면(들을 수 있다면, 볼 수 있다면, 느낄 수 있다면) 무엇이라고 할까요? 누구와 함께 있고 싶을까요? 어디에 가고 무엇을 하고 무엇을 꿈꾸고 무엇을 원할까요? 사진 자체나 또는 사진의 일부가 되는 것을 경험해 보고 다양한 것들에 대해 탐색해 보세요.

⑫ 사진을 찍은 사람과 사진 속 주체는 어떤 관계를 맺고 있을까요? 왜 사진 찍은 사람이 이 사진을 이런 방법으로 이런 때에 찍었을까요? 당신이라면 어떻게 찍었을까요? 그 이유는 무엇일까요?

⑬ 당신이 사진에서 찾은 것이 당신의 삶과 일치하는 부분이 있나요? 있다면 어떻게 그런 것 같은가요? 사진을 보고 당신이 누군가 혹은 무엇인가를 떠올린다면 어떤 연계성이나 관련성이 있을까요?

⑭ 당신의 대답에 대해 생각할 때 당신이 알고 있는 것과 그것을 어떻게 알게 되었는지 모든 것에 대해 곰곰이 생각해 보세요. 왜 이 특정 순간에 당신의 마음에 그 대답이 떠오른 것일까요? 사진에 있는 무엇(무슨 시각적 자료나 단서)이 당신이 한 대답의 근거가 되었을까요? 당신이 다른 느낌이나 생각을 갖기 위해서는 사진이 어떻게 변해야 할까요? 다른 때 다른 상황에서 답하게 된다면 당신의 답은 어떻게 달라질까요?

5. 요약 질문

- 시간이 충분하지 않을 때 쓸 수 있는 질문이다.
- 자신의 주의를 끌거나 자신을 강하게 잡아끄는, 혹은 설명할 수는 없지만 '자신의 이름을 부르는' 것 같은 느낌이 드는 한 장의 사진을 고르도록 한다.
- 그 사진을 앞에 두고 전체 사진과 사진의 부분(사람, 장소, 사물 등) 모두에 대해 질문한다.

① 이 사진에 맞는 이야기가 있나요? 그것은 무엇일까요?

② 이 사진이 이름을 갖고 있다면 어떤 이름이고 그 이유는 무엇일까요? 제목을 붙인다면 무엇이고 왜 그것이 제목이라고 생각하나요?

③ 이 사진은 '집(home)'을 가지고 있을까요? 있다면 어디에 있고 그 집은 어떨까요? 왜 그럴까요?

④ 이 사진은 물어볼 질문이 있을까요? 있다면 어떤 질문이고 누구에게, 왜 할까요? 만약 사진이 이런 질문을 한다면 어떤 일이 벌어질까요? 당신에 대한 질문일까요? 그 대답은 어떨까요? 대답을 한다면 어떤 일이 일어날까요? 당신이 사진에게 묻고 싶은 질문이 있나요? 있다면 무엇이고 왜일까요?

⑤ 이 사진은 메시지를 갖고 있나요? 어떤 메시지를, 누구에게, 왜 전달하는 걸까요? 그 메시지는 어떤 영향을 가지고 있고 이해할만한 메시지인가요? 당신이 사진에게 말해주고 싶은 메시지가 있다면 그것은 무엇이고 이유는 또 무엇인가요?

⑥ 이 사진은 표현하고 싶은 욕구나 공유하고 싶은 상처가 있을까요? 있다면 어떤 욕구나 상처이며 누구를 향해, 왜 있을까요? 만약 이 사진이 그렇게 한다면 그 다음에 어떤 일이 일어날까요? 이 사진은 어떻게 느낄까요? 이 사진으로부터 당신은 무엇을 필요로 하나요? 혹은 사진속의 고통을 느끼나요? 만약 그렇다면 어떤 것이고 왜 그런가요?

⑦ 이 사진은 이루고 싶은 소원이 있거나 주고 싶은 선물이 있을까요? 있다면 어떤 소원과 선물일까요? 누구를 위한 것이고 그 이유는 무엇일까요? 만약 그 소원이 이루어지거나 선물이 주어진다면 어떤 일이 일어날까요? 당신은 이 사진을 위해 하고 싶은 것이 있나요? 있다면 무엇이고 왜 그러고 싶은가요?

⑧ 이 사진에 희망이나 꿈이 있을까요? 있다면 무엇이고 그것이 이루어졌을 때 어떤 일이 일어날까요? 사진에게 당신이 말하지 않거나 묻지 않았으면 하는 것이 있나요? 그것은 무엇인가요? 만약 당신이 사진에게 말하거나 묻는다면 어떤 일이 일어날까요?

⑨ 당신이 이 사진에서 발견하고 싶은 어떤 것이 있나요? 혹시 당신은 이 사진이 말하지 않거나 묻지 않았으면 하고 바라는 것이 있나요? 그것은 무엇일까요? 만약 그것을 말한다면 어떤 일이 벌어질까요? 사진이 당신에게서 발견하기를 바라는 것이 있나요? 그것은 무엇이고, 그 이유는 무엇일까요?

6. 내담자의 문제 다루기

투사적 사진치료를 통해 다음 질문에 답을 얻었는지 검토해 본다.

① 오늘 지금-여기에 가지고 온 당신의 문제는 무엇인가요?

② 문제가 왜 문제로 보이나요?

③ 누가 그 문제를 문제라고 했나요?

④ 어떻게 그것이 문제인지 알았나요?

⑤ 당신의 지각적 안경(세상과 사람을 보는 주관적 인식의 틀)을 깨달았나요?

⑥ 그것(지각적 안경)이 '있다'는 것은 인식했나요?

⑦ 있다는 것을 알았다면 그 지각적 안경의 내용은 '무엇'인가요?

⑧ 당신은 그 지각적 안경을 '왜' 쓰게 되었나요?

⑨ 그 지각적 안경은 '어떻게' 유지되고 있으며, 당신의 대인관계에 '어떻게' 영향을 미치고 있나요?

7. 투사적 사진치료 시 유의점

- 한 사진에 대한 한 가지 반응에 너무 큰 중요성을 두지 않도록 한다. 한 사진에 대한 내담자의 반응이나 어떤 사실에 대해 지나치게 선입견을 두거나 일반화하지 않도록 한다.
- 다양한 탐색적 질문으로 내담자에 관한 가설을 세울 재료를 천천히 모은다.
- 내담자들의 대답이나 반응을 평가하는 데 있어서 반응들의 패턴을 보는 것이 좋으며, 일반적인 대답과는 다른 반응이 나타났을 때 주의를 기울여야 한다.
- 사진의 여백이나 배경임에도 불구하고 내담자들이 언급한 것이나, 혹은 전경임에도 불구하고 내담자들이 놓치거나 말하지 않은 것도 중요한 것이다.
- 같은 사진이라도 다음 세션에서는 다른 반응을 할 수도 있다. 이 경우에는 지난번의 사진과 이번 사진을 어떻게 다르게 표현하고 있는지, 지난번 사진을 지금은 어떻게 기억하고 있는지를 탐색해야 한다.
- 내담자가 사진에서 보여지는 특정한 구도나 내담자의 감정에 대해서 이야기하고 싶다고 할 때는 내담자를 따라서 더 깊게 탐색한다. 부가적인 정보를 얻기 위해서는 보다 명확한 설명을 해줄 것도 요청해야 한다.
- 상담자는 내담자와 함께 천천히 사진 속을 여행한다는 느낌으로 사진 자체

의 탐색을 충실하게 해야 한다. 성급하게 내담자의 사적인 기억과 연결시키지 않고 내담자가 세상에 대한 지각 방식을 드러내게 함으로써 저항을 줄일 수 있다.

2
사진으로 자기소개하기

인간은 참다운 의미에서 자신을 책임의 주체로 가정할 경우에만 성장할 수 있다.
완벽을 추구하라고 밀어붙이는 내부 명령으로 규율하는 방법이 바람직하지 못한
억압 요인이라는 점은 의문의 여지가 없을뿐더러 분명히 인간다운 성장에도 해롭다.
실제로 그런 규율 방법에서 벗어나려면 우리 자신을 더 많이 자각하고 이해해야 한다.

- 카렌 호나이(Karen Horney) -

1 사진으로 자기소개하기

사진으로 자기소개하기는 주디 와이저(Judy Weiser)가 자화상을 가지고 작업하기 파트에 소개한 기법으로 내담자가 자신의 사진을 가지고 보다 이면의 어떤 것들을 탐색하도록 유용하게 고안된 기법이다. 내담자가 카메라 렌즈를 통해 자신을 객체화하면서 자신과 면대면 상호작용을 할 수 있도록 하는 작업이다.

객체화란 자신의 모습이 담긴 사진임에도 사람들은 사진이 자신의 물리적 경계 바깥에 존재한다고 여기면서 독립적인 어떤 것으로 인식하는 것이다. 따라서 이런 경우, 보다 솔직한 자기표현을 기대할 수 있다. 내담자가 자기 자신을 관찰하는 것은 많은 경우 직접적이지만, 이전에는 지각하지 못했던, 자신이 다른 사람에게 어떻게 보이기를 바라는가에 대한 단서뿐 아니라 자기표현을 위해 자신을 어떻게 구성하는가에 대한 단서도 제공해준다.

2 사진 자기소개의 목적

"우리는 우리 자신을 어떻게 보는가?"

이것은 자기상, 자기개념과 연결된 질문으로 우리가 자신을 '어떻게 정의내리는가'에 관한 질문이다. 우리가 자신의 정체성을 어떻게 표상화할 것인가 하는 문제는

우리가 타인에게 어떻게 보이기를 희망하는가 하는 문제와 동일하다. 우리의 인지적 필터, 가치관, 기대 등이 다른 사람을 객관적으로 볼 수 없게 만드는 것과 마찬가지로 우리 자신을 객관적으로 관찰하는 것을 방해하기 때문이다. 사진에서 보이는 표면적 내용은 단지 시작점일 수 있다. 내담자는 사진을 통해 개인적인 언어로 자신을 상징화하는 수단을 제공하고 외부의 장소에서 타인이 자신을 바라볼 수 있는 수단을 제공한다.

3 사진 자기소개의 치유적인 역할

심리상담이 아니더라도 대부분의 사람들은 자신에 대해 보다 잘 알기를 원한다. 여기에는 개인으로서의 자신과 타인과의 관계 속에서 드러나는 자신이 누구인지 그 분리를 명확히 하는 것을 포함한다. 치료에서도 자기의 확인(self-validation)은 개인의 성장과 심리적 건강의 필수 요소로 간주된다. 이것의 구체적 의미는 자기인 것과 자기가 아닌 것의 확인과 타당화, 자신이 지니고 있는 것의 확인과 타당화, 자신의 소망을 확인하는 것, 그리고 자신과 타인의 경험을 변별하는 것이다(김창대, 2009).

사람들은 자신이 누군지 더 잘 알게 되면 보다 자기주장적이고 스스로 의사결정을 하는 것에 자신감을 갖게 되며, 타인의 기대에 감정적인 반응을 덜 하게 된다. 또한, 자신의 이미지가 강화된다면 자신이 자신을 바라보는 방식과 타인이 자신을 바라보는 방식 간의 불일치가 감소할 것이다.

자화상을 가지고 작업하는 것은 내담자로 하여금 자신의 이미지를 만들고, 보고, 받아들이며 자신을 긍정적으로 바라볼 수 있도록 돕는다. 이 기법의 장점은 다음과 같다.

① 간접적인 방식으로 자기지향적 질문(self-oriented questions)

스냅 사진은 그 사람의 대역(stand-in) 또는 그것을 통해 내담자가 이야기하는 가면과도 같이 사용될 수 있다. 또한 내담자로 하여금 공격 당한다는 느낌 없이 자신에 대한 외부적 관점을 가질 수 있도록 하는 하나의 모델이 될 수 있다.

② 안전한 초점(safe focus)과 주의전향 장치(attention deflector)

사람들은 자신에 대해 직접적으로 이야기하는 것보다 자신의 사진에 대해 어떻게 느끼는지에 대해 이야기하거나 심지어 사진 속 '그 사람'이 어떻게 느끼는지에 대해 이야기하는 것을 더 편안하게 느낀다. 특히 주제가 스트레스를 많이 야기하는 경우 안전한 초점(safe focus), 주의전향 장치(attention deflector)로 사진이 사용될 수도 있다.

③ 중간대상(transitional object)으로서의 역할

중간대상이란 도널드 위니캇(D. W. Winnicott)이 제시한 개념이며, 유아의 내적현실과 외적세계 양쪽의 갈등을 중재하는 것으로 일종의 안식처이다. 아이는 최초 환상 속에서 살게 되는데, 이러한 '전능적 환상'에서 '객관적 현실'을 인식할 수 있는 단계로 나아간다. 이 과정에서 아이는 대상(object)을 "나-아닌" 것으로 인식할 수 있는 능력이 생기면서 중간대상은 최초의 '나 아닌 외부에 있는 소유물'이 된다.

자화상기법은 내담자의 내적 현실을 객관화하는 과정에서 일종의 중간대상의 역할을 한다. 내담자가 3인칭 관점에서 1인칭 관점으로 옮겨가는 과정에서 직접적으로 자신의 감정이나 이미지를 수용하기 주저하는 경우에 보다 안전한 환경을 제공하게 되는 것이다.

일반적 질문과 함께 이런 절차를 시작해 내담자가 좀 더 가까이 다가가는 작업을 허용하면서 내담자의 좀 더 친밀한 경계(intimate boundaries) 안으로 천천히 들어가기 용이하다. 이런 접근은 내담자가 직접적으로는 이야기할 수 없는, 스스로에 대해 무엇인가를 이야기하는 위험을 감수할 수 있도록 하기 위해 내담자 자신과 그 이미지를 분리시키도록 해준다.

4 사진으로 자기소개하기

1. 준비물

사진으로 자기소개하기는 여러 준비물이 필요하다. 진행과정에 도움이 되도록 사전에 준비한다. 가능한 범위에서 준비물을 선택하며 참여하는 인원수에 따라 적절한 수와 양을 고려한다.

① 내담자가 가져온 자화상 사진

- 상징적이고 은유적인 사진이 아니라 실제 모습이 들어가 있는 사진

② 보조적인 재료

- 4절지(다양한 색지 사용), 칼, 가위, 풀, 필기 및 그리기 재료

2. 자화상 만들기 실습

- 내담자가 선택한 사진을 종이 표면 어디든 자신이 놓고 싶은 자리에 위치시키도록 한다.
- 내담자가 선택한 사진 자체로만 사용할 수도 있고, 보다 복잡한 표현을 위해 다른 미술 재료 등과 함께 사용할 수 있다.
- 내담자가 개인적으로 가져올 수 있는 사진이 가장 바람직하다. 그러나 사진이 없다면 현장에서 폴라로이드로 즉석에서 찍은 스냅사진도 가능하다.
- 충분한 시간을 주고 질문에 답을 달면서 자신만의 방식으로 창의적인 작업을 할 수 있도록 한다.
- 진행자는 내담자가 작업 과정에 충분히 몰입할 수 있도록 돕는다.
- 작업 전체 동안 조건적인 판단(conditional judgement)은 허용되지 않는다.
- 작업 진행에 도움이 필요할 경우 상담자는 적절한 반응을 보여준다.

3. 실시 주의사항

상담자는 내담자가 이런 작업을 할 준비가 되어 있는지 주의 깊게 평정해야 한다. 내담자가 자신의 참 모습과 직면하게 되는 일은 가장 강렬하고 원초적이고 위험한 치료적 만남 가운데 일어나기 때문인데, 자기 이미지가 너무 취약하거나, 자존감이 너무 낮은 내담자는 아주 조심스럽게 다루어야 한다.

4. 실습 질문

자화상 작업 시 다음 질문의 답을 글로 쓰도록 한다.

① 사진에서 마음에 드는 것은 무엇인가? (세 가지를 쓰시오.)

② 이 사진에 대해 가장 확실한 것은 무엇인가?

③ 이 사진에서는 보이지 않는 당신에 대한 세 가지는 무엇인가?

④ 이 사진에 제목을 붙인다면?

⑤ 사진이 말을 할 수 있다면 무슨 말을 할 것 같은가?

⑥ 사진이 주는 느낌 세 가지 또는 사진이 주고 싶어하는 느낌 세 가지

⑦ 이 사진에서 빠져있는 것은 무엇인가?

⑧ 당신은 이 사진을 누구에게 줄 것인가?

⑨ 절대로 사진을 주지 않을 사람은 누구인가?

5. 상담자를 위한 메모

기본적으로 위의 질문들은 내담자가 자신의 사진을 가지고 보다 이면의 어떤 것들을 탐색하도록 유용하게 고안된 것이지만, 자화상 탐색 작업에서는 이상의 질문들이 고정적이고 확정적인 것은 아니다. 모두 다 시행할 필요도 없고 한 회기에 몰아서 할 필요도 없다. 이것은 상담자의 민감성 및 전문성과 관련된 부분으로 내담자의 이슈에 따라 질문이 변경될 수 있다.

질문하고 자신의 답변을 확인하는 작업 모두에서 '현재'와 '잠재적 미래' 모두를 담고 있는 사진 속의 은유에 대해 풍부하게 검토하고 논의하는 과정이 필요하다. 변화와 차이에 대해 논의하는 것은 상당히 어려울 수 있다. 게다가 그것들을 쉽게 언어화하기도 힘들다. 어쩌면 괜찮은 미래가 보이더라도 많은 경우 내담자는 그것들이 성취될 수 없는 조건이라고 인식하기도 한다. 하지만 그 조건을 성취될 수 있다고 인식하는 순간, 그동안 했던 무의식적인 저항들이 자신의 능력을 통해 어떻게 변화되어가는지 시간 속에서 깨닫기 시작한다.

6. 치료적 탐색을 위한 내담자 답변 나누기

① 사진에서 마음에 드는 것은 무엇인가? (세 가지를 쓰시오.)

- 긍정적인 답변을 하는지가 포인트일 수 있다. 심리치료 장면에서 대부분 사람들은 자신에 대해 좋게 말하는 것보다는 마음에 들지 않는 부정적인 부분에 관해 이야기하는 것에 더 익숙하다. 일반적인 장면에서도 여러 가지 이유로(어쩌면 학습의 효과일 수도 있겠지만) 겸양의 태도를 보이며 마음에 드는 것에 대해 언급하는 것을 선호하지 않는 경향이 있다. 많은 사람이 이 질문에 긍정적으로 답변하기를 어려워 한다. 이런 경우 사진은 보다 유용하게 사용될 수 있다. 사람들은 사진이 자신의 물리적 경계 바깥에 존재한다고 느끼기 때문에 보통 자신의 '사진'에 대해 긍정적인 대답을 하는 것이 더 쉽다고 생각한다.

② 이 사진에 대해 가장 확실한 것은 무엇인가?

- '사진이 무엇의 사진으로 보이는가?'와 '내담자가 사진을 무엇에 대한 것이라고 생각하는가?'는 일반적으로 별개의 문제이다. 사진의 내용과는 관계없이 당사자가 사진에 어떤 심리적 의미를 부여하는지 탐색할 수 있다.

③ 이 사진에서는 보이지 않는 당신에 대한 세 가지는 무엇인가?

- '이 사진만 봐서는 다른 사람이 당신에 대해 알 수 없는 세 가지'를 질문하면서 내담자가 자신을 소개하기 위해 주로 사용하는 자아 정체성에 관한 상투적인 말들 이외의 것들을 탐색할 수 있다.
- 내담자는 타인과의 관계 속에서 그저 자신을 설명해주는 식의 일상적인 역할에서 벗어나, 진정한 자기 자신이 어떤 사람인지 알 수 있도록 보다 사적이고 중요한 세부정보를 알려준다.
- 또한 과거에 비밀로 유지되었던 정보, 강력한 특권적 정보여서 때로는 통제되고 때로는 보호되어 왔던 정보들을 촉발시키기도 한다. 보통 내담자는 수차례에 걸쳐 한두 가지의 일상적인 대답을 한 후에 비로소 치료적으로 의미있는 대답을 하게 된다. 따라서 내담자의 대답 표면을 뚫고 들어갈 수 있도록 상담자는 조망하는 자세로 민감하게 탐색해야 한다.

④ 이 사진에 제목을 붙인다면?

- 사진에 어떻게 제목을 붙일 것인가 생각하면서 내담자는 인지적으로 사진을 요약하고 틀을 잡을 수 있게 된다.

⑤ 사진이 말을 할 수 있다면 무슨 말을 할 것 같은가?

- 이런 질문을 통해 내담자에게 자유롭게 생각할 수 있는 상상의 나래를 달아 줄 수 있다. 보통은 우연적이고 개인적이지 않거나 문제의 본질을 비껴가는 답들을 하기도 하고 의미심장한 답을 하기도 한다. 이런 경우에는 다른 답변과 연결시키기도 하고 추가 질문을 통해서 보다 깊은 의미를 탐색할 수 있도록 한다.

⑥ 사진이 주는 느낌 세 가지 또는 사진이 주고 싶어하는 느낌 세 가지

- '사진이 주는 느낌 세 가지' 또는 '사진이 주고 싶어하는 느낌 세 가지'를 말해보라고 질문하면서 이 질문을 보강하기 위해 "이 사진은 세상을 향한 당신의 포즈와 얼마나 잘 어울리나요? 이것은 진정한 당신인가요? 그렇다면 어떻게 그렇다고 말할 수 있나요? 그렇지 않다면 어째서 그렇지 않다는 건가요?"와 같은 질문을 사용하기도 한다. 이런 질문들은 상대적으로 구체적이기 때문에 보다 라포 형성이 잘 이루어지고 자기 탐색이 어느 정도 되어 있는 치료과정 후반에 잘 나타난다.

⑦ 이 사진에서 빠져있는 것은 무엇인가?

- 이 질문에 대한 답변은 내담자의 더 깊은 면을 탐색할 수 있는 좋은 매개가 될 수 있다. 상담자는 내담자에 대해 이미 탐색한 정보와 다른 질문에 대한 대답, 자화상 작업을 하면서 사용된 원형적 상징 등을 연결해 보다 더 많은 것을 알 수 있게 된다.
- '더 필요한 것이 없이 좋다.'라는 답변에서 자아존중감의 신호 또는 자기비하가 멈췄다는 신호를 발견할 수도 있는데 이런 결론은 일반적으로 치료회기 후반부에 나타난다.

⑧ 당신은 이 사진을 누구에게 줄 것인가?

- "이 사진을 누구에게 줄 건가요?", "만약 이 사진을 누군가에게 준다면 그 사람은 (　)일까요?", "갖기를 원한다면 이 사진을 가질 수 있는 사람은 (　)일까요?" 등의 질문은 여러 가지로 유용하게 사용할 수 있다.
- 내담자가 자기 사진을 가질 수 있다고 말하는 사람은 그들이 신뢰하거나 어떤 모습으로도 편안하게 다가갈 수 있는 사람이다. 그 사람들에게는 자신의 사진이 혹평되거나 거절되지 않을 것임을 알기 때문이다.
- 위기 상황에서 내담자가 의지할 수 있는 사람들은 정서적으로 안전하다고 느끼기 때문에 내담자가 굳이 수용받기 위한 행동을 일부러 할 필요가 없는 사람들이다. 이런 사람들의 목록을 통해서 내담자가 위기상황에서 어떤 사람들이 위기대처 지원망을 구성하게 되는지 확인할 수 있고 상담에서 활용할 수도 있다.

⑨ 절대로 사진을 주지 않을 사람은 누구인가?

- 이 과정은 매우 강렬한 정서적인 과정을 촉발할 수 있다. 사람은 일반적으로 자기보다 우월한 힘을 가진 자에게 자기 자신을 내보이는 위험을 무릅쓰지 않는다. '누가 사진을 가질 수 있는가?'와 '누가 절대로 사진을 가질 수 없는가?'라는 질문에 대한 대답은 많은 경우 동시에 나온다.
- 내담자의 대답 속에 들어있는 정서적 정보를 탐색함으로써 내담자의 미완성된 과업이 무엇인지, 그리고 내담자가 어떤 사람을 자신보다 우월한 힘을 가진 존재로 인식하는지에 대한 통찰을 얻을 수 있다. 그들은 실제로 내담자보다 우월한 힘을 가진 존재가 아니라 내담자 자신이 힘의 불균형이 존재한다고 믿기 때문에 그것이 존재한다고 여긴다. 내담자는 그 사람에 대

한 영향력을 포기하고, 자기 자신에게 힘의 불균형에 대한 책임을 전가한다. 그런 통제의 포기는 무의식적으로도 일어나지만 자발적이기도 하다.

- 여기에 등장한 인물을 용서해야 하고 수용해야 한다는 것이 아니다. 오히려 그 상황이 정말 현실이었으므로 그 안에 남아있는 감정을 타당화하고, 앙금을 해소할 수 있게 다루는 것이 유용할 수 있다. 정화 작업 이후에 비로소 그 상황을 바라볼 수 있고 객관적으로 볼 수 있는 힘을 가지게 된다.
- 어느 정도 시간이 필요하지만 선택과 그에 따른 결과가 자기 자신의 통제력 안에 있다는 것을 인식하고 나면, 그들은 자신의 인생에 대해 책임감을 느끼기 시작하고 이전의 무능하고 미분화된 위치에서 자기 자신을 분화하기 시작한다.

5 사진 자기소개 활동 리스트

- **Warm-up**
  - 활동 안내 및 인사 나누기
  - 자화상 사진 나누기
  - 준비물 제공/시간 설정하기/공간 설정하기
- **Main Activity**
  - 자화상 사진에 대한 질문에 답을 달기
  - 각각의 질문에 대한 후속 질문하기
- **Wrap-up**
  - 피드백 나누기
  - 뒷마무리 하기
- **Reflection**
  - 진행자의 경험 및 진행내용 정리

3
상징적 사진(Symbolic Photo)

상징은 인간 정신의 무의식의 산물이다.

- 카를 융(Carl Gustav Jung) -

1 상징적인 사진

상징적인 사진이란 사진의 상징성을 치유적 목적으로 활용하는 사진이다.

2 목적

상징적 사진의 목적은 내면에 잠재되어 있는 경험적인 인식을 사진을 통해 표현해 의식화하게 하고, 이 과정을 통해 자아를 자각하고 탐색하는 데 있다. 사진의 상징성은 내담자의 무의식의 내면 탐색을 촉진하고 표현하는 데 그 의의가 있다.

3 상징의 의미

상징(象徵, symbol 또는 표상(表象))의 의미는 어떤 관념이나 사상을 구체적인 사물이나 심상(心像)을 통해 나타내는 것을 말한다. 상징은 연상, 닮음, 관례에 의해 다른 것을 표현하는 개체, 그림, 쓰인 말, 소리, 마크와 같은 것이다. 간단하게 정의하면, 상징은 어떤 것을 대표하거나 나타내거나 가리키는 것이다. 정신분석학자 데이빗 베러즈(David Beres)는 '무언가를 대신하고 모든 점에서 원래 대상과 동일한 것으로 경험되는 것은 상징이 아니라고 본다. 상징은 무엇을 대신하는 것이 아니라, 무엇을 나타내는 것으로 즉각적인 외부의 자극 없이 유발될 수 있는 표상적 대상'이라고 한다(Judith R., 1987).

상징은 모호하며 뭔가 감추어진 것을 내포하고 있어 사실 알기 어렵다. 우리가 명확하게 이해하고 받아들여지는 의미 외에 어떤 특정한 함의가 있다면 이것을 상징이라고 부른다. 상징은 정확하게 정의되거나 설명할 수 없는 무의식적인 측면을 가지고 있다. 무의식의 상징으로 대표적인 것이 바로 꿈이고 언어(문자)이다. 꿈은 이미지이며 그 이미지에는 수많은 상징들이 포함되어 있다. 모든 언어 역시 상징으로 구성되어 있다. 예로, 사랑이라는 단어는 실제 사랑이 아니다. 단지 사랑이라는 관념을 상징적인 문자로 표현한 것뿐이다.

상징적 표현이란 보이지 않는 추상적인 내용인 '인간의 내면의 체험이나 감정, 또는 사상'을 구체적인 대상으로 나타낸 것이다. 상징적인 표현은 원관념을 숨기고 보조관념으로만 나타낸다. 예를 들면, '평화의 상징 비둘기'의 원관념은 추상적인 내용으로서 '평화'이며 보조관념은 상징으로서 '비둘기'이다.

4 상징의 종류

상징의 종류는 관습적, 개인적, 그리고 원형적으로 나눌 수 있다. 관습적인 상징은 오랜 시간 문화적으로 사용되면서 그 의미가 관습적으로 굳어진 것이다. 동양에서는 용과 봉황을 쉽게 왕의 상징으로 여기는 것이 그런 예다. 반면에 개인적인 상징은 개개인이 창조적으로 만들어내는 상징으로 한 사람의 삶에서 형성되어서 개별적이며 주관적이다. 많은 예술가들은 그들의 작품에 자신만의 상징을 가지고 있으며 관습적이고 상식적인 것에서 벗어나 자신만의 상징적인 의미를 만들고 있다. 시인 윤동주의 시(詩) 「서시」에서 '별'은 희망이자 이상적인 삶을 상징하는 것처럼 말이다. 마지막으로 원형적 상징은 전 인류에 보편적이고 유사한 정서나 의미를 자연스럽게 연상시킨다. 이 상징은 역사, 종교, 또는 예술과 문화에서 반복적으로 되풀이되어 나타난다. 예를 들면, 물은 생명력이며 근원을 의미하면서도 정화를 상징하는 것이고, 집은 자아를 나타내고 자아상을 의미한다거나, 종교적인 차원에서 원은 화합과 영원을 상징하는 것들이다. 융은 이런 상징적인 이미지들을 아키타입{archetypes(집단무의식)} 이라고 부르며, 우리의 의식 속에 존재하는 보편적인 사고 패턴이라고 말한다. 그래서 의식적으로 여러 상징의 의미를 우리가 모른다고 해도, 본능적으로 상징적인 이미지에 우리는 무의식적으로 반응한다.

5 예술에서의 상징과 상징주의

고대로부터 예술작품에 나타난 상징은 매우 다양하고 풍부하게 사용되었다. 상징은 이미지이며 무의식의 중요한 부분이다. 예술작품에서 상징적인 이미지는 역사적으로 인간의 본능과 의식을 연결하는 다리의 역할을 하고 있다. 마야인들은 재규어를 힘과 용기와 예지의 상징으로 표현했고 이집트인들은 풍뎅이를 통해 변형과 부활을 상징했다. 동양인들은 물고기를 다산의 상징으로 여겼다. 중세 미술에서 상징은 더욱 종교적인 영성의 의미를 전달하려고 했다. 일반적으로 상징들은 종교와 신화, 그리고 자연에서 나온 것들이다. 르네상스 시대에 보티첼리(Sandro Botticelli)의 「비너스의 탄생」은 인간의 가치관을 신화적인 인물로 상징하고 있다.

사실주의 화가 쿠르베(Gustave Courbet)는 회화는 본질적으로 구체적인 예술이며 실재하는 사물의 재현에 의해서만 구성되고 추상적 대상은 회화의 영역에 속하지 않는다고 주장했다. 그러나 쿠르베의 이런 개념은 상징주의와 대치되었다. 19세기 후반에 사실주의에 대항하는 상징주의 예술 운동이 일어났다. 상징주의는 현실적인 주제보다 신화적이고 신비한 주제를 도입해 상상의 세계를 그리며, 해설이나 설명 없이 감정에 직접 영향을 미치는 미술에 대한 추구이자 어떤 감정이나 사고에 상응하는 조형세계를 표현한다. 상징주의는 인간의 내면을 강조하고 비합리성을 추구함으로써 일상적인 이미지의 왜곡과 비사실적인 우화 세계 및 주제를 보여주었다. 평론가 오리에(Albert Aurier)는 예술작품은 사상이 있어야 하며 사상을 형식으로 표현하는 것이 상징적이어야 한다고 주장했다. 즉 예술은 주관으로 인지하는 표상이므로 주관적이어야 한다고 말한다. 현대미술의 다다이즘, 입체파, 초현실주의는 이런 상징을 받아들였다. 살바도르 달리(Salvador Dali)는 작품 「녹는 시계」에서 새로운 상징을 창조했고 파블로 피카소(Pablo Picasso)는 상징을 사용해 입체파 그림의 주제를 강조했다.

상징주의 예술가들의 목적은 인간 내면의 감정, 욕망, 감각과 꿈과 신화의 시각적인 표현이다. 사실주의와 물질주의의 문명을 비판하고 꿈과 상상, 사유의 세계를 선호한다. 많은 상징주의 화가들은 신화나 원형 내면의 세계를 신비로운 분위기로 표현하려 한다. 상징주의 화가 모로(Gustave Moreau)는 "나는 만지는 것이나 눈으로 보는 것을 믿지 않는다. 내가 믿는 것은 오직, 내가 느끼는 것뿐이다."라고 하면서 신화와 종교적 주제를 즐겨 그렸다. 상징주의에서의 예술은 더 이상 현실을 재생산하거나 재현하는 것이 아니라 이미지나 상징을 통해 내면의 감정과 생각을 표현하는 데 있다.

6 사진의 상징성

사진은 상징적이다. 사진의 이미지에 상징적 의미가 더해질 때 시각적 소통은 강력해진다. 사진에서 보여질 수 있는 상징은 피사체, 색상, 빛의 묘사, 감정의 표현 등의 질적인 요소를 포함한다. 사진에 찍힌 피사체에는 그것들의 각각의 상징을 의미하고 있다. 일반적으로 눈은 지혜를, 과일 바구니는 풍요를, 불타는 양초는 충성이며 꺼진 초는 소멸을 상징한다. 꽃은 영혼의 섭리를, 나무와 식물은 환생(윤회)를 상징한다. 어떤 사진에서도 피사체가 우리에게 주는 상징적인 메시지를 읽을 수 있을 것이다.

모든 색상은 감정을 암시하는 상징의 한 형태로, 색의 상징을 단정적으로 해석할 수는 없다. 붉은 색은 서양 문화에서는 흥분, 에너지, 열정, 행동, 사랑, 위험을 상징하지만 동양 문화에서는 행운, 즐거움, 번영, 축하, 행복 및 장수를 상징한다. 『기호와 상징, 그 기원과 의미를 찾아서』의 저자 영국의 부르스 미트포드(Bruce-Mitford)는 "색은 우리 주변 어디에서든 둘러싸여 있으며 강한 감정으로 가득 차 있다. 색들의 의미는 대체로 문화적으로 엮여있다."고 말한다. 사진에서 빛과 그림자는 상징적이다. 강한 콘트라스트를 가지고 있는 이미지는 선과 악, 낮과 밤, 음과 양의 이원성을 의미할 수 있다. 물론 모든 이미지들이 상징적인 것은 아니지만, 우리는 특별히 요구되거나 갖춰야 하는 해석이 없이도 어느 정도 상징적인 이미지들을 감상할 수 있다.

여기에 시대적이고 지역적이며 문화적인 상징들을 이해한다면 사진에서의 감상이나 표현의 상징적인 의미는 더욱 커질 것이다. 사진은 문화적인 상징을 표현하는 데 강력하다. 롤랑 바르트가 말한 '스투디움(studium)'이란 개념은 사진의 상징을 암시한다. 스투디움은 누구나 공감하는 객관적인 의미 속에서 이해되는 문화적 코드를 말한다. 스투디움을 알아채는 관람자는 사진작가가 의도하는 내용, 즉 상징적인 것을 그대로 바라볼 수 있게 된다.

Robert Frank(1955), Americans 1, Parade – Hoboken, New Jersey

현대의 대표적인 사진가인 로버트 프랭크(Robert Frank)는 「The Americans」 작품으로 널리 알려져 있다. 1955년 미국을 여행하면서 촬영한 그의 사진들은 미국의 고속도로, 자동차, 퍼레이드, 주크박스를 통해 상징적인 미국의 실상을 보여주고 있다. 그 시대의 소외와 고난에 대한 의미를 사진의 상징성으로 잘 묘사하고 있다. 두 개의 창문과 벽을 배경으로 흔들리는 미국 국기, 그늘진 여인의 얼굴, 국기에 얼굴이 가려진 또 다른 한 사람이 있다. 이 사진에는 미국의 상황에 대한 복합적인 상징들이 혼재되어 있다. 나라의 상징인 국기 뒤에 서 있는 그늘진 얼굴은 뒤에 숨어 있는 미국인에 대한 작가의 상징적인 표현이다. 우리가 이 이미지를 어떻게 해석하든 간에, 문화적 상징이 실제로 강력하다는 것은 부인할 수 없을 것이다.

7 심리치료에서의 상징

베레즈는 상징이 자아기능의 성장과 함께 발달한다고 말한다. 왜냐하면 상징을 형성하기 위해서 자아의 기능인 지각, 기억, 학습, 개념화, 실재, 조직화 기능이 발달되어야 하기 때문이다. 상징의 기능은 처음에는 통합적이고 구체적이지만 점차 추상적이고 개념적인 수준으로 발달한다. 그러나 발달적으로 상징 과정에서 병리가 나타나면, 아동의 발달지체나 정신분열, 기질적인 뇌질환이 나타난다. 자아 발달이 지체되면 실재와 표상적인 대상을 변별하지 못한다. 상징능력의 손상으로 인해 언어와 사고 과정, 그리고 대상관계의 발달도 어려워진다. 미술치료에서 시각적인 이미지를 만드는 것은 상징화 능력을 촉진시키고 현실 검증 능력을 높인다고 보고되고 있다. 상징 능력의 손상을 가지고 있는 아동이나 성인에게 시각적인 예술작품을 만들어서, 대상의 기능을 대리물에서 상징 기능으로 바꾸게 하는 상징화 능력을 다시 습득하도록 도와 현실감각을 높이게 하는 과정은 바로 치유적인 과정이다(Judith R., 1987).

융(1996)은 꿈의 이미지가 상징적이라고 말한다. 왜냐하면 꿈은 말하고자 하는 바를 직접 표현하지 않으며 이해할 수 없는 은유적인 방식으로 간접 표현하기 때문이다. 이렇게 쉽게 이해되지 않는 현상이 꿈에서는 빈번하게 일어난다. 이에 대해 융은 현대인들이 감정이 담긴 회화적인 언어를 제대로 이해하지 못하기 때문이라고 한다. 현대인들은 일상과 언어, 그리고 사고에서 공상적인 것을 버리고 사실을 강조하며 정확히 표현하도록 배운다. 따라서 현대인들은 어떤 사물이나 관념이 지닌 공상 · 심리적 영역을 모두 무의식 영역으로 넣어버렸다. 그 결과 원시적 심성의 특질을 이루는 요소를 상실했다. 그러나 이런 심리적 특성을 아직도 가지고 있는 원시인들은 우리가 이해하고 받아들일 수 없는 영성을 동식물이나 돌과 바위에 부여하며 그들의 세계에서는 다채로운 색채와 풍부한 환상적 속성을 '무의식적인 연상의 후광'으로 표현한다. 현대인들은 신비적인 것을 잃은 지 오래되어 잘 알아보지 못하고, 가끔씩 의식으로 떠오르더라도 오히려 '문제'가 있어서 떠오르는 것으로 인식하는 경향이 있다.

무의식의 메시지는 현대인의 균형 있는 의식을 위해 우리가 생각하는 것 이상으로 중요하다. 수많은 외부의 영향을 받으면서 살고 있는 현대인들의 삶은 바로 그 삶의 양식에 의해 자극받고 마음이 흐트러지고 갖은 유혹을 받으면서 부적합한 판단을 내리기도 한다. 특히 이런 경향은 내면보다는 외적인 대상에 집착하는 사람들에게, 그리고 내면의 인격을 의심하고 열등감에 사로잡힌 사람에게 더욱 많이 나타난다. 자극적인 외부 요인들로 인해 현대인들은 자신의 본성대로 살 수 없다. 정신적 안정감을 갖기 위해서는 무의식을 통해 의식의 불균형을 보상할 필요가 있다.

융은 정신적인 안정과 생리적인 건강을 위해서는 의식과 무의식이 전체적으로 연결되어야 하며 서로 평행적으로 작용해야 한다고 주장한다. 이런 면에서 상징은 우리 마음의 본능이 의식적인 합리적 이성에게 보내는 중요한 메시지이자 부호라는 점을 이해해야 한다. 이 상징을 해석하면 우리의 빈곤한 의식을 더욱 풍부하게 해줄 것이며 우리가 잊었던 본능의 언어를 소생시킬 수 있다. 그러나 상징의 해석은 단정적일 수 없다. 비록 해석은 열려있지만 사전적인 해석으론 의미가 없다. 상징은 또한 간단하게 분류하기 어렵다. 그래서 문맥 안에서 전후관계를 고려해 해석되어 한다. 상징의 해석은 고유하다. 따라서 다른 문화와 배경을 가진 사람들에게는 그들만의 다른 상징적인 의미를 찾을 수 있을 것이다(융, 1996).

8 사진치료에서의 상징

상징은 연상(association)이라고 알려진 매우 기본적인 사고 과정의 방식으로 작동한다. 즉, '이것'은 '그것'을 연상하게 한다. 정신분석에서의 자유연상(free association)은 상징의 의미를 발견하는 하나의 방법이다. "사진이미지의 어떤 부분을 보면 무엇이 연상되나요? 어떤 것들이 연상되나요?" 여기에는 많은 기억과 생각과 감정을 유발할 가능성이 많을 것이다.

핀란드의 사진치료 전문가인 울라 할콜라(2011)의 안내서 『치료와 상담에서의 스펙트로 카드』는 사진치료에서의 상징적이면서 자유연상을 하게 하는 스펙트로 카드에 대해 자세히 설명하고 있다. 스펙트로 카드는 교육과 훈련, 치료 활동을 풍성하게 하기 위해 그림 카드에 영감을 받아 그의 개인적인 작품 중에서 골라 만들어진 것이다. 스펙트로 카드는 일상에서 우리의 삶과 연결되는 장소나 사물의 본질적인 요소들을 상징적인 수준에서 포함하고 있다. 스펙트로 사진은 창의적으로 마음을 확장시키고 치유적으로 개입하는 데 많은 가능성을 가지고 있다. 이 카드에는 아주 간단한 절차에 관한 질문이 하나 있다. 사진을 함께 보고 그 의미를 고려하는 것이다. 울라 할콜라는 사진을 보고 대화를 나누는 시간이 얼마나 다양하고 의미 있게 진화하는지 놀랍다고 한다.

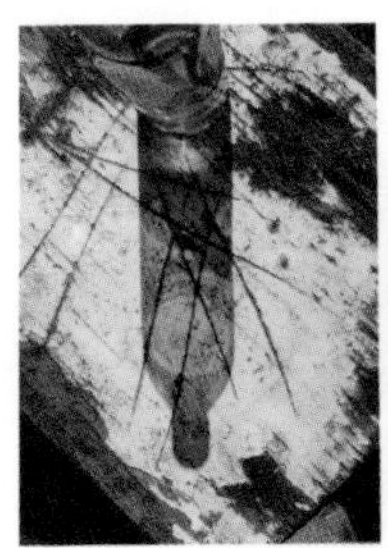

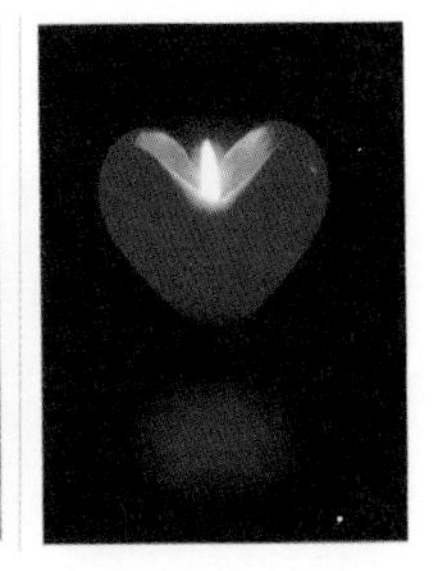

울라 할콜라의 스펙트로 카드

울라 할콜라는 자유연상을 하게 하는 사진의 힘은 바로 상징성에 있으며 사진을 보는 사람마다 독특한 그들의 현실(reality)을 반영한다고 한다. 상징은 의식과 무의식에서 사람들의 의미, 신념과 세상과의 관계를 재현한다. 사회적인 상호작용에서 상징과 은유는 색으로 소통되고 표현된다. 상징은 사회적으로나 문화적으로 종종 정의되고, 시각적이면서 문화적이고 상징적인 이미지의 양은 방대하다. 그렇지만 사람들은 개인적인 의미를 지시하는 그들 자신만의 상징 또한 갖고 있다. 울라 할콜라는 상징의 의미가 치유적인 작업에서 매우 중요하다고 강조한다. 상징은 정신적인 의미를 함께 연결하고 창조하며, 상징적인 사고는 기억 · 감정과 밀접한 관계가 있다. 사물이 자신에게 의미 있는 상징과 연결될 때 기억되기 쉽다. 상징과 은유는 연상의 길을 열어 주고 연상의 고리를 만드는 데 도움이 된다. 합리적인 사고나 언어로 도달할 수 없는 것도 상징적인 사진의 도움으로 자신에게 의미 있는 것을 직면하고 표현할 수 있다. 상징적인 사진을 보는 것과 자기 자신에게 중요한 사진을 고르는 것은 인생의 본질과 같은 스토리를 이해하는 데 연결된다. 의미 있는 사진들은 의식과 무의식의 마음 양쪽에서 주로 인생의 중요한 경험들, 기억들, 희망과 관련된다.

9 상징적 사진의 심리치유적인 의미

상징은 이성으로 이해할 수 없는 무의식적인 측면을 통해 우리의 내면을 탐구하게 한다. 합리적인 이성을 추구하는 현대인으로서 무의식적인 면과 그 너머 영성에 이르는 신성한 의식은 언어로 설명하기 어려운 부분이다. 그러나 우리가 상징의 형상을 생각하다 보면 그 형상을 넘어 형상과 관련된 어떤 개념에 도달하게 된다. 이때에 이성은 지적인 것을 넘어선 것을 정의할 수 없어서 무력감을 갖게 된다. 이것을 명명한다면, 단지 그것에 대한 믿음을 표현하는 것에 지나지 않을 것이다. 즉, 인간의 이해를 넘어서 설명할 수 없는 개념을 표현하기 위해 상징적인 단어나 형상 · 이미지를 사용하는 것이다. 이것이 종교에서 특히 상징적인 이미지를 사용하는 이유이기도 하다. 우리가 의식적으로 상징을 사용하는 것은 인간의 심리를 상징의 형태로 무의식적으로 자연스럽게 만들어 표현하며 알아가게 되는 과정이다.

상징적인 사진 고르기 및 사진찍기는 우리가 마음 가는 대로 이끌려 사진을 찍고 고르면서 시작한다(Halkola, U., 2011). 사진에서 상징적으로 나타난 것들을 가지고 대화를 나누거나 깊이 살펴보면 우리의 심리적인 삶을 더욱 이해하게 된다. 이 과정에서 의식하지 못했던 무의식적인 상징의 의미와 그 의미의 배경을 밝혀볼 수 있다는 점이 치유적이다. 자신에게 의미 있는 것을 말하면서 자기지식이 증가한다. 처음에 상징적인 사진을 찍을 때는 의식적으로 무엇을 하는지 명확하지 않고 모호할 수 있으나 시간이 지나면서 점차 자신이 무엇을 표현하려고 하는지 간파하거나 통찰한다. 그것이 숨기고 싶었던 것일 수도 있고 불쾌한 심상일 수도 있으며 지난 시간에 회피하고 흘려보낸 기억일 수도 있다. 억압과 결핍으로 인한 욕구 충족을 위한 상징으로 나타날 수도 있을 것이다. 자신의 의식 아래 무의식으로 들어간 어떤 낡은 기억들이 상기되고 콤플렉스로 나타나 일상에서 심리적인 장애로 있는 것들이 치유적으로 이완되어 표출될 수 있다. 즉 사진 속의 상징들이 우리의 비밀스럽고 의미 있는 매개로 표현된다. 따라서 인간의 삶을 이해하기 위한 상징의 해석은 사진에서 벗어나지 않고 사진 속에 머물러 바로 그 사진에서 무엇을 말하려 하는지를 계속 묻는 과정을 되풀이한다. 이 과정을 통과해 나가면서 형상을 넘어 자신과 밀접한 무의식의 배경과 의미들이 치유적인 메시지로 드러난다.

개인의 고유한 상징적 사진은 개인만의 무의식의 표현이다. 우리의 의식은 주의를 기울이는 곳의 이미지를 기억하며, 주의를 다른 곳으로 이동하면 잊어버리지만, 그 이미지들은 잠재의식 속에 계속 존재하다가 어느 지점에서 임의로 나타난다. 비록 한 개인의 역사에서 특정적인 어떤 사건이나 트라우마가 시간이 지나 기억되지 못해도, 비록 외부의 자극이 미약하더라도 무의식은 놓치지 않고 기록했다가 잠재적인 지각이 자극을 받으면 발현된다. 상징적인 사진은 내면의 무의식을 자극하고 표현하는 매개로서 탁월하다. 왜냐하면 사진을 통한 무의식의 접근은 매우 감각적이며 빠르기 때문이다. 의식적으로 거부하기 어려운 내면의 숨은 숨결이나 기억을 감지하는 것에 관해 다른 어떤 매체와 비교할 수 없게 빠른 반응을 한다. 비록 개개인의 무의식이 상징적인 표현으로 의식화되었을 때 수용하기 어려워 충격적으로 느껴질 수도 있고 직면하지 않고 회피하거나 심리적인 방어벽을 칠 수도 있지만, 잠재적인 지각은 상징적인 사진을 통해 반응해 어떤 기억들을 무의식적으로 떠올리게 할 것이다. 바로 이 지점에서 떠오른 기억과 감정들을 자각하고 인정하고 수용한다면, 그 치유의 효과는 높아진다(Halkola, U., 2011).

10 사진 실기: 나를 상징하는 사진

나를 상징하는 사진은 나를 표현하는 상징적인 사진 고르기와 사진찍기를 통해 접근할 수 있다.

1. 주제

나를 상징적으로 표현하기 위해서 응용할 수 있는 주제는 다양하다. 일반적으로 구체적인 주제의 선정은 상담 과정의 주 호소에 맞추어 만들어질 수 있다. 또한 사진의 치유적 경험을 하고자 하는 사람들이 자신을 상징하는 사진을 찍어보고 고르면서 자유롭게 경험할 수 있을 것이다. 대표적인 상징적 사진의 주제를 아래에 나열해보았다. 상담자가 상황에 따라 필요한 주제를 선택하거나 내담자에게 권한다. 또는 상황에 따라 내담자가 자율적으로 선택하도록 허용해준다. 작업할 수 있는 시간적인 상황을 고려해, 각 주제에 해당하는 상징적인 사진을 고르거나 촬영할 수 있다.

- 나를 상징하기
- 나의 과거 · 현재 · 미래를 상징하기
- 나의 감정을 상징하기(우울, 불안, 걱정, 슬픔, 기쁨, 분노, 외로움, 행복 등)
- 어린 시절의 부모와의 관계를 상징하기
- 나에게 힘을 주는 강점을 상징하기
- 나의 대인관계를 상징하기
- 나의 심리적 외상을 상징하기
- 나의 꿈 · 희망을 상징하기
- 나의 가족을 상징하기

2. 준비물

① 상징적 사진

주제에 따라 진행 과정에 도움이 되는 사진이 필요하며 사전에 준비한다.
집단인 경우에는 참여하는 인원수에 따라 적절한 사진의 수량을 고려한다.
- 인물을 배제한 사물 · 장소 등이 묘사된 사진들

- 주요한 색상들로 상징되는 이미지들이 있는 사진
- 울라 할콜라의 상징적인 스펙트로 사진 모음

② 보조적인 재료

- 필기 도구 및 종이, 사진을 진열해 놓을 수 있는 테이블 또는 공간
- 카메라 또는 카메라 기능이 있는 휴대폰

3. 상징적인 사진 고르기/상징적인 사진찍기 지시문

① 상징적인 사진 고르기 지시문

지금부터 여러분 앞에 놓인 여러 사진들을 봅니다. 이 사진들을 보면서, 나를 *상징하는 사진(주제내용)을 골라보세요. 사진을 고를 때 지나치게 고민하지 마시고 직관적이며 즉각적으로 고릅니다. 그 어떤 사진이든 의미가 있으며, 좋고 나쁜 것은 없습니다. 지금의 나를 상징하는 사진을 골라보세요.

② 상징적인 사진찍기 지시문

당신의 상징을 만들고 표현하기 위해 정해진 것은 없습니다. 나만의 상징을 만드는 것은 당신만의 고유한 것입니다. 당신만의 상징을 사진으로 표현하는 데 주저 하지 마시고 *나를 상징하는 것을(주제 내용) 찾아 마음가는 대로 찍어보세요.

* 지시문마다 주제 내용만 변경해 사용한다.

4. 울라 할콜라(2011)가 제시하는 상징적인 사진의 작업과정 및 유의점

① 테이블이나 평평한 표면 위에 사진을 한 번에 진열해 놓는다.

② 진행자는 사진 작업을 하기 위해 기본적인 가이드라인을 기술해준다. 도입부는 집단과 진행자의 경험에 따라 달라진다.

③ 진행자는 기본적인 주제를 명확히 정의한다. 이는 사진을 고르는 데 기본이 된다.

④ 참여자는 집중적으로 사진에 초점을 두도록 한다. 그리고 상황에 따라 1~2장의 사진을 고른다. 5~10분 정도 사진을 고를 수 있는 시간을 준다. 일반적으로 참여자들은 조용하고 빠르게 진행자의 주제 지시문에 따라 그들만의 사진을 발견한다.

⑤ 침묵 속에서 사진을 선택한다. 본능적으로 사진을 고른다. 고른 후에 사진을

가지고 자기 자리로 돌아가 앉는다. 원으로 앉거나 전원을 서로 볼 수 있게 자리를 구성한다.

⑥ 참여자들은 자신이 고른(찍은) 사진을 보여주고 고른(찍은) 사진에 대해 말한다. 이야기하는 동안 방해하지 않으며 코멘트하지 않는다. 이야기하는 집단의 순서는 자연스럽게 한다.

⑦ 돌아가면서 이야기한 후에 진행자와 참여자들이 코멘트할 수 있으며 그동안에 떠오른 생각들을 나눈다. 이 활동은 계속해서 개인 상담이나 집단상담으로 진행되어질 수 있거나, 주제에 따라 참여자들(또는 개인)이 계속 작업할 수 있다.

5. 추가적인 대화 나누기

울라 할콜라는 필요 시 참여자가 계속해서 사진을 보고 사진치료의 개척자들이 만든 다음 질문에 따라 대답해가도록 제시한다.

- 이 사진을 왜 골랐나요? 왜 찍었나요?
- 어떤 생각, 감정, 희망이나 환상들이 이 사진과 연결되나요?
- 이 사진이 인생의 어떤 특정 시기의 기억을 불러일으키나요?
- 이 사진과 관련된 이야기를 해 줄 수 있나요?
- 이 사진을 누구와 같이 보고 싶은가요?
- 이 사진에 관한 생각을 나누면서 어떤 기분이 들었나요?
- 이 사진 속의 상대는 무엇이며 그 이유가 있나요?
- 어떤 상황에서도 고르지 않게 되는 사진이 있나요? 그 이유는 뭔가요?
- 이 사진의 제목을 정한다면 뭐라 할까요?

6. 상담자 반응 및 내담자 이해

열린 질문은 자신에게 의미 있는 것과 연관성을 찾게 한다. 트라우마를 경험한 사람들에게는 두려움, 위험, 안전을 위협하는 요소들을 자각하도록 도움을 준다. 한편으론 상징적으로 안전감을 불러일으키는 것들이나 보호하는 자원들을 발견하도록 도움을 준다. 트라우마를 경험한 사람들에게는 위기상황에 대한 질문을 하고 사진과 관련된 숙제를 주어 돕는다. 사진에 관한 글이나 시를 쓰거나 사진을 찍어보게 하는 것이다. 스펙트로 카드를 참여자/내담자에게 줄 수는 없지만 복사를 허용해주어 계속해서 다양한 방식으로 사진과 작업할 수 있게 해준다. 사진을 보는 것은 시작이자 마지막이다. 언제나 자연스럽게 사진을 보여주고 다양한 방식으로 응용한다(울라 할콜라, 2011).

사진에서 상징을 어떻게 사용해야 한다는 정답은 없다. 그러나 상징의 의미를 표현하고 이해하기 위해 상징과 상징의 해석을 공부할 수도 있다. 상징은 바로 나의 선택이다. 나만의 상징은 나의 삶이며 문화이고 개인적이며 고유하다.

11 상징적인 사진 활동 리스트

- **Warm-up**
  - 활동 안내 및 인사나누기
  - 상징적인 사진에 대한 소개
  - 주제 선정하기
  - 준비물 제공/시간 설정하기/공간 설정하기

- **Main Activity**
  - 주제에 따라 개별 작업하기
  - 선택하고 촬영한 사진에 대해 말하기
  - 대화 나누기

- **Wrap-up**
  - 피드백 나누기
  - 뒷마무리 하기

- **Reflection**
  - 진행자의 경험 및 진행 내용 정리

4
자전적 사진으로 자기이해하기

삶은 구조를 세우는 것이다.
삶을 사랑한다는 것은 허약한 우리 삶의 구조를 사랑하는 것이다.

- 이성복 -

글쓴이의 살아온 이야기를 쓴 글을 자서전이라고 한다. 그런데 사진 찍은 사람의 살아온 이야기를 찍은 사진을 뜻하는 알맞은 말은 없는 것 같다. '자서전'과 같은 구조로 말을 만들자면 '자전사진'이라고 할 수도 있겠다. 여기서 문제는 자전사진이라고 하면 사진의 소재와 주제, 형식의 범위가 매우 한정되기 때문에 이 말도 적절하지가 않다. 그래서 '자서전의 성질을 띠고 있는'의 뜻을 지닌 '자전적'이라는 말을 쓰려 한다. 확실히 자전적이라고 하면 자전사진이라고 할 때보다 사진의 범위가 넓어진다. 자전적 사진은 내 삶의 전반적인 이야기나, 혹은 사진을 찍을 당시에 겪고 있는 특정한 삶의 주제 모두를 포함한다. 사실 '살아온 이야기'라는 것이 그때그때 작은 이야기들이 모이는 것이니, 과거가 됐든 현재가 됐든 어떤 특정 주제에 관한 이야기만 하든, 또는 내 주변 사람들의 이야기를 하든 '자전적'의 범위에 포함된다고 본다. 그래서 자전적 사진은 주인공의 인생 전반을 꼭 통시적으로 다루지 않아도, 특정 시기나 주제만을 다룰 수도 있다. 정리하자면, 순차적인 시간의 흐름과 상관없이 사진 찍는 사람인 '나'가 자유롭게 '나의 삶 이야기'를 하는 것이 자전적 사진이다.

이 장에서는 먼저 자전적 사진이 가지는 다큐멘터리 속성에 대해 살펴볼 것이다. 자전적 사진의 대표 작가인 낸 골딘(Nan Goldin)의 작품 세계를 소개하고, 자전적 사진의 치유적 효과에 대해서도 알아본다.

1 다큐멘터리 속성의 자전적 사진

자전적 사진은 다큐멘터리 사진에 속한다. 자전적 사진의 예시나 치유적 효과에 대해 다루기 전에 다큐멘터리 사진의 특성을 살피며 자전적 사진에 대한 깊은 이해를 다져보자. 다큐멘터리(Documentary)란 '가르친다'라는 의미를 지닌 '도세레(docere)'에서 유래되었고, '기록', '증명', '증거'를 뜻한다(아더 로스타인,1993). 즉, 다큐멘터리 사진은 대상을 기록하고, 대상이 함축하는 주제를 증명하는 기능을 한다. 이 증거와 증명이라는 특별한 가치는 사진의 사실성으로부터 온다. 따라서 다큐멘터리 사진은 사실을 기록하고 정보를 전달하는 일차적 기능이 있다. 이런 일차적 기능에 충실하게 접근해 본격적인 다큐멘터리 사진의 역사가 시작된 것은 1930년대 미국 농업안정국 F.S.A(Farm Security Administration)에 속한 사진가들에 의해서이다. 이들은 경제공황이라는 국가적인 위기 아래 어려움을 겪고 있는 이민자와 소작인들의 삶을 사진으로 담아 기록하고, 정부 차원의 도움을 필요로 한다는 것을 대중에게 설득하려는 목적이 있었다. 이처럼 다큐멘터리 사진은 우리가 일반적으로 알고 있는 것처럼, 시대정신을 반영하고 사회적인 문제 의식을 드러내는 것에서 출발했다.

그러다 1950년대 들어 컬러TV가 등장하고 대중매체가 확산되면서 다큐멘터리 사진은 공공적인 접근 방법에서 멀어져 개인적이고 사적인 시각으로 표현되기 시작했다. 정부기관이나 단체에 소속되어 있지 않은 작가들이 사회를 향한 개인의 자유로운 관점과 다양한 표현양식을 드러낸 것이다. 이후 다양성과 변종의 시대인 포스트모더니즘 시대에 이른 오늘날의 다큐멘터리 사진의 범위는 더욱 확장되어 시각예술의 한 갈래로 편입되었으며, 기록성·사회성·예술성을 갖춘 사진을 의미하게 되었다.

그렇다면 심리상담 분야에서 활용하는 다큐멘터리 사진이란 무엇일까. 당연히 심리분야에서 활용하는 자전적 사진은 기록성·사회성·예술성을 갖출 필요는 없다. 우리는 지금 다큐멘터리 사진이 대단히 공적이고 객관적인 사진만이 아니라, 자전적인 형식이 녹아있음을 이야기하는 중이다. '개인적인 것이 정치적인 것이다'라는 구호처럼 말이다. 20세기 후반에 들어 다큐멘터리 사진은 시대와 함께 변화하는 사진가 개인의식에 의해 그 형식과 내용이 더욱 풍부해졌다. 외적인 현실뿐만 아니라 심리 내적인 세계까지 미치게 되었고, 사진의 기록성이 여러 가지 새로운 모습으로 의식되기에 이른다(이토 도시하루, 1994).

다큐멘터리 사진은 확실히 인간의 삶을 탐구하는 사진가 개인의 관점이 드러나는 장르이다. 그렇기 때문에 포토저널리즘과도 다르다. 포토저널리즘은 신문, 잡지, 뉴스 등 언론 매체를 통해 대중에게 전달하고자 하는 명확한 주제가 있어야 하며, 객관성을 바탕으로 정확한 정보를 전달해야 한다. 사진만으로는 그 기능을 잘 수행할 수 없기 때문에 기사 형식의 글이 포함되고, 편집 디자인을 거쳐 완성된다. 반면에 다큐멘터리 사진은 객관적인 포토저널리즘과는 달리 사진가의 주관적 해석이 들어간다. 사건이나 상황을 올바르게 해석하고 본질적인 삶의 진실을 발견하기 위해 대상을 주의 깊게 관찰하고, 사진가의 가치관이나 주제의식에 따라 삶의 일부를 선택하거나 편집한다. 또한 사진가의 미학적 기준에 따라 표현 방식을 다채롭게 쓸 수 있는 시각예술의 한 갈래이다.

다큐멘터리 사진의 목적은 인간의 삶을 추적하고 배우는 데 있다. 사람들이 어떻게 살아가고, 어떻게 일하고 즐기는가 하는 기본적인 삶의 내용과 사회구조, 제도 그리고 환경을 배우는 것이다(아더 로드스타인, 1993). 단순히 기록적인 측면을 벗어나 사진을 통해 삶을 배우는 다큐멘터리 사진은 사회를 바라보는 문제의식에서 출발해 역사와 시대를 반영하고 인간의 삶을 탐구하는 사진이다. 따라서 다큐멘터리 사진은 형식이나 소재에 의해 정의되는 것이 아니라, 사진가의 가치체계가 작품에 어떻게 얼마나 반영되고 있는지가 중요하다. 한마디로 말하면, 인간 삶의 다양한 관점을 함축적으로 표현하는 것이 다큐멘터리 사진이다. 사진 역사가인 버몬트 뉴홀(Beaumont Newhall)은『사진의 역사(1964)』에서 다큐멘터리 사진에 대해 깊이 있는 설명을 하는데, 요약하자면 다음과 같다. "다큐멘터리 사진은 명확한 주제를 설정해 현상을 기록한 것이며, 현상 밑에 숨어 있는 본질을 찾는 의식이며, 대상을 해석하는 작가의 주체적 시각을 드러낸 사진이다." 그리고 특별히 다큐멘터리 사진의 중요성에 대해 다음과 같이 말한다. "그것의 힘은 우리에게 정보를 전달하는 것뿐만 아니라 우리를 감동시키는 것에 있다." 또한 미국의 비평가인 워랜 서스맨(Warren Susman)은 그의 논문「1930년대(1970)」에서, "다큐멘터리의 모든 아이디어는 – 글로서가 아니라 보는 것과 듣는 것으로 – 삶의 세부적인 것들을 보고, 알게 해주며, 느끼게 할 수 있다. 다른 사람이 경험한 것의 일부를 자신의 것으로 느끼게 할 수 있다는 것"이라고 서술했다(김종오, 2012).

2 낸 골딘의 자전적 다큐멘터리

현대 다큐멘터리 사진은 사적 영역으로 더욱 확대되어 소재의 일상성이라는 특징이 두드러진다. 사람들의 평범한 생활세계를 보여주며 휴머니즘 등을 전한다. 평범한 일상의 한순간을 잡아채 '결정적 순간'이라는 말이 나오게 한 앙리 까르띠에 브레송(Henri Cartier-Bresson), 사진에 등장하는 여러 인물들이 너무나 평범해서 마치 한 사람인 것처럼 보이는 장면을 시적으로 표현한 윌리 로니스(Willy Ronis), 한국의 산업화 과정에서 아직은 동떨어져있는 것처럼 보이는 골목 안 사람들의 소박한 일상을 기록한 김기찬을 들 수 있다. 우리가 시도하려는 자전적 사진 또한 사진 찍는 사람의 일상이 빠질 수 없을 것이다.

'일상생활'은 근대 성립 이후 계몽주의 영향과 신분제 사회의 붕괴에 따라 겨우 긍정적 의미를 부여받게 되었다. 즉 인간의 행복은 이 세상의 일상생활을 통해서 가능하며 일상생활이야말로 지고의 영역이자 유일한 성취의 영역이라는 새로운 의미를 부여받게 되었다(김상우, 2000). 일상은 매일 반복되지만 삶의 가장 중요한 일부이다. 일상이 모여 삶 전체가 된다. 구체적인 삶의 모습은 일상을 통해서만 드러난다. 되풀이되기 때문에 익숙하고, 너무나 익숙해서 지루하다고 치부하면서 일상을 홀대하기도 한다. 하지만 삶의 특별한 순간들이라는 것조차 일상의 토대 위에서 생긴 사건일 뿐이다.

낸 골딘(Nan Goldin)은 대표적인 사적 다큐멘터리 작가로, 자신이 포함된 일상과 주변 사람들을 찍는 것으로 유명하다. 낸 골딘은 자전적 사진 작업을 통해 자기이해의 과정을 통과하고 치유적 자기성장을 이뤘다고 할 수 있다. 그녀는 1980년대 후반에 트랜스젠더와 드랙퀸들의 일상을 담은 파격적인 사진으로 주목받기 시작했다. 하지만 필자는 낸골딘의 사진하면 친구들의 파격적인 모습보다, 애인에게 맞아 멍이 든 얼굴을 찍은 자화상이 가장 먼저 떠오른다(「The Ballad of Sexual Dependency」에 실려 있다). 그녀 역시 어느 인터뷰에서 "이 사진 덕분에 애인에게 다시 돌아가지 않을 수 있었다"며 "사진이 자신의 삶을 구원했다"고 말한다(fototapeta.art.pl).

낸은 1953년 워싱턴에서 태어났고, 유태인 지식인 부모를 두었다. 세 형제가 있었고 그중 언니 바버라 홀리와 가장 가까웠는데, 마음으로 통하는 친구이자 삶의 본보기였다. 그러던 중 1965년, 언니 바버라가 열여덟의 나이로 자살한다. 낸의 부모는 상실감을 받아들이지 않고 바버라의 죽음을 이웃들에게 모르게 할 만큼 이 사실을 부정했다. 그러나 예민한 낸은 무슨 일이 일어났는지 다 알고 있었고, 깊이 상처받았다. 낸은 카메라에 눈을 돌리고 순종적인 가족주의의 억압으로부터 벗어나, 1960년대의 자유로운 시대의 흐름에 자신을 내맡겼다. 낸은 집과 부모를 버리고 나와 히피 공동체 생활에 빠져들었다. 10대 중반에 메사추세츠에 있는 히피 자유학교인 사챠 공동체에 들어갔고, 삶의 큰 전환을 이루게 된다. 다양한 사람들과 관계를 맺고, 사진가로서의 삶의 여정이 시작된다.

나는 많은 면에서, 내가 언니처럼 될 거라는 걸 깨닫게 되었다. 나는 역사 그 자체가 반복된다는 것을 알았다. 언니의 정신과 의사는 내가 그녀처럼 삶을 끝맺을 것이라고 예언했다. 나는 18살에 죽을 것이라는 공포 속에서 살았다. 나는 내가 집을 떠나는 것이 필요하다는 것을 알았고, 14살에 집을 나오게 되었다. 이를 통해 나는 나 자신을 잃지 않으면서, 나를 변형시키고, 나 자신을 재창조할 수 있게 되었다(Nan Goldin, 1986).

1960년대 말 사챠 공동체를 중심으로 낸의 '확장된 가족'들이 서서히 형성된다. 1969년에 낸 골딘은 이곳에서 그녀가 처음 사진을 찍은 인물이자, 이후 지속적으로 서로의 역사를 공유하게 되는 데이비드 암스트롱(David Armstrong)을 만나게 된다. 동성애자인 데이비드와 낸은 법적으로 결혼했고, 낸은 데이비드가 커밍아웃하도록 도와주었다. 둘은 '성관계와 싸움을 하지 않는' 관계로 결혼 서약을 했고, 데이비드를 통해 만난 많은 사람들은 그녀의 작업의 토대가 되었다(윤준성, 1996). 데이비드는 낸에게 보스턴에 있는 술집인 디 아더 사이드(The other side)의 드랙퀸(Drag Queen)들을 소개하고, 그도 드랙퀸의 모습으로 그녀의 사진 속에 등장하기도 한다. 양성애자인 낸은 이때부터 성소수자를 비롯한 사회의 주변부적 인물들과 함께 살며 사진을 찍었다. 이때 찍었던 사진은 1960~1970년대 초반에 찍은 사진과 함께 1996년 뉴욕 휘트니 미술관이 주최한 회고전 '대즐 백(Dazzle bag)'에서 전시되었다.

Picnic on the Esplanade, Boston, 1973

낸 골딘은 1978년에 뉴욕으로 이사하고 예술 제도권에 진입하게 된다. 이 시기에 낸의 작업들은 많은 사람들에게 알려지고, 그녀의 명성 또한 높아졌지만 마약과 알콜에 심각하게 중독되어 갔다. 1981년에 처음 그녀의 공동체에 에이즈가 들어왔고, 공동체 친구들은 이 질병으로 하나둘 세상을 떠났다. 낸은 그 과정 모두를 사진으로 담아냈다. 1988년에는 마약과 알콜 중독 치료를 위해 두 달 동안 병원에 입원해 있었고, 퇴원 후 병원으로부터 카메라를 되돌려 받으면서 자연광을 이용한 셀프포트레이트를 중점적으로 찍기 시작했다. 이 시기의 셀프포트레이트에서 주목할 만한 것은 그녀의 거친 자아 탐색이 시작된 점이다. 낸은 고통과 절망 속에 있는 자신을 보여주었다(Elisabeth Sussman, 1996). 동시에 에이즈에 관련된 감동적이고 논쟁적인 전시를 진행했다. 그녀의 작품은 삶과 하나로 이어져 있었고, 말 그대로 자서전을 써내려간 듯이 자신의 삶을 사진으로 고스란히 엮어내었다.

Self-Portrait on the train, Germany, 1992

3 스토리텔링으로 접근하는 자전적 사진 작업

자전이라고 할 때 가장 핵심이 되는 내용은 '나'이다. 표현하는 사람이 '나'의 '이야기'를 사진으로 풀어낸 것이다. 나의 이야기라는 뼈대에 살을 붙이는 방법은 다양하다. 자전적 글쓰기에도 소설, 시, 수필 등 다양한 형식이 있는 것처럼, 자전적 사진에도 사진일기, 사진수필, 자화상 등 다양한 접근 방법을 쓸 수 있다. 중요한 것은 자전적 사진은 자서전의 형식을 띠는 것이고, 그러려면 사진 찍는 사람 자신의 어떤 '이야기'가 펼쳐져야 한다는 점이다.

자전적 사진 작업은 스토리텔링의 개념을 알면 더 잘 이해할 수 있다. 스토리텔링이란 story+tell+ing가 합쳐진 말이다. 첫째, 스토리란 '어떤 사건에 대한 허구적 또는 비허구적 설명'을 의미한다. 스토리에는 상황적인 이해가 가능하도록 하는 요건이 필요하다. 즉 인물과 배경, 사건을 요소로 시간의 흐름에 따라 어떠한 일이 진행된다. 자전적 사진작업을 할 때도 마찬가지로 인물과 배경, 사건이 드러나도록 한다. 인물은 작업자 본인이 될 수도 있고, 가족이나 친구 같은 중요한 인물이 주인공이 될 수도 있다. 삼자를 통해서도 얼마든지 나의 이야기를 할 수 있기 때문이다. 심지어 물건이나 풍경을 소재로 할 수도 있다. 둘째, 스토리가 아닌 스토리텔링이라고 하는 이유는, 스토리텔링은 말하는 사람이 어떤 사건을 이야기할 때 자기 입장에서 개인적인 의미를 담아 이야기를 전하는 것으로, 전달하는 과정에서 창조적인 활동이 개입되는 특성으로 인해 '스토리'가 아닌 '스토리텔링'이라는 용어로 쓰이는 것이다(송정란, 2006). 즉 스토리텔링은 스토리에 가변성이 있다는 것이다. 예를 들어 가족사진을 소재로 자전적인 이야기를 풀어낸다 치자. 애초에는 생물학적인 가족을 표현하는 콜라주로 시작했는데, 살다 보니 나의 가족의 정의가 달라졌다 하면 새롭게 정의된 나만의 가족의 변천사를 표현하는 것으로 이야기의 성질이 변할 수 있다는 뜻이다. 그 흐름을 탐색해 보는 것 자체가 사진치료에서 중요한 자료가 될 것이다. 마지막으로 ~ing개념은 말하는 사람이 자기 이야기를 일방적으로 전달하는 것이 아니라, 듣는 사람과 상호작용하는 과정까지 포함된 것으로 해석할 수 있다. 좋은 스토리텔링은 말하는 사람과 듣는 사람이 서로 감흥을 얻고 자신의 삶과 연결지어 문제해결의 실마리를 찾기도 하며, 삶의 가치를 재정립하는 효과를 준다. 사진치료 혹은 치유적 사진 작업을 혼자 할 수도 있지만, 대개는 상담자나 함께 하는 집단원이 있을 것이다. 통찰로 이끄는 안내자의 지도가 있을 수도 있고, 집단원과 대화하면서 몰랐던 생각이나 억압했던 감정과 만날 수도 있다. 사람들과 상호작용하면서 기억과 감정을 재경험하고, 앞으로 펼쳐질 내 삶에 꼭 필요한 가치를 설정할 수 있게 된다.

4 자전적 사진 작업의 예들

자전적 사진치료의 예로 '카메라 치료(camera therapy)'의 선구자라고 할 수 있는 영국의 사진작가 조 스펜스(Jo spence)의 경우를 들 수 있다. 심리상담자가 아닌 그녀가 카메라 치료의 주요인물이 될 수 있었던 배경은 이렇다. 1970년대 영국 헨더슨 정신병원에서는 정신장애가 있는 환자를 대상으로 '집단 카메라(group camera)' 프로그램을 개발했다. 이때 전문 사진작가인 조 스펜스에게 사진작업에 관한 도움을 청하게 되면서 그녀에게 이 기법을 전수하게 되었다(Del Loewenthal, 2019) 이후 스펜스는 1982년 유방암 진단을 받게 되었고, 암치료를 위한 대안적 프로그램에서 사진을 보다 적극적인 치유 매체로 활용하기 시작했다. 치료를 받으면서 경제적 · 정신적 한계를 느끼게 됐고, 카메라 렌즈를 통해 병을 극복할 방법을 모색한 것이다. 그녀는 곧바로 '투병 사진일기(visual illness diary)'를 통해 자신의 암투병 과정을 기록했다. 그녀는 암 수술을 받기 전날 자신의 가슴을 찍은 연출사진들이 치유력이 있음을 우연히 알게 됐다(Del Loewenthal, 2019). 스펜스는 암이 있는 유방 전체를 절제하는 것에 반대했고, 종양만 절제할 것을 요구했다. 병원에서는 골치 아픈 환자였지만 그녀는 자신의 권리를 주장하며, 자신의 가슴에 "Property of Jo Spence?"라 쓰고 사진을 찍었는데, 치료를 명목으로 유방을 절제하기로 한 병원을 향해 가슴 소유권을 인증하는 시각적 선언이었던 것이다. 그 후 스펜스는 투병 사진일기를 위한 다큐멘터리 사진과 더불어 일상에서도 치유적 연출사진 작업을 계속했다. 병과 고통을 직면하며 자신을 지켜낼 방법을 스스로 찾은 것이다. 그녀에게 사진은 개인적인 기록이자 치유적 도구가 되었고, 나아가 여성과 장애인 권리를 위해 중요한 활동 자료로 활용되었다. 투병과정을 담아낸 시리즈「Picture of Health?(1982~1986)」이후에도,「Beyond the Family Album(1978~1979)」,「Phototherapy(1984~1986)」,「The Final Project(1991~1992)」로 이어지는 자전적 작업을 이어 나갔다(www.widewalls.ch/jo-spence).

Remodelling Photo History:
Colonization, 1981

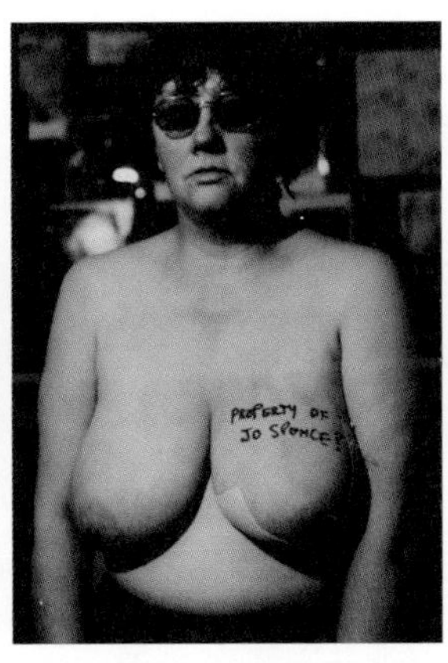

Crisis Project
「Picture of Health? 」
(Property of Jo Spence?), 1982~1986

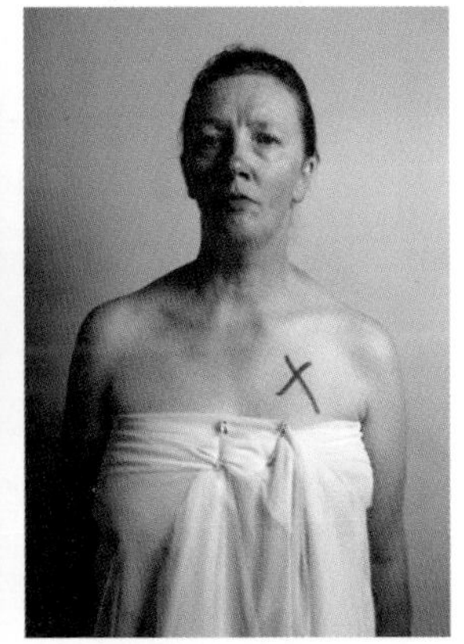

Crisis Project
「Picture of Health?」
(How do I Begin), 1982~1986

자전적 사진으로 할 수 있는 치료/치유 작업에 관해서는 개인의 상상력과 심리적 필요에 따라 소재와 주제, 형식을 얼마든지 다양하게 접근할 수 있다. 심지어 꼭 촬영하지 않아도 기존에 있는 사진을 활용할 수도 있다. 예를 들어, 백일 사진이나 돌 사진부터 시작해서 인생의 주요한 사건을 사진으로 추려볼 수 있다. 내 삶의 발자취를 뒤돌아보며 사건을 재해석하고 새롭게 의미를 부여하는 과정을 통해 '나'라는 존재는 과거의 총합이 아닌 그 이상의 잠재력과 가능성이 있다는 것을 확인할 수 있다. 또는 범위를 한정시켜 특정한 주제를 집약적으로 살필 수 있는 '나의 학창 시절', '내가 만난 사람들', '내 인생의 전성기/암흑기', '내 인생의 여행기' 같은 작업도 가능하다. 사물을 찍어보는 것도 괜찮다. '내가 버리지 못하는 물건들', '내가 수집하는 것들'을 통해서도 자신의 역사를 훑어보고 가치관을 조망하며 자기이해의 폭을 넓힐 수 있다.

5 자전적 사진 작업의 치유적 효과

마지막으로 자전적 사진 작업의 치유적 효과에 대해 살펴보자. 첫째, 자기표현 욕구를 충족시킬 수 있다. 자전적 사진 작업은 자기기록을 통한 자기진술 혹은 자기고백의 성격을 지닌다. 주체가 '나'로 국한되어 있으니 오롯이 자신에게 집중할 수 있으며, 고백하는 사람은 자신의 감정이나 경험을 진솔하게 표현하게 된다. 나를 드러내 말하는 것, 즉 진술과 고백이라는 행위만으로도 치유적 효과를 얻을 수 있다. 특별히 여기서는 고통의 표현에 주목하려 한다. 우리는 대개 행복한 경험을 말하는 것보다 고통스러운 경험을 표현하는 것을 더 어려워한다. 힘든 감정을 다시 느끼고 싶지 않기 때문이다. 그러나 경험과 기억을 회피하거나 억압해도, 그것들은 결코 사라진 것이 아니라 억눌려 있을 뿐이다. 하지만 아무리 고통스러운 기억과 감정이라 할지라도 내 경험을 함부로 판단하거나 비난하지 않고 들어주는 안전한 사람이 있다면 이야기는 달라진다. 인간에게 표현의 욕구는 본능이기 때문이다. 내가 얼마나 아팠는지, 그래서 얼마나 힘들었는지 표현하고, 위로 받고, 치유하고 싶어 한다. 스트레스 연구의 대가인 로버트 새폴스키(Robert M. Sapolsky)는 자신의 두려움을 말하는 사람은 그렇지 않은 사람보다 코르티솔(급성스트레스에 반응해 분비되는 물질) 수준이 점점 낮아진다는 연구결과를 보여주기도 했다(로버트 새폴스키, 2008).

둘째, 자아정체성의 위기를 극복하거나 해결할 수 있다. 나이가 들면서 자연스럽게 변화하는 발달단계에 따른 새로운 자아정체성이나, 환자·과부·고아·장애인 같은 예기치 못한 사건으로 맞닥뜨리는 정체성을 유연하게 수용할 수 있도록 한다. 유방암 투병기록을 한 조 스펜스의 경우를 다시 생각해 보자. 몸에 병이 들면 환자라는 새로운 정체성이 생기게 된다. 자신이 중병에 걸린 환자라는 사실을 직면하며 그래도 살아갈 마음을 내고, 나아가 희망과 용기를 키우는 일을 사진 작업이 가능하게 했다는 것을 확인했다. 프로이트는 예술작품은 자아의 본질로 구성된다고 보았고, 자기분석을 통해 스스로를 알아가게 하고 자기치유에 대한 길을 열어준다고 주장했다(도상금, 2000). 즉 새로운 정체성을 갖게 되는 사람들은 자전적이고 자기고백적인 작품을 통해 자아정체성이 재정립될 수 있고, 치료/치유로 이어질 수 있다(정연인, 2015).

다큐멘터리의 속성을 지닌 자전적 사진은 내 삶에서 일어난 어떤 상황이나 상태를 알 수 있는 좋은 자료가 되기 때문에 훌륭한 목격자가 된다. 자전적 사진 작업은 이렇게 나를 드러내는 목격자인 사진을 들여다보고, 찍고, 재배치하는 등의 과정을 통해서 내 삶을 적극적으로 고백하거나 진술하는 것이다. '이야기된 고통은 고통이 아니다'라는 이성복 시인의 말처럼, 나의 인생과 그 안에서 일어난 경험을 표현하는 일은 확실히 고통을 덜게 한다. 꼭 고통의 차원에서 접근하지 않아도 좋다. 즐거운 일은 즐거운 일대로 그것의 의미와 소중함을 새길 수 있다. 내 삶에서 어떤 일이 일어날 때 그것이 무슨 목적과 의미가 있는지 바로 잘 알지 못할 때도 많다. 그럼에도 불구하고 우리는 사는 내내 생의 목적을 찾고 의미를 부여하며 묵묵히 살아내야 한다. 나의 삶을, 나답게 살기 위해서다. 그 길에 자전적 사진은 우리가 일상을 살아내는 힘과 생의 아름다움을 알려주는 좋은 길잡이가 될 수 있다.

5
사진 자기상자(Photo Self Box)

의식과 무의식의 영향을 받아 하나의 작품이 만들어지는데, 이는 빛을 향한 무의식의 갈망과 실체를 향한 의식의 갈망을 구체화한다.

- Jung, Collected works, Vol.9, pp. 78-79 -

1 사진 자기상자

Self Box는 Self(자기)와 Box(상자)가 합성된 단어이다. 이는 미술상담자 키예스(Keyes, 1974)가 개발한 기법으로 '자기 상자(Self Box)'라고 부르며, 상자 안에 상징하는 어떤 것을 넣고 상자 밖에 그림을 그리거나 장식을 붙여서 자기를 표현하도록 했다.

Photo Self Box는 제리 프라이어(Jerry Fryrear)와 이렌느 코빗(Irene Corbit)이 개발한 프로그램이다. 내담자의 페르소나(Persona:가면, 외적으로 드러난 인격) 뒤에 숨겨진 개인적인 삶을 알아간다는 의미로 '자화상 상자'라고도 부른다. 포토 셀프박스는 상자 6면의 안과 밖에 개인적이고 공적인 페르소나(신체적, 영적, 가족, 사회, 직업, 정서의 페르소나)를 사진을 이용해서 표현하도록 한다. 완성된 미학적인 결과보다는 작업 과정에서 일어나는 심리적인 과정을 강조한다.

2 사진 자기상자의 목적

사진 자기상자는 사진과 상자가 가지고 있는 은유적이고 상징적인 특징을 이용하는 것으로 사진치료와 미술치료 기법에 통합적으로 접근하는 심리치유의 한 방법이다. 사진 자기상자는 내담자의 다면적인 내면을 자유롭고 창의적으로 표현하게 해 자신의 이해를 촉진시키고 궁극적으로 인격의 통합을 돕는 데 목적을 둔다.

3 상자의 치유적인 역할

상자는 미술치료 기법으로 널리 사용되고 있지만 예술 교육과 미술치료 분야의 문헌에서 '상자'는 '자기상자, 기억상자, 보물상자, 생존상자, 망각상자' 등으로 상자가 어떻게 사용되고 있는지 그 예들을 찾아 볼 수 있다. 미술상담자 라켈 패럴-커크(Raquel Farrel-Kirk)는 '비밀, 상징, 통합, 그리고 안전: 미술치료에서의 상자의 역할' 논문에서 상자의 효과성에 기여하는 4가지 요소를 설명하고 있다. 내용물을 보관하는 공간, 상자의 공간 안에 새로운 공간을 만드는 것, 그리고 반대적인 것을 통합하는 것, 마지막으로 이런 성질로 창조되는 상징적인 가능성이다.

보물상자의 예

Artwork by Becki Smith, vintage and antique mixed media box.

먼저 상자는 '제한된 맥락(limiting contexts)'으로 묘사된다. 미술치료에서 제한된 맥락은 상자 안의 공간으로 문제를 제한하는 것이며, 그 결과 내담자에게 거리(distance)를 제공하고, 문제를 다룰 수 있게 한다. 이것은 모래상자 치료에서도 쉽게 볼 수 있다. 프라이어와 코빗(1994)은 물리적으로 제한된 안전한 공간(safe space)은 치료에서 강력한 도구가 된다고 한다. 내담자들의 가장 깊은 두려움을 상징적인 방법으로 탐색하고 극복하기 위해 내담자들이 보안과 자유를 찾는 곳은 오로지 안전한 공간 안에서 뿐이다. 상자의 내부는 내담자의 안전한 공간의 자리가 된다.

상자는 내용물을 담는 용기로서 역할하며 보통 중요한 것을 보호하거나 보존하기 위해 만들어진다. 상자 안의 어딘가에 물건을 놓는 것은 그 물건의 고유한 가치를 나타내지만, 실제로는 평범한 물건에 새로운 중요성을 불어넣을 수 있다. 예술작품, 사진, 그리고 작은 물건들도 '보물 상자'에 붙여지거나 놓이게 되면, 어떤 상징적인 중요한 질적 가치를 얻는다. 내담자들이 만든 특별한 상자는 누구나 볼 수 있는 내담자의 중요한 의미를 상징한다.

상자는 또한 무엇인가를 숨기기 위해 사용된다. 닫힌 상자는 '비밀'이 인간 내면에 있는 욕구라는 증거이기도 하다. 뚜껑을 덮어(잠가서) 상자 내부의 접근을 제한하면서 상자가 은밀해진다. 다른 사람들로부터 내용을 보호하거나(예: 보물상자) 또는 외부의 위험으로부터 사람을 보호하는(예: 트라우마 기억, 망각상자) 역할을 할 수 있다. 상자가 심리적으로 비밀을 담을 수 있게 하는 기회를 제공한다.

상자는 4면의 분리된 면을 통합하면서 면들의 대칭에서 발생하는 복잡한 상호관계를 수용할 수 있다. 상자의 내면과 외면은 서로 반대의 성질을 은유적으로 보여주는데, 작업과정을 통해 극단적인 대립과 상이한 면을 동시에 객관적으로 만나면서 '통합'에 이르도록 한다. 이런 면에서 자기상자는 자아의 다른 면을 통합해가는 내담자의 과정을 시각적인 기록으로 남기게 한다. 자기상자를 꾸미는 것은, 바로 인격의 삼차원적인 상징이 된다. 상자 안의 양극성을 결합하면서 성격의 다른 역할과 표현을 용이하게 한다.

4 사진 자기상자의 심리치유적인 의미

프라이어와 코빗은 자화상 사진상자를 이용해 페르소나 가면을 벗고 우리의 진정한 본성을 찾도록 돕는다. 융은 페르소나가 개인의 의식과 사회 사이의 관계로 이루어진 복잡한 시스템이며 타인에게 어떤 인상을 주거나 자신의 진정한 본성을 숨기기 위해 만들어진 가면이라고 말한다. 융은 개성화를 이루기 위해서 페르소나는 허물어져야 한다고 주장한다. 그러나 사회생활에 실용적인 페르소나의 개발과 유지는 필요하며, 심지어 사회생활은 공적인 가면 뒤로 개인적인 삶을 숨기길 요구하고 있다. 이렇게 공적·개인적으로 삶을 구분하는 것을 분석심리학에서는 '대극의 긴장'이라 한다. 페르소나가 인격을 지배하면, 극단적인 경우 신경증이 나타나기도 한다. 따라서 페르소나를 알아차리고 벗어 버리는 것이 필요하다. 자신을 아는 것이 페르소나를 아는 것이며 페르소나에 숨겨진 개인적인 삶을 아는 것, 이것에 심리치유의 의미가 있다.

프라이어와 코빗이 개발한 자화상 상자는 6개의 페르소나의 측면을 상자에 눈에 보이는 형태로 만들도록 지시한다. 상자의 외부에는 공적인 신체적·사회적·가족적·직업적·정서적·영적인 자기를 표현하며, 상자의 내부에는 개인적인 신체적·사회적·가족적·직업적·정서적·영적인 자기를 외부와 대응해 표현하게 한다. 결과적으로 6개의 페르소나의 공적이고 개인적인 삶의 측면을 보게 된다. 작업과정은 사진과 미술작업으로 이루어지며 내담자와 상담자가 작품을 만들면서 작업과정에서 나오는 주제를 가지고 이야기를 나눈다. 작업의 처음에는 공적이고 사적인 것에 구별이 명확하게 구별되지만 점차 덜 명확해지거나 분리가 덜 중요해지는 상태가 나타나는데, 이것이 페르소나가 무너지기 시작하는 것으로 본다. 이런 변화에는 사적인 비밀과 연관되어 있을 가능성을 유념해야 한다. 개인적인 비밀을 혼자 갖고 있는 것은 심리적 건강으로 볼 때 이롭지 않다. 상자 내부에 표현된 개인적이고 비밀스러운 것을 상담자와 다른 사람에게 허용한다는 것은 타인에게 친밀감을 표현하는 것이자 자신을 방어하고 보호하는 욕구가 약화된 심리치유적인 변화를 의미한다.

5 사진 자기상자의 접근방법

사진 자기상자의 접근방법은 주제에 따라 다양하다. 상담 목적과 할당된 시간에 따라 응용도 가능하다. 구체적으로 주제의 선정, 준비물, 상담자의 유의점과 내담자의 반응과 이해에 대해 살펴본다.

1. 주제

사진을 이용한 사진 자기상자는 내담자의 상담 목적에 따라 다양한 주제를 응용해 접근할 수 있다. 상담자가 상황에 따라 적합한 주제를 선택하거나 권한다. 또는 상황에 따라 내담자가 자율적으로 선택할 수 있다.

① 나의 페르소나 표현하기: "나는 누구인가?"

자기 탐색을 통해 자기 이해를 높이고 정체성을 형성하는 데 도움이 된다.

② 나의 외면과 내면을 표현하기

- 내가 보는 나(내부)와 남이 보는 나(외부)
- 남에게 보이고 싶은 나와 남에게 숨기고 싶은 나

자기 내면의 자원들과 열등감을 이해하고 극복하는 데 도움이 된다.

자기 내면과 외면에 대해 성찰하면서 긍정적 자원 강화와 통합을 가능하게 한다.

③ **보물상자**

나의 장점, 긍정적인 경험, 자존감 향상, 내적 자원의 강화에 도움이 된다.

자존감과 자신감을 증진시키고 긍정을 강화한다.

스스로 자신의 에너지를 발견할 수 있다.

④ **일대기(자전적)상자**

나의 일대기를 반추 · 회상할 수 있고 자기이해와 수용에 도움이 된다.

기억 회상을 통해 자신의 인생에 대한 긍정적, 부정적 사건을 객관적으로 재해석하고 재평가하면서 인생의 통합과정을 가질 수 있다.

⑤ **애도상자**

상실 대상에 대한 애도의 과업을 돕는 작업으로 효과적이다.

상실로 인한 다양한 감정을 이완하면서 그 감정을 수용하도록 돕는다.

소중한 추억을 회상하면서 긍정적 자원으로 수용하고 감사의 마음을 갖도록 돕는다. 떠나보내는 의식을 통해 마음을 위로하고 상실감을 극복하게 돕는다.

⑥ **기억상자**

특정 기억을 보관/차단/밀폐하기 위한 상자로 트라우마의 치유와 회복에 도움을 줄 수 있다. 분리될 필요가 있는 기억과 감정들을 안전하게 분리시켜 심리적 정을 돕는다.

2. 준비물

사진 자기상자는 여러 준비물이 필요하다. 진행과정에 도움이 되도록 사전에 준비한다. 가능한 범위에서 준비물을 선택하며 참여하는 인원수에 따라 적절한 수와 양을 고려한다.

① **상자**

- 원하는 재질, 크기, 모양의 상자를 자유롭게 선택한다.
- 직접 상자를 만들어도 된다.
- 되도록 뚜껑이 있는 상자를 고른다.

상자 예

② **사진**

- 다양한 사진, 잡지사진, 엽서, 신문, 자화상, 가족사진, 스냅사진 등 제한을 두지 않는다.
- 주제에 따라 사진을 찍을 수도 있고 관련된 사진, 수집해 놓은/보관하고 있는 사진을 가져오게 한다.

③ **보조적인 재료**

- 칼, 가위, 풀, 필기도구 및 그리기 재료
- 각종 미술재료, 꾸미기 재료, 색종이, 한지, 포장지, 물감, 비즈 등
- 주제를 표현하는데 도움이 되는 소품들, 상징적인 물건, 그림, 끈, 장식용 리본, 꽃, 글자

3. 작업과정의 유의점

상담자가 살펴야 하는 세부적인 내용이다. 원만한 치유과정이 이루어질 수 있도록 살핀다.

- 사진을 붙이고 장식할 수 있는 표면을 가진 상자를 적극 권한다. 집에서 쉽게 구할 수 있는 신발상자나 물건을 담았던 상자도 충분히 가능하다. 다만, 이미 완전체의 상자는 지양한다. 때로는 내담자가 이미 더 손댈 수 없게 완성된 상자를 가져오면서 상자에 추가적인 작업을 거부하거나 작업 몰입에 저항할 수 있다.
- 상황에 따라 진행자가 다양한 상자들을 준비해 제공한다. 여분의 상자를 사이즈와 형태별로 준비해서 내담자가 선택하도록 하는 것도 진행상 용이하다.
- 사진은 내담자가 개인적으로 가져오는 것이 가장 바람직하다. 상자의 크기에 따라 사진의 크기도 유연하게 조정할 수 있다면, 더욱 효과적이다. 따라서 사진의 스캔, 복사, 확대, 축소가 가능한 복사기가 있으면 더욱 좋다. 사진을 오려 붙여도 큰 문제가 없는 사진이나 잡지의 사진을 사용할 수 있도록 준비한다.
- 최대한 작업할 수 있는 시간을 제공한다. 그러나 현실은 그렇지 못한 상황도 있을 수 있으며 사진 상자를 꾸미는 작업은 예상보다 길어질 수 있음을 감안한다.

- 진행자는 내담자가 작업 과정에 충분히 몰입할 수 있도록 돕는다.
- 작업하는 사람이 스스로 모든 것을 선택하고 주도하도록 돕는다.
- 작업 진행에 도움이 필요할 경우 상담자는 적절한 반응을 보여준다.

4. 작업 후 나누기

사진 자기상자의 주제에 따라 아래의 예시 질문 내용 중에 선택해 내담자와 대화로 자유롭게 진행한다.

① 사진 자기상자 소개

- 자신의 작업 결과를 소개해주시겠어요? 제목을 정해 설명해주시겠어요?
  상자 선택/색상/사진 종류/과정/제목
- 자신의 주제와 관련시켜 사진 자기상자를 소개(설명)해주시겠어요?

② 작업과정 탐색

- 만들어가면서 어떤 경험을 하셨나요?
- 작업하면서 어떤 느낌 · 감정들이 나타났나요? 어떤 생각이 떠오르나요?
- 작업 과정에서 어려움이 혹시 있었나요?

③ 표현의 특징과 의미 탐색

- 특정한 사진에 대해, 좀 더 설명해주실 수 있나요?
- 특징적이고 색다른 표현이 보인다면, 그 부분에 대해 더 설명해 주실 수 있나요?
- 사진이 지나치게 크거나 작은 사진이 있어 보이면, 그 의미가 무엇인지 설명해 주시겠어요?
- 상자 외부에는 어떤 사진이 붙여졌나요? 상자 내부에는 어떤 사진들이 구성되었나요? 그렇게 하신 이유가 무엇인가요?
- 상자 뚜껑에는 어떤 사진이 붙여졌나요? 상자 바닥에는 어떻게 꾸미셨나요? 그렇게 하신 이유가 무엇인가요?
- 충분히 사진으로 잘 보여주는 것 같은가요? 더 첨가하고 싶은 사진이 있나요?
- 빼고 싶은 사진이 있나요?
- 상자 안에 무엇을 담고 싶은가요? 무엇을 담았나요?
- 상자를 어떻게 보관하고 싶은가요? 어디에 두고 싶나요?
- 상자를 누구에게는 보여줄 수 있을까요? 보여주기 싫은 사람이 있나요?

– 상자를 어떻게 관리하고 싶나요?

④ 자기평가 및 감상

– 가장 마음에 드는 상자 부분/사진/표현이 있나요?

– 자신이 만든 사진자기 상자의 결과에 만족하시나요? 무엇에 가장 만족스럽나요?

– 아쉬운 점이 있다면 어떤 것인가요? 더 보충하고 싶은 부분이 있다면 무엇인가요?

– 내가 원하는 대로 표현된 것 같나요?

5. 상담자 반응 및 이해

작업과정과 후에, 상담자는 내담자가 표현하고 싶은 내용과 그 의미를 잘 경청하고 공감하며 적절한 전이반응을 보이는 것이 필요하다. 특히 작업과정 또는 작업 결과물에서 특이하게 보이는 점에 유의해 적절한 질문을 하면서 대화를 나누어 가도록 한다. 내담자가 마친 작업결과의 표현에 대한 만족의 정도와 아쉬운 점을 통해 장점과 지향성을 탐색한다. 작업은 내담자가 자신의 표현을 스스로 묘사하고 설명하면서 명료화할 수 있도록 지지하면서 진행한다. 사진 자기상자의 결과물에 미학적인 평가보다는 과정의 경험과 정서 인지적인 반응을 하는 것에 중점을 둔다. 무엇보다도 내담자가 선택한 또는 주어진 작업의 주제와 작품 표현의 연관성이 어떻게 이루어지고 있는지 심도 있게 살펴본다. 이를 바탕으로 내담자를 이해하면서 내면의 통합적인 차원에서 긍정적인 치유의 변화가 일어나도록 돕는다.

6 사진 자기상자 활동 리스트

- **Warm-up**
  - 활동 안내 및 인사 나누기
  - 상자에 대한 의미 나누기
  - 주제 선정하기
  - 준비물 제공/시간 설정하기/공간 설정하기

- **Main Activity**
  - 주제에 따라 개별 작업하기
  - 작업 감상 및 발표하기
  - 대화 나누기

- **Wrap-up**
  - 피드백 나누기
  - 뒷마무리 하기

- **Reflection**
  - 진행자의 경험 및 진행 내용 정리

6
셀카 찍기

나는 셀피(Selfie)한다. 고로 존재한다.

- 엘자 고다르(Elsa Godart) -

1 셀카(Selfie)

셀프 카메라(Self camera)는 사진 속의 사람이 스스로 자기 자신을 찍은 사진으로 셀프 서비스(Self-service)에서 유추해 우리나라에서 자생적으로 만들어낸 표현이다(신상기, 2014). 영어권에서는 셀피(Selfie)라고 부르는데 'Self-Portrait'에서 비롯된 것으로 추정되며, 옥스퍼드 사전을 출간하는 옥스퍼드대학 출판사는 2013년을 대표하는 단어로 셀피를 선정한 바 있다.

2 바야흐로 자신보다 이미지를 사랑하는 시대

미디어 이론가이자 문화비평가인 맥루한(McLuhan, 2011)은 미디어가 인간의 심리적·물리적 확장이라고 주장하며, 매체를 통해 경험되는 자기도취적 경험이 인간의 감각과 지각 작용에 미치는 영향을 나르시스 신화에 비유했다. 나르시스는 그리스어로 감각의 마비를 뜻하는 나르코시스(narcosis)에서 파생된 말이며, 나르시스가 매혹적으로 바라본 것은 자기 자신이 아니라, 물에 투사된 자신을 확장한 이미지라는 것이다. 즉 매체 자체가 문제가 아니라 자신을 확장한 이미지에 도취되는 경험을 통제하지 못하면 감각과 지각의 마비 상태에 빠지게 된다고 보았다.

자기 자신을 사랑하게 되어서라기보다는 물에 비친 이미지가 자기 자신이라는 사실을 깨닫지 못한 것에서 기인한 나르시스의 죽음은 스마트폰 화면에 비친 자기 이미지에 사로잡혀있는 수많은 현대인들에게 자기인식의 필요성을 깨닫게 한다.

3 그렇다면 나를 어떻게 볼 것인가?

프랑스의 철학자이자 정신분석학자인 고다르(Godart, 2018)는 스마트폰 화면을 통해 가상의 자신과 만나고 타인과 관계를 형성한다는 점에서 라캉의 거울 단계에 빗대어 '셀피 단계'라 칭했다. 그리고 주체의 형성 과정 자체에 가상이 결합된 '증강 주체성'에 대해 생각해야 한다고 말하고 있다. 증강 주체성은 실재하는 주체와 그의 아바타 사이 긴장 상태에서 자기 확신에 어려움을 느끼는 주체성, 주체 없는 주체성의 한 형태이다. 누군가의 마음에 들려고 애쓰는 주체성, 누군가를 실망시키거나 거절당할까봐 두려워하는 주체성은 자기 자신으로 살아가며 책임감 있고 자유로운 존재가 되는 것을 방해할 수 있다. 셀카 찍기 실습에서는 여러 관점에서 자신을 보는 작업들을 통해 자기인식의 폭을 넓히고 자기로서 타인과 관계를 맺을 수 있는 연습을 해보도록 한다.

4 사진치료에서의 셀카 찍기, 그것은 '다른 방식으로 보기'

이미지라는 것이 단순히 보는 것의 결과가 아니라 재생산된 시각인 것처럼(John Berger, 2019), 셀카에서의 자기 이미지 또한 결국은 자기를 재구성하는 방식으로 사용되어지고 있다(신상기, 2014).

이번 실습에서는 자화상(Self－Portrait) 작업을 통해 자신과 타인을 다른 방식으로 탐색하고 재구성해온 사진작가들의 작품들을 응용해 셀카 찍기를 해보고자 한다. 그동안 친숙하다고 여겨왔던 자신의 몸과 이미지를 낯설게 바라보는 과정을 통해 내가 억압하고 금기시해왔던 주제들도 만나볼 수 있을 것이다.

1. 다른 방식으로 보기 1

먼저, 전형적인 셀카 찍기에 익숙한 내담자들에게 다양한 방법으로 자화상 작업을 했던 사진작가들의 작품들을 상담자가 제시해주면서 기존과는 다른 방식으로 접근하는 셀카 찍기에 대해 이야기 나눈다. 내담자의 유형과 상담 주제에 따라 적합한 방법을 같이 의논하고 선택해 셀카를 찍는다.

1) 앤디 워홀

앤디 워홀은 폴라로이드로 자화상 작업을 많이 했다. 즉석에서 바로 찍어서 바로 뽑아보는 폴라로이드는 그 특성상 디지털 카메라에 비해 상대적으로 보정 작업을 하기 어려우므로, 앱이나 포토샵으로 가공하지 않은 날 것 그대로의 내 모습을 만나볼 수 있다.

앤디 워홀의 자화상 작업처럼 앞모습이 아니라 뒷모습 등 다양한 각도에서의 나를 찍어볼 수 있다. 뒷모습 사진은 그림자 사진처럼 나의 이면, 다른 영역을 보여준다. 혹은 앤디 워홀의 해골과 함께 한 자화상 사진처럼 두려워하지만 늘 나와 붙어 다니는 그 어떤 것의 상징물과 같이 셀카를 찍어볼 수도 있다.

누구나 좋은 사진을 찍을 수 있다. 누구나 사진을 찍을 수 있으니까.

- 앤디 워홀(Andy Worhol) -

앤디 워홀(1977)
Self-Portrait, 폴라로이드로 작업

앤디 워홀(1977)
Self-Portrait, 폴라로이드로 작업

2) 척 클로스

척 클로스는 작가의 시선에 의해 대상이 해석되고 왜곡된다고 여겨 직접적인 대상이 아니라 대상을 찍은 사진을 보고 극사실적으로 그대로 캔버스에 옮겨 그리거나, 사회경제적 지위를 알 수 있는 주변 배경과 장신구들을 배제한 채 오로지 얼굴만을 크게 확대한 자화상 사진 작업 등으로 알려진 작가이다.

사람들이 SNS에 올리는 셀카 사진들 중에는 해외 여행이나 럭셔리한 장소, 고

가의 쇼핑 물품들, 유명한 셰프가 운영하는 맛집 등을 배경으로 한 것들이 많다. 그것들은 나르시스 신화의 경우처럼 나의 모습인 동시에 물에 비친 내 이미지일 수 있다. 척 클로스의 자화상 작업처럼 나의 사회경제적 정보를 배제시키고, 있는 그대로의 나 자신만을 클로즈업해서 셀카를 찍어볼 수 있다.

정직하게, 두 발을 땅에 딛고, 펑! 찍는 교도소 사진처럼 말입니다.
경찰이 원하는 정보가 본질적으로 내가 원하는 정보예요.
즉, 있는 그대로의 정보.

- 척 클로스(Chuck close) -

척 클로스(1987)
아홉 장의 자화상
(9 part self-portrait)

척 클로스(1967~1968)
Big Self-Portrait
acrylic on gessoed canvas, 107.5X83.5 in

3) 루카스 사마라스

그리스인이었던 루카스 사마라스는 유년기에 고향에서 겪었던 전쟁의 공포감과 11살에 미국으로 건너와 경험했던 이방인으로서의 정체성과 두렵고 낯설었던 체험을 작품세계에 반영했다. 그의 초기 자화상 사진들은 알몸의 자화상 사진을 왜곡 변형시키거나 오브제를 사용해서 '본다'는 행위를 방해한다. 후기로 가면 자화상 사진을 세로로 가늘게 절단해서 차원을 펼치기도 하고, 절단된 사진들을 뒤섞기도 하고, 그 의미를 바꾸기도 하며 다시 연결시켜서 재통합한다.

루카스 사마라스의 자화상 작업처럼 자신의 불안, 두려움, 고통 등 부정적 정서와 관련된 셀카를 찍은 후 그 사진들을 오려서 뒤섞어도 보고 다르게도 연결시켜서 그 의미를 바꿔볼 수 있다.

나는 집에 돌아와 옷을 벗고 사진을 촬영했다. 그것은 훌륭했다.
이전에는 결코 경험하지 못했던 것이었다. 환상적인 연인을
찾은 것 같은 기분이었다.

- 루카스 사마라스(Lucas Samaras) -

루카스 사마라스(1974)
photo-transformation

루카스 사마라스(1983~1984)

4) 리 프리들랜더

리 프리들랜더는 거울, 유리창, 금속 등에 비친 자신의 실루엣이나, 다른 대상과 자신이 겹쳐서 같은 차원에 머물고 있는 그림자 자화상 사진을 통해 사회에 대한 이야기뿐만 아니라 거기에 반영된 자기 자신에 대한 탐구도 했던 다큐멘터리 사진작가이다. 리 프리들랜더의 자화상 작업처럼 사물이나 다른 대상에 내던져진 자신의 그림자 사진을 셀카로 찍어볼 수 있다. 어떤 사물과 어떤 대상에 내가 투영되고 내 그림자가 겹쳐지느냐를 탐색해보는 작업은 의미가 있을 것이다.

리 프리들랜더(1966)

리 프리들랜더(1967)

5) 신디 셔먼

신디 셔먼은 무제 사진 스틸(Untitled Film Stills) 시리즈에서 금발의 여배우로 분장하고 나와, 미디어 속 정형화된 여성과 몸의 이미지를 패러디하고 재해석한 구성사진(constructed photo)으로 잘 알려져 있다. 최근에는 본인 계정의 인스타그램을 통해 셀카 사진들을 기괴하게 변형시킨 연작들을 올리며 여전히 꾸준하게 자화상 작업들을 해오고 있는 대표적인 자화상 작가이다. 신디 셔먼의 자화상 작업처럼 자신에게 규정된 이미지들, 나에게 요구되는 이미지들을 구성사진 방식으로 셀카를 찍고 이를 변형시켜 볼 수 있다.

내가 반대하는 것은 현재 자신의 모습 대신 되어야 한다고 여겨지는 모습 때문에 얼마나 사람들이 망가지는가 하는 점이에요.

- 신디 셔먼(Cindy Sherman) -

신디 셔먼(1977), Untitled Film Still #3

신디 셔먼의 인스타그램(2017)

2. 다른 방식으로 보기 2

위에서 제시한 방법들 외에 내담자 스스로가 자신의 심리적 이슈를 더 적합하게 표현할 수 있는 셀카 찍기 방법을 제안하거나 위에서 제시한 방법들을 수정 보완해 작업할 수 있다.

셀카 찍기 작업을 마친 후에는 자신의 셀카 이미지로 상담자와 내담자 간에 혹은 집단원들 간에 충분한 상호작용을 나누고 마무리를 한다. 아래와 같은 추가적인 작업을 더 해볼 수도 있다.

① 셀카 찍기로 작업한 사진을 인화한 후 그 위에 투명한 OHP 필름을 덮고, 필름이 움직이지 않도록 테이프로 고정시킨다.

② 네임펜 등의 미술도구를 이용해 척 클로스의 자화상 작업처럼 셀카 사진을 그림으로 옮겨서 그리거나 채색한다. 자신을 표현하는 문구나 이미지 등을 넣거나 다른 오브제들을 사용해 꾸밀 수도 있다.

③ 작업한 결과물을 셀카 원판과 비교하며 그 차이에서 오는 느낌들에 대해 이야기 나누고 상호작용한다.

7
지각, 인지, 그리고 기억

사진에서 중요한 것은 사진으로 찍히는 사물이 아니라,
사진으로 찍힌 사물이 어떻게 보이는가 하는 것이다.

- 데이비드 프래켈(David Prakel) -

1 지각, 인지, 그리고 기억

지각은 감각을 통해 세상을 볼 수 있는 창을 제공한다. 반면 기억은 우리의 경험을 되살림으로써 과거를 볼 수 있는 창을 제공한다. 기억과정에서 지각과 기억사이에 긴밀한 연관성이 있다.

지각은 순수하게 내가 '본 것' 인가? 헤르만 폰 헬름홀츠(Hermann von Helmholz)에 따르면 그렇지 않다. 헬름홀츠는 19세기를 대표하는 천재 물리학자로 열역학, 신경생리학, 시지각, 미학 등 다양한 분야에 기여했다. 또한 그는 검안경을 발명했는데 지금까지도 의사들이 안구 혈관을 검사하는 기구로 활용되고 있다. 그는 우리는 받아들인 자극 패턴을 지각할 때 그 패턴을 생성했을 가능성이 가장 큰 물체로 지각을 하게 된다고 주장했다. 이는 무의식적 추론이라 부르는 과정을 거친다. 무의식적 추론에 따르면, 우리의 지각은 주변 환경에 대한 무의식적인 가정이나 추론의 결과물이다. 즉 인간은 과거에 유사한 상황을 경험한 것을 바탕으로 추론하게 된다는 것이다. 그렇다면 우리가 보는 것은 무엇인가?

2 지각, 인지, 그리고 기억 사진치료의 목적

사진치료는 지각심리학, 인지심리학 영역과도 밀접한 연관이 있다. 사람의 눈과 카메라는 보는 방식이 다르다. 인간은 대상 또는 현상을 먼저 감각기관인 눈의 기관을 통해 받아들이고(망막), 시신경 속 전기적 신호와 뇌의 전기적 신호에 의해 신경계로 표상된다. 이렇게 눈에서 뇌로 이어지는 정보전달 과정을 상향처리(bottom-up) 라고 부른다. 그러나 지각과정은 상향처리를 통해 제공받은 정보 이외의 다른 정보들 즉 환경에 대한 기존 지식이나 특정한 상황이 유발하는 기대감, 특정 사물에 할당된 주의와 같은 요소의 영향을 받는다. 인간의 기존 경험들이 지각과정에 영향을 미치는데 이 과정을 뇌의 상위 지각체계에서 시작되는 하향처리(top-down processing)과정이라고 한다. 이런 방식으로 받아들인 정보는 뇌를 통해 사물을 인식하고, 필요 없는 것은 뇌 스스로 삭제해버린다. 반면 카메라는 피사체에 대해서 기계적으로 인식하며 인간의 두뇌가 원치 않는 것까지 중요한 것으로 받아들이는 차이점이 있다. 인간이 정보처리하는 방식과 여러 오류들, 그리고 각자 경험을 처리하는 방식이 내가 '보는 방식'에 많은 영향을 줄 수 있다는 것을 사진의 특성을 통해 이해할 수 있다.

3 지각의 부정확성

인간이 그들의 환경을 인지할 때, 자신에게 영향을 주거나 자신이 기대하는 것과 일치하는 것만을 인식하는 경향을 선택적 주의(selective attention)라고 한다. 의식적으로 또는 무의식적으로 기능적 가치가 큰 자극이나 목표와 관련된 자극에 주의를 집중하고 그 이외의 자극을 무시함으로써 주의 집중을 하는 것이다. 이것은 흔히 칵테일 효과로 알려져 있는데 인간의 지각적 한계에서도 비롯되기도 한다. 한편 이것보다는 좀더 심리적인 문제로 인해 지각과정에서 생기는 오류가 있다. 방어적 지각오류는 지각자가 사물을 보는 습성 또는 그의 고정관념에 어긋나는 정보를 회피하거나 그것을 자기의 고정관념에 부합되도록 왜곡시키기 때문에 범하게 된다. 지각자는 자신의 개인적 특성, 즉 자신의 태도·흥미·과거 경험·기대 등에 따라 대상을 해석하는데, 이와 같은 개인적 특성이나 고정 관념을 견지하기 위해 또는 방어하기 위해 부정확한 지각을 범할 수가 있는 것이다.

4 지각, 인지, 그리고 기억 과정의 치유적 의미

우리가 보고 경험하는 모든 것들은 감각, 지각, 인지라는 가장 기본적인 세 가지의 심리 과정을 거쳐서 기억으로 저장된다. 비록 흔히 우리는 기억을 우리가 의지로 떠올릴 수 있는 것으로 간주하지만 '기억한다(remembering)'는 과정은 실제로 이보다 훨씬 더 복잡한 구조를 가졌다. 어릴 때 활성화된 신경세포들 사이에 새로운 상호 연결이 생겨 암묵적 기억이라고 불리는 무엇인가를 만들어 낸다. 암묵 기억은 여러 측면을 가지고 있어 지각적 · 감정적 · 행동적 그리고 신체의 감각적 기억 등을 포함한다. 한편 해마는 생후 2세경 형성되는데, 이때부터 외현기억이라고 불리는 좀 더 일반적인 형태의 기억이 발달하기 시작한다. 해마는 외현기억의 두 측면인 사실적 정보와 자서전적 기억을 부호화하고 저장한다. 2세 이후 성장함에 따라서 우리는 암묵적 기억을 지속적으로 부호화하게 되는데 이 중 일부는 해마를 통해 연결되고 이렇게 선택적으로 통합된 암묵 기억은 좀 더 유연하고 접근하기 쉬운 외현적 특징을 가지게 된다. 그리고 우리가 성장함에 따라 이야기 형태의 기억이 나타나고 암묵 기억과 외현 기억이 함께 엮여서 우리의 삶에 대한 이야기를 만드는 것이다.

중요한 것은 우리는 아주 어린 시절의 대부분을 암묵 기억 안에 부호화해놓았기 때문에 그것이 우리의 감정적 반응, 지각적 오류 혹은 행동적 반응(절차기억), 그리고 우리의 신체 감각 안에 인출될 경우 우리는 이것이 과거에서 온 것이라는 사실도 모른 채 우리의 경험 안에 발현되도록 한다는 것이다.

엘리자베스 로프터스(Elizabeth Loftus) 교수는 우리의 기억은 자의 또는 타의에 의해 쉽게 조작되고 왜곡될 수 있다고 하면서 그의 강연에서 이렇게 이야기한다.

"대부분의 사람들은 자신의 기억을 소중히 여깁니다. 그 기억들이 자신의 정체성을 나타내고 자신이 누구인지, 어디서 비롯되었는지 알고 있습니다. 저는 그것을 감사히 여깁니다. 저도 그렇게 느껴요. 하지만 저는 직업상 그 안에 이미 얼마나 많은 허구가 있는지 알고 있습니다."

감각, 지각, 인지 그리고 기억의 과정은 사실 불완전한 것으로 모두 정확한 기록이 아닌 하나의 해석일 수 있다는 것을 인식하는 것이 중요하다. 허구일 수도 있다는 것을 알게 된다면 사람들은 자신의 감정과 경험에 대해 재구성할 수 있고 더 나아가 '일어났던 사실'보다 그것을 어떻게 이해하고 받아들이는지의 문제로 방향을 돌릴 수 있게 될 것이다.

5 지각, 인지 그리고 기억 과정의 접근 방법

이 과정은 기억력 테스트가 아니므로 얼마나 똑같이 그렸는지에 대해 강화하기보다는 내담자의 지각과정에 대해 탐색하는 것이 좋다.

1. 준비물

카메라 또는 휴대폰 카메라, 연필 등 그림도구, 도화지(크기는 관계없음)

2. 작업 과정의 유의점

실습을 시작할 때는 과정의 내용에 대해 알게 하는 것보다 그냥 사진을 먼저 찍도록 하는 것이 좋다. 이 작업의 포인트는 사진이나, 얼마나 정확히 그리는가에 대한 것이 아니기 때문이다.

- 내담자에게 어떤 주제든 자유롭게 사진을 한 장 찍도록 한다. 필름으로 사진을 찍어도 좋지만 필름 카메라가 없는 경우에는 디지털 카메라나 핸드폰으로 촬영하는 것도 괜찮다. 사진을 촬영한 것은 상담자에게 보낸 후 내담자에게는 그 사진을 다시 보지 않도록 안내한다.
- 연필이나 마음에 드는 미술도구 등을 사용해서 기억나는 부분이나 방금 찍은 사진의 내용을 스케치하도록 한다.

3. 작업 후 대화 나누기

4. 상담자 반응 및 이해

이 기법은 기억의 불완전성과 선택적으로 재구성하는 속성을 보여주기 위해 고안된 기법이다. 스케치한 결과물을 통해 상담자는 적절한 질문을 통해서 내담자가 지닌 기대와 기억의 선택성에 대해 스스로 탐색할 수 있도록 한다.

6 지각, 인지, 그리고 기억 과정 리스트

- **Warm-up**
  - 활동 안내 및 인사 나누기
  - 준비물 제공/시간 설정하기

- **Main Activity**
  - 주제를 정하고 사진찍기
  - 사진의 내용을 스케치하기
  - 대화 나누기

- **Wrap-up**
  - 피드백 나누기
  - 마무리하기

- **Reflection**
  - 진행자의 경험 및 진행 내용 정리

8
내가 모은 사진, 우주정거장

내가 찍는 사진은 '작은 나(me)'가 되고,
그 후에 '진정한 나(I)'에 의해 검토된다.

- 콤즈와 질러(Combs & Ziller) -

1 내가 모은 사진, 우주정거장

우주정거장(Space Station)은 스튜어트(Stewart, 1980)에 의해 고안된 '화성탐사(The Mars Trip)'라는 연습 문제를 주디와이저가 각색 · 수정한 것이다.

2 우주정거장의 목적

사람들은 어떤 것들을 간직하고 어떤 것들은 버리는 것일까? 개인적으로 중요하고 가치가 있는 것들을 보관하고 있을 것이다. 사람들이 찍고 보관하는 사진들은 자아의 연장선상에 있고 개인적 현실의 구성물을 이룬다. 사진들은 물체, 사람, 장소와 사진사의 관계를 보여주는데, 그것들은 자기개념(self-concept)을 반영하고 투사를 가능하게 하며 우리의 지각을 기록해준다. 우리가 실제로 보는 것은 감각기관을 통해 들어온 이미지와 정보들이지만 보는 사람에 따라 그것을 구성하고 의미를 부여하는 바는 모두 다르다. 어쩌면 무언가를 '본다는 것'은 사실적 정보뿐만 아니라 이미 우리가 세상에 대해 각자 알고 있는 방식이 드러나는 하나의 수단일 수 있다.

아카이브(archive)는 역사적 가치 혹은 장기 보존의 가치를 가진 기록이나 문서들의 컬렉션을 의미하며, 동시에 이런 기록이나 문서들을 보관하는 장소, 시설, 기관 등을 의미한다. 우주정거장 실습은 사진 아카이브에서 내담자 스스로 현재의 유의미한 기록들을 골라내고 재배열하면서 의미와 가치를 확인하고 부여하는 작업이라고 할 수 있다.

3 우주정거장의 심리치유적인 의미

우주정거장 연습은 내담자의 인생에서 중요한 것이 과연 무엇인가에 대해 진지한 상상을 촉발하는 과정에서 무의식적이긴 하지만 죽음의 과정 및 비애를 상징하는 은유(metaphor)로서 기능한다. 내담자의 앞에 놓인 사진은 내담자의 무의식적 심상이 외현화된 것으로 중요한 어떤 것이 된다. 그리고 다시는 그것들을 볼 수 없다고 생각함에 따라 내담자의 내면에는 강력한 정서적인 동요가 일어나게 된다.

내담자가 자신의 선택들을 돌아보면서 현재 자신에게 중요한 어떤 것들을 확인하고 앞으로 나아갈 방향을 찾을 수도 있다. 스티브 잡스는 연설문에서 과거의 경험을 돌아보고 연결하는 것이 결국은 미래를 향한 방향을 가리키고 있다고 이야기했다. 내담자가 자신이 찍고 수집한 사진으로 작업하는 것은 일종의 과거와 현재 그리고 미래의 자신을 연결하는 행위일 수 있다.

또한 다른 사람이 줬거나, 자신이 찍었거나, 어딘가에서 보고 저장했거나 한 사진들을 모아보면 내담자의 과거 인생을 요약해 볼 수 있고, 자신의 인생을 낙관적으로 볼 수 있도록 해준다. 사람들이 개인적인 의미가 담긴 사진을 보고 함께 나누면서 자신의 인생에 무슨 일이 일어나고 있는지 이야기를 구성하고 표현함으로써 자신의 인생을 좀 더 온전하게 이해할 수 있게 되는데 이런 과정이 치료적 이점을 갖는다.

4 우주정거장의 접근방법

우주정거장은 내담자가 가지고 온 사진을 가지고 작업하는 것으로 상담 목적과 할당된 시간에 따라 응용도 다양하다. 구체적으로 주제의 선정, 준비물, 상담자의 유의점과 내담자의 이해에 대해 정리하면 다음과 같다.

1. 준비물

내담자가 찍거나 모은 사진 중 가장 의미있는 사진을 20~40장 정도 선택해 가져온 사진을 가지고 작업한다. 사진에는 실제 사진뿐만 아니라 잡지, 그림 등 자신에게 특별하다면 무엇이든 다 사용할 수 있다.

2. 작업 과정의 유의점

상담자는 부드러운 목소리로 지시하는 것 이외에 전체 과정이 마칠 때까지 말을 하지 않는 것이 좋다. 단, 지시문을 다시 물어볼 수는 있다. 이상의 대화는 집중에 방해가 될 수도 있기 때문에 대화를 삼가는 것이 좋다.

각 단계는 따로 실행하되, 정해진 순서대로 시작하면 된다. 앞 단계의 모든 것을 다 마친 후 순서대로 다음 단계로 넘어가도록 한다. 실습 시작 전에 이 방식을 미리 예상하게 된다면, 이 연습은 강력한 힘을 지니지 못할 수도 있다.

STEP 1

먼저 내담자가 앉은 곳에서 사진이 잘 보일 수 있도록 배열하도록 안내한다(협소한 공간이라면 바닥에서 할 수 있다). 특별한 순서나 배열을 하는 것보다는 무작위로 사진 모둠을 한 번에 조망할 수 있도록 배열하도록 한다. 그리고 다음 단계에서 지시문을 안내한다.

STEP 2

막 다음과 같은 이야기를 들었다고 상상해보도록 한다. 내담자에게 자신의 상상력을 발휘해 지시문을 듣도록 한다.

"축하합니다. 당신은 궁극적인 꿈을 이루었습니다. 당신은 항상 우주를 여행하고 싶어하셨잖아요. 이제 수천 명의 지원자 중에 저 멀리에 있는 화성에 새로 개척한 우주정거장에 살 인간으로 당신이 선택되었습니다. 당신은 이 사실에 매우 기뻐하고 있고 아주 즐겁고 흥분된 상태입니다. 당신은 이 여행을 떠나는 것에 대해 고대하고 있습니다. 앞으로 당신은 이 우주정거장에서 혼자 살게 될 것이고, 나머지 인생 내내 어떤 사람과도 만날 수 없게 됩니다. 심지어 위성 전화나 컴퓨터 접속도 할 수 없을 것입니다. 그럼에도 불구하고 이것은 당신에게 아주 긍정적 경험이 될 것이고, 당신은 그곳에 가는 것에 기꺼이 동의했습니다. 자, 이제 당신은 오늘 저녁 떠나야 하게 때문에 서둘러 짐을 싸야 합니다. 아주 비좁은 공간의 작은 우주선이기 때문에 당신은 개인 소지품을 넣을 수 있는 아주 작은 가방 하나만 가지고 갈 수 있습니다. 양말과 속옷 몇 벌, 그리고 단 6장의 사진만 가지고 갈 수 있습니다."

"지금부터 10~15분 동안 서둘러 결정을 해야만 합니다. 다른 사진을 다 제쳐두고 우주정거장으로 가지고 갈 단 6장의 사진만 당신 앞에 남겨두세요. 그리고 이것이 한번 가면 영영 돌아올 수 없는 여행이라는 것을 잊지 마세요. 거기로 가면 당신은 남은 평생 내내 그곳에서 살아야 합니다. 지구로 돌아올 수 없으며, 다시는 지구상의 어떤 인간과도 만나지 못하게 됩니다. 당신이 지원했을 때 이미 이점에 대해 잘 알고 있었고 동의했습니다. 그래서 이런 점이 당신에게 문제가 되지는 않습니다. 이제 사진 6장을 선택하세요."

STEP 3

6장의 사진을 모두 선택한 다음, 당신은 다음과 같은 이야기를 듣게 됩니다.

"아…. 제가 사진 6장이라고 했나요? 죄송합니다만, 비행 관리자가 지금 6장이 아니라 5장의 사진을 가지고 갈 수 있다고 전달해왔습니다. 그러니까 당신은 6장이 아니라 5장의 가지고 가도록 하세요. 5장의 사진을 가지고 간다면, 이 6장의 사진들 중 어떤 사진을 선택할 건가요? 이제 5장의 사진을 앞에 두고 6번째 사진은 왼쪽으로 치워두세요."

STEP 4

이제 당신은 5장의 사진을 앞에 두고 있습니다. 그런데 또 다음과 같은 말을 듣게 됩니다.

"앗, 이런…. 내가 5장이라고 했나요? 죄송합니다. 사실은 사진 4장이었는데. 5장이 아니라 4장만 당신 앞에 놓으세요, 4장의 사진은 앞에 그대로 두고 5번째 사진을 왼쪽으로 치워버리세요. 그러나 6번째 것보다는 5번째 사진을 좀 더 가까운 곳에 두세요."

STEP 5

다음에 당신은 또 다음과 같은 말을 듣습니다.

"자, 이제 당신은 이 연습이 어떤 과정으로 이뤄지는지 이미 알아차리셨을 겁니다. 우리가 하려고 하는 것은 사진을 '4장'에서 '3장'으로, '3장'에서 '2장'으로, 한 장씩 줄여나가 마지막으로 '단 한 장'을 남기는 것입니다. 이 연습이 끝나면, 당신은 나란히 정렬한 일련의 사진들을 만나게 될 것입니다. 가장 먼저 치워버린 6번의 사진을 가장 왼쪽에, 그리고 5번, 4번, 3번, 2번, 1번의 순서대로 나란히 배열하세요. 가장 오른쪽에 있는 사진이 1번이 됩니다. 이 사진은 당신이 우주정거장에 가지고 갈, 단 하나의 마지막 사진이 될 것입니다. 1번에서 6번의 순서대로 정서적으로 중요하고, 우선 순위를 부여한 사진들일 수 있습니다."

3. 작업 후 대화 나누기

처음에 가져온 20~40장의 사진을 어떻게 선택하게 되었는지 생각해 보도록 한다. 또한 최종적으로 남은 사진의 순서나 배치에 따라 아래의 예시 질문 내용을 선택해 진행할 수 있다.

- 이후 사진 수를 줄이기 시작하면서 어떤 기준으로 선택하거나 배제했습니까? 마음이 시키는 대로 따른 것인가요?
- 처음에 가져온 사진과 비교해 마지막 6장의 사진에서 특이한 점이 보이나요? 있다면 무엇인가요?
- 최종적으로 6장의 사진을 선택하고 배열하는 과정에서 가져오지 않았거나 존재하지 않는, 그래서 지금 여기에 없는 어떤 사진이 '필요하다'고 생각한 것이 있습니까? 만약 있다면 최종 사진에 없는 '바로 그 사진'은 어떤 것인가요?
- 혹시 선택 시 많은 사람들이 들어 있는 한 장의 사진을 고르거나, 두 사람의 사진을 오려붙여 한 장으로 만드는 등의 어떤 트릭을 사용하고 싶었던 마음이 들었나요?
- 최종 과정까지 오면서의 의사결정 과정이나 사진의 실제 내용에서 특별한 놀라움, 실망, 좌절감이 존재하나요?
- 당신은 풍경, 사물, 사람, 애완동물 등등 중에 어떤 것을 더 많이 선택했나요?
- 최종적으로 선택한 6장에 당신 자신이 들어있습니까?
- 최종적으로 선택한 6장의 사진에 어떤 제목을 붙여볼 수 있을까요?
- 전혀 모르는 사람이 한 줄로 배열된 이 6장의 사진을 본다면, 그들은 이 사진을 통해 당신에 대해 무엇을 알 수 있을 것 같은가요?
- 그 사람은 이 6장의 사진을 가지고 당신에게 어떤 이야기를 들려줄 수 있을까요?
- 최종적인 6장을 선택하는 중에 어떤 사진을 결정하는 것이 가장 힘들었습니까? 그 이유가 무엇이라고 생각하나요? 당신이 선택하거나 배제한 사진 속 사람들이 당신의 결정을 알게 된다면, 당신의 최종 결정 중 바뀌는 것이 있을까요? 바뀐다면 어떤 것이 바뀔까요?
- 당신의 대인관계에 대해 말해주는 사진이 있나요?
- 이 6장의 사진 하나하나는 당신과 당신 인생의 어떤 면을 거울처럼 반영해줄까요?

– 혹시 실습 중에 떠오른 어떤 기억이 있나요? 특별히 강한 감정과 연결되어 있거나, 기대하지 않은 감정이 있나요? 스스로에게 의문이 들었던 점이 있나요?
– 6장의 사진이 왜 · 어떻게 지금 이 자리에 놓이게 되었는지 스스로 생각하면서, 6장의 사진 하나하나와 직접 이야기해보세요. 아니면 다른 두 사진이 할 수 있는 대화들을 상상해보세요(두 사진 간 대화를 하도록 한다거나, 사진과 대화하는 기법을 사용할 수 있다).
– 당신 인생에서 중요한 타인들이 당신과 똑같은 연습을 한다고 상상해 보세요. 그 6장의 사진에 당신이 포함될 것이라고 믿나요? 6장 사진이 놓인 순서 중 어디에 · 왜 놓여질까요? 그것은 당신에게 어떤 느낌을 줄까요?

4. 상담자 반응 및 이해

중요한 발견들은 종종 내담자들이 그들의 사진을 선택하고 묘사하는 데 어려움을 겪을 때 이루어질 수 있다. 상담자는 내담자가 자신이 선택한 이미지 주제를 이야기하면서 자신에게 중요한 것들이 무엇인지 사진을 통해 발견할 수 있도록 섬세하게 탐색하는 것이 좋다.

5 우주정거장 활동 리스트

- **Warm-up**
  - 활동 안내 및 인사 나누기
  - 가져온 사진에 대해 나누기
- **Main Activity**
  - 주의를 환기하고 우주 여행을 가정하도록 준비시키기
  - 연습 시행
  - 사진을 관찰하면서 상호작용하며 질문하기
- **Wrap-up**
  - 피드백 나누기
  - 뒷마무리 하기
- **Reflection**
  - 진행자의 경험 및 진행 내용 정리

9
사진을 활용한 가족치료

사진들을 앨범 속에 간직하는 것은
사진들이 그 의미를 보여주기보다는 기억을 자극하기 때문이다

- 주디 와이저(Judy Weiser) -

1 가족치료(Family Therapy)

가족치료는 가족을 한 단위로 하는 치료적 활동으로, 가족을 둘러싼 상황적 맥락 속에서 그 가족 구성원들이 가진 문제를 이해하고 해결하려는 치료적 접근법이다. 가족 개개인의 성장 발달과 적응은 보다 잘 기능하고 있는 가족체계 내에 있을 때 촉진되는 것이다. 가족 구성원의 문제행동은 개인의 문제가 아니라, 가족 또는 더 넓은 사회적 맥락 속에서 이해되어야 한다. 따라서 가족치료에서의 개인의 문제는 개인 내적인 문제로서만 아니라, 그를 둘러싼 전체로서의 가족이라는 체계 속에서 이해되어야 하고 가족 안에서 이루어지고 있는 관계 양상에 더 주목해야 한다. 가족치료는 가족 구성원의 역기능적이고 악순환적인 상호작용 양상을 끊고 가족 자체가 가진 힘을 발견해 가족과 개인의 기능이 회복되도록 하는 것에 목적이 있다.

2 가족치료 이론

가족치료가 본격적으로 심리치료의 전문 영역으로 자리를 잡기 시작한 것은 1950년대이다. 이전의 심리치료가 한 개인의 심리 내적 문제에 국한해 생각했었던 것과 달리 문제 행동을 보이는 개인은 그가 속한 체계 자체의 결함을 드러내고 있다는 견해가 등장한 것이다. 초기 선구자인 보웬(M.Bowen)은 1950년대 중반 정신분열증 환자 가족에 대한 연구로 부터 가족 내의 관계가 개인의 심리적·정신적 역동에 영향을 미친다고 생각했다. 구조적 가족치료 이론은 가족 체계의 구조 영역, 전략적

가족치료 이론은 체계의 변화에 초점을 맞춘 이론이라면 정신분석적 대상관계, 맥락적, 보웬 가족치료 이론들은 모두 개인 내면의 주제와 가족 체계를 같이 생각하는 이론들로 볼 수 있다.

다양한 가족치료 이론들이 서로 다른 철학적 생각과 개념들을 발전시켰음에도 불구하고 공통적 개념으로 갖고 있는 것은 가족은 '체계(system)'라는 것이다. 가족은 가족 내 상호작용 안에서 일정한 형태의 체계를 만들어내어 순환적 인과관계라는 독특한 가족체계를 형성하게 된다고 했다. 이는 단순히 원인과 결과가 아니라 생활체계 안에서 발생하는 과정, 즉 가족 구성원 상호 간에 서로 영향을 주고받는 과정이 중요하다는 의미이다. 가족치료 이론들의 특성은 각각 차이가 있지만, 여기에서는 보웬의 가족치료 이론에 대해서만 간단히 언급하고자 한다.

3 보웬의 가족치료 이론

보웬은 가족을 하나의 체계로, 하나의 정서적 단위로 보고 가족 구성원인 한 개인을 가족이라는 전체 체계의 한 부분으로 본다. 또한 가족 또는 가족 내 개인의 문제가 여러 세대의 역동을 거쳐 전달되어 현재의 증상을 일으킨다고 가정한다. 보웬 모델의 핵심은 가족이 전체라는 한 단위로서 서로 엮여 있으므로 각 가족원의 사고와 느낌, 행동은 전체로서의 가족에게 영향을 미친다는 것이다. 이런 가족의 정서 등은 역사를 통해 지속되며 이전 세대에서 제대로 해결되지 못한 문제가 다음 세대로 넘어가서 문제를 일으킨다고 한다. 따라서 기본적으로 3대에 걸친 가족관계 분석을 가족치료의 필수적 요건으로 본다.

증상을 호소하는 가족 구성원의 주요 문제는 정서적으로 융합되어 미분화된 체계에서 비롯되는 것으로 대부분의 가족 문제는 가족 구성원이 자신의 원가족으로부터 심리적으로 분리하지 못해서 비롯된다. 원가족으로부터 분화의 실패는 개인의 삶에 전반적으로 영향을 미치면서 개인의 성장발달을 저해하거나 모든 관계에서 역기능적 관계 갈등을 초래하게 된다. 가족 구성원들의 자아가 비교적 잘 분화되어 있고 불안 수준이 낮고 부모가 자신의 원가족과 정서적으로 좋은 관계를 맺고 있을 때, 구성원들이 건강하게 성장 · 발달할 수 있다. 보웬은 내담자 한 사람의 변화에 의해서도 가족 전체의 변화가 시작될 수 있다고 했다.

보웬의 이론에서 가족의 역기능적인 측면과 관계된 주요 개념들은 다음과 같다.

① **자기분화**(Self differentiation)

자기분화는 보웬 이론의 핵심적인 개념으로 한 인간의 자기분화 수준은 그가 태어나고 자란 가정에 의해 결정된다고 하며 분화란 융합의 반대 개념으로서, 첫째는 한 개인 안에서 사고와 감정이 엉키지 않고 각각 작동할 수 있는 상태, 그리고 둘째는 나와 타인이 엉키지 않고 있는 상태를 말한다. 건강한 삶을 위해서는 불안이 적어야 하고 불안이 적기 위해서는 자신의 가족과 정서적 분화가 잘 되어 있고, 자신의 사고와 감정의 분화 정도가 높아야 한다.

② **삼각관계**(Triangling)

보웬은 두 사람 관계 체계에서 발생하는 스트레스나 상충된 욕구가 있을 때 균형을 유지하려고 시도하는 데서 삼각관계가 형성된다고 한다. 즉, 가족 내 두 사람 사이에 갈등이 있을 경우 그 갈등 상황을 해결하기 위한 방법으로 다른 구성원을 두 사람의 상호작용 체계로 끌어 들여 삼각관계를 형성하는 것이다. 이런 삼각관계는 융합을 초래하며 이 삼각관계에 낀 아이들은 심리적 융합을 많이 하고 의존성이 커진다. 고착된 삼각관계의 문제점은 삼각관계에서 융합이 가장 많이 일어나며, 융합이 되었던 자녀는 성장한 후에도 균형 잡힌 시선을 갖지 못하고 왜곡되고 주관적인 시각을 갖게 된다. 또한 삼각관계에서는 가해자는 없는데 피해자만 있다고 느끼게 되어 억울함을 경험하게 되고 삼각관계에 연루되는 자녀는 성장 후 다른 관계에서도 쉽게 삼각관계에 들어간다.

③ **핵가족 정서체계**(Nuclear family emotional system)

핵가족 정서체계란 각 가정마다 그들만이 공유하고 있는 문화나 색깔이 있고, 그 가족 전체를 묶는 공통적인 정서가 있는데, 이처럼 가족들이 감정적으로 강하게 결속된 정서적인 힘을 말한다. 어린 시절 부모가 강조했던 것, 잔소리, 설교, 가훈, 규칙들을 통해 알 수 있다. 이는 가족원들 사이에 분화가 잘 이루어지지 않아서 나타나는 것으로 원가족에서 형성된 것을 다시 지금의 가족 내에서 반복하는 정서적 압력들이다. 핵가족 정서체계는 결혼과 함께 시작되는데 가족의 분화 정도가 낮을수록(융합도가 강할수록) 증상을 일으키는 정서적 역기능 유형들이 활발히 작용한다.

④ **가족투사 과정**(Family projection process)

가족투사란 부모가 가진 불안을 자녀에게 투사해 자녀 때문에 부모인 자신이 불안해진다고 느끼지만, 결과적으로는 그 불안이 현실화되어 부모가 불안해하는 바로 그대로의 자녀가 된다는 것이다. 가족투사의 정도는 부모의 미분화 정도와 가족이 경험하는 스트레스나 불안의 수준에 의해 영향을 받는다. 부모의 투사를 받는 자녀는 부모와 밀착된 공생관계로 정서적으로 융합하고 의존적 유대관계를 가지게 된다. 부모가 이전 세대로부터 받아온 불안의 종류와 양, 형제 순위, 성별, 결혼 후의 사건 등에 따라 특정한 자녀에게 가족투사를 하게 된다.

⑤ **다세대 전수 과정**(Multigenerational transmission process)

가족투사가 여러 세대에 걸쳐서 계속되는 것을 다세대 전수 과정이라 한다. 다세대 전수 과정은 정서 체계에 근간을 두고 있으며 한 세대로부터 다음 세대로 계승된 정서, 감정, 그리고 주관적으로 결정된 태도, 가치와 신념을 포함한다. 다세대 전수과정에서는 역기능 가정에서 자라난 사람은 성인이 되어서도 자신과 비슷한 수준의 분화를 가진 상대를 배우자로 선택한다는 것과 부모의 낮은 분화 수준이 부모의 정서 유형에 민감한 특정 자녀에게 전수된다는 것이다. 3세대 이상에서 반복되어 가족 투사가 일어난 경우 정서장애나 정신분열 등의 문제를 보일 수도 있다고 한다.

⑥ **형제 순위**(Sibling position profiles)

태어난 형제 순위에 따라 삼각관계, 가족투사 과정에 끼이거나 부모와 강하게 융합 함으로써 타고난 개인의 특질과 상관없이 성격적 특징을 나타낸다. 맏이인 경우, 또는 부모의 형제 순위와 같은 자녀에게 쉽게 심리적인 융합을 일으키게 되거나, 상실한 자녀 다음에 태어나는 자녀에게 융합되는 경향도 크다.

⑦ **정서적 단절**(Emotional cutoff)

정서적 단절은 사람들이 부모와의 관계에서 해결하지 못한 세대 간의 미분화와 그와 관련된 정서적 긴장을 관리하는 방식으로 융합의 한 형태로 보며, 부모로부터의 격리, 부모로부터 멀리 달아나는 것, 부모가 중요시하는 것을 부정하거나 거부하는 것을 말한다. 정서적 단절이란 가족과의 강력한 밀착, 즉 융합으로 인해 야기되는 정서 상태가 힘들기 때문에 택하는 마지막 방법이라 할 수 있으며, 정서적 끈을 끊기 위한 극단적인 정서적 거리일 뿐, 사실은 가족으로부터 심리적 분화를 이루지 않은 상태이다.

⑧ **사회적 정서 과정**(Societal emotional process)

가족과 마찬가지로 사회도 융합과 분화의 상반된 힘을 가지고 있는데, 이런 사회에서의 정서적 과정이 가족 내의 정서적 과정에 영향을 미친다. 가족체계와 마찬가지로 사회도 불안이 증가하면 역기능을 나타내며 하위 집단끼리 융합되기 시작해 폭력과 불신, 비행과 범죄율이 높아지게 되는데, 미성숙한 사람인 경우 이런 집단들과 융합하고자 하는 강한 염원을 가지고 있기 때문에 그런 집단에 빠져들기도 한다.

4 가족치료와 가족사진의 의의

가족사진에는 다른 사진에는 없는 그 가족만의 특별한 의미가 있다. 데이비드 크라우스(David Krauss)는 '가족사진은 다른 어떤 방법으로도 얻어질 수 없는 투사적이고 물질적인 재료가 풍부한 원천'이라고 했다. 가족사진은 가족구성원과 내담자의 관계를 언어가 아닌 이미지로 보여줌으로써 내담자에 관한 정보를 객관적으로 제공하는 것이다. 따라서 가족사진에 대한 평가는 미학적 판단 기준을 고려하지 않아야 한다.

사진 속의 사람들 간의 공간은 비어있는 것이 아니라 모두 의미가 있다. 누가 사진을 찍고 누가 찍히는지 그들 간의 관계도 중요하다. 즉, 엄마가 찍은 사진과 아빠가 찍은 아이의 사진은 다를 수 있다. 가족사진은 한 장의 사진보다는 전체 사진, 사진에서의 배열, 카테고리들의 패턴을 봐야 한다.

가족치료에 가족사진을 활용하는 사진치료 기법은 과거의 체험이 현재의 가족에게 미치는 미해결된 갈등 또는 상호관계 등을 표출하는 데 큰 역할을 담당할 수 있다. 사진이라는 매체의 특성상 가족의 발달 단계나 그 시점의 인간 관계, 친밀도, 연관된 체계, 관계, 가족 내에서의 역할, 가족 간 경계, 커뮤니케이션 패턴 등 많은 자료들을 드러낼 수 있으며, 세대를 통해 전수되는 기대에 의해 형성된 내담자 자신(self)을 다루게 된다.

5 사진가계도(Photo Genogram)

가계도(Genogram)는 3세대 이상에 걸친 가족 구성원에 관한 정보와 각 구성원들 간의 관계를 도표로 기록한 것으로, 세대에 걸쳐 나타나는 가족의 패턴을 알고, 가족사에서 나타나는 죽음, 질병, 사고, 성공 등이 가족체계에 어떤 영향을 미치는지에 대한 이해를 제공하는 것이다. 사진가계도는 가계도의 가족 구성원의 위치에 가족별 사진을 붙인 후 가족의 구조, 일반적인 정보뿐만 아니라 좀 더 복잡한 정보(객관적 또는 내담자의 주관적인 정보)와 가족 간의 관계 상황 등을 상세히 나타낼 수 있어 시각적 이미지를 통하여 가족의 체계를 보다 쉽게 이해할 수 있다.

1. 사진가계도의 목적

사진 가계도 작성 작업을 통해 자연스럽게 내담자의 가족 배경, 전체적인 가족의 분위기 및 관계의 질까지도 파악할 수 있으며, 내담자는 자신과 자신의 가족과의 관계를 스스로 인식하고 이해할 수 있다. 가족을 체계론적으로 이해함으로써 원가족 내에서의 삼각관계, 정서체계, 다세대 전수과정, 가족 투사과정, 분화와 융합 등을 알아차리도록 해 내담자 개인이 그로부터 벗어날 수 있도록 돕는다. 개인상담뿐만 아니라, 부부 또는 가족상담에서 구성원의 참여가 어려울 때 가족을 불러오는 방법으로도 활용된다.

2. 사진가계도의 치유적인 역할

사진을 붙이면서 가계도를 작성하는 동안 내담자는 사진 속의 가족구성원에 대한 기억과 관계 패턴 등을 보면서 자신에 대해 많은 통찰을 할 수 있으며, 문제를 좀 더 객관적으로 명확히 바라볼 수 있다. 또한, 원가족과의 관계, 가족 체계문제, 내부적인 감정들까지 드러내는 데 효과적이다. 사진 가계도를 통해 내담자는 가족 투사과정을 알아차리고 정서적으로 단절된 관계를 복원하며 삼각관계를 없애는 등 가족 구조에서 체계의 변화를 이끌어낼 수 있는 치유적 효과를 경험할 수 있다.

3. 사진가계도 접근방법

1) 준비물

- 가능한 모든 가족의(가능하면 3세대의 사진) 개별 사진을 준비해 온다.
- 개별 사진을 구하지 못할 경우는 단체 가족사진을 인쇄해 오려서 사용할 수 있다.
- 만약 가족사진을 모두 준비해오기 어려운 경우에는 종이에 인물을 그려서 오리거나 막대 사람, 인형 등을 활용할 수 있다.

2) 기본가계도 작성기호

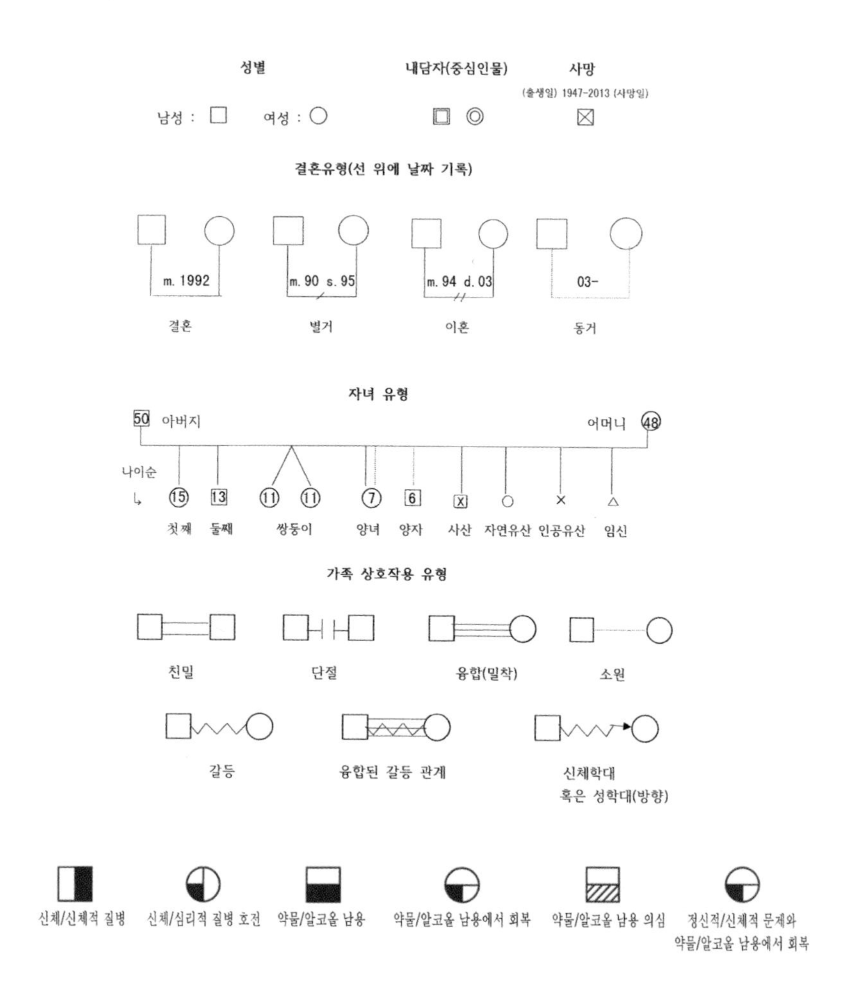

3) 사진가계도 작성방법

- 가계도 작성은 큰 도화지를 활용하는 것이 일반적이나 보드판을 사용하거나 또는 슬라이드, 파워포인트 등의 디지털 기기를 활용할 수도 있다.

① 전체 가족 구조를 그린다. 세대 간 및 개인 간에 생물학적 · 법적으로 어떻게 서로 관련되어 있는지를 도표로 나타낸다.

② 가족 사진을 가계도 위치대로 붙인다.

③ 가족 구성원에 관한 세부 정보를 근처 여백에 기록한다.

가족 구성원의 기본 이력(연령, 출생 및 사망시기, 직업, 교육수준 등), 각 가족의 특성과 역할(신체적·정서적·행동적인 특성과 관련한 객관적인 정보), 가족 생활사에서 중요한 가족사(갈등 시기, 가족 구조 및 관계의 변화와 관련된 사건, 긍정적 또는 부정적 변화, 가족상실 등)들을 기록한다.

④ 가족 상호간의 관계(갈등, 밀착, 융합, 소원, 단절 등)를 도식으로 표시한다.

4) 가족관계 탐색을 위한 질문하기

내담자의 상황이나 상담 목적에 맞는 질문을 선택할 수 있다.

① 사진 가계도 만드는 과정에 대한 질문

- 사진 가계도를 만들면서 떠오른 특별한 기억이 있나요?
- 당신의 가족체계는 어떤 것 같나요?
- 당신이 이해하고 있는 가족의 규칙이나 신화는 무엇인가요?
- 당신만이 알고 있거나 가족 내에서 숨겨진 가족의 비밀이 있나요?
- 사진 가계도를 만들면서 알아차리거나 느낀 점은 무엇인가요?

② 완성된 사진 가계도에 대한 질문

- **누가 나의 가족인가요?(가족이라고 생각하나요?)**
  - 내가 가족이라고 생각하고 붙인 사람들은 누구인가요?
  - 내가 인식하고 있는 가족이라는 경계는 넓은가요? 좁은가요?
  - 이런 인식이 나의 대인관계에 어떤 영향을 미치고 있나요?
- **보웬 가족치료의 주요개념에 따른 가계도 분석하기**
  - 자기분화
  - 삼각관계
  - 핵가족 정서체계
  - 가족투사 과정
  - 다세대 전수 과정
  - 정서적 단절
  - 출생 순위
  - 사회적 정서 과정
- **가계도 분석 시 필요한 질문들**
  - 가계도 속 가족의 갈등 이슈와 의사소통 양식은 어떠한가요?
  - 주된 삼각관계는 어떤 것이고, 그것은 어떤 방식으로 나타나나요?
  - 가족은 서로에 대해 어떻게 생각하고 있나요?
  - 가족의 역기능적 패턴들이 있나요?

- 가족 내에서 반복적으로 나타나는 심리적 패턴이 있나요? 그것은 무엇이며 어떠한 양상으로 나타나고 있나요?
- 누가 착한 사람의 역할을 했고 누가 나쁜 사람의 역할을 했나요?
- 어떤 구성원이 악당이고 어떤 구성원이 영웅인가요?
- 가족으로부터 내쳐지거나 버려진 사람(가족 내 희생양)이 있나요? 누구이고 무엇이 그렇게 만들었나요?
- 가족의 역할을 제대로 하지 않거나 순응하지 않은 구성원이 있나요?
- 가족 중 누가 보살핌을 받았고, 누가 문제를 일으켰나요? 왜 그랬나요?
- 가족 중 누가 강한 사람, 누가 약한 사람으로 보이나요? 왜 그런가요?
- 가족 간의 의사소통 양식을 바꾸면 가족 간의 갈등 관계가 해소될 수 있을까요? 어떻게 하면 그것이 가능할까요?
- 가족 중에 한 사람이 변화해야 한다면, 누가 그 역할을 할 수 있을 것이며, 어떻게 해야 할 수 있을까요?

5) 사진가계도 작업 시 유의점

- 가족 구성원 중 특정 연령대의 사진이 있거나, 사진이 없는 것도 중요할 수 있다.
- 어떤 개념의 가족이 더 중요한지를 이해하기 위해 원가족과 핵가족 혹은 실제 가족 구성원의 사진의 비율을 파악하는 것도 중요하다.
- 서로 다른 가족 구성원들에게 같은 기간에 비슷한 사건들이 있었는지 보기 위해서는 사진 가계도 전체를 반드시 종단적으로 관찰해야 한다.
- 세대를 내려오면서 특정한 패턴들이 반복되는지도 관찰해야 한다.
- 어떤 것이 흑백 사진이고 어떤 것이 컬러사진인지도 관찰해야 한다.
- 가계도는 생물학적 · 법적 관계를 표시하는 것이므로 반려동물을 가족처럼 생각한다고 해도 가계도 작업에는 포함시키지 않는 것이 바람직하다.

6 가족앨범(Photo Album)

가족앨범을 치료에 활용하기 위해서는 반드시 가족을 하나의 시스템으로 볼 수 있어야 한다. 그리고 가족 문제에 개입하기 전에 가족체계가 어떻게 작용하는지도 이해할 수 있어야 한다. 내담자들이 아동기에 가족과 경험했던 감정 양식이 향후 인생을 살아갈 때의 대인관계에 매우 중요한 영향을 미치기 때문이다. 앨범 속의 가족사진은 가족 구성원의 유산 그리고 그 뿌리를 알려주는 자료로서 이를 통해 가족의 역사와 현재의 가족체계를 알 수 있다.

1. 가족앨범 사진치료의 목적

가족앨범 사진치료 기법은 내담자의 배경을 드러낼 수 있도록 도와줄 뿐만 아니라 상담자가 가족의 내부적 인간관계의 네트워크에 대해 알 수 있는 기회를 제공한다. 가족 내에서 내담자를 지지해주는 집단인 가족의 정체성을 찾아내는 것은 치료의 필수 요소 중 하나이며 내담자와 그 가족의 체계를 이해하는 데 필요하다.

2. 가족앨범의 치유적 역할

어떤 개인이 사람들을 앨범 속 사진으로 간직하는 것은 사진들이 그 자체의 의미를 보여주기보다는 그 개인의 기억을 자극하기 때문이다. 이런 개인적으로 중요한 이미지들은 그들의 사적이면서 감정적 '비밀'들을 유지시키고 소중하게 만들어주기 때문이다. 앨범으로 정리된 사진들은 내담자 삶의 역사적인 연결성을 유지하는 하나의 수단이며, 사진을 컬렉션한 자기 스스로가 중요하다고 정의한 사진들이다. 내담자가 가족 앨범 속에서 선택한 사진을 보면서 지난 세월 동안 가족들에 대해 무엇을 찍고, 각 구성원과 어떤 관계를 가졌느냐가 사진을 통해 드러날 수 있으며, 이를 통해 내담자는 자신의 뿌리에 대해 이해하고 과거의 기억을 통해 현재의 문제를 직시하게 되는 것이다.

3. 가족앨범 접근방법

1) 상호작용적 가족앨범 사진치료

① 앨범이나 가족사진 가져오기

가족 앨범을 가져오게 하는데, 앨범을 가져올 수 없는 내담자에게는 어떤 특별한 주제에 대해 잘 설명하고 있는 사진으로 최대한 많은 가족사진을(최소한 열두 장 이상의 사진) 가져오도록 한다. 가능한 내담자 또는 가족에게 특별한 의미가 있거나 소중한 사진, 자신에게 불편한 사진, 어린 시절 사진, 빠진 가족 구성원이 있는 사진 등을 가져오도록 한다.

② 앨범 속 사진 살펴보기

앨범 속 사진 살펴보기는 부모가 내담자의 나이쯤이었던 때로 돌아가보게 해줌으로써 그 인생 단계에서의 중요하게 드러난 문제들에 대해 부모 및 자녀 양쪽의 관점에서 생각해보게 해준다. 사진 앨범 속에 나타난 잘 정돈된 가족 이야기는 수많은 비언어적으로 암호화된 규칙들과 수용에 대한 기대감이 들어있는 것이다. 상담자는 앨범을 훑어보고 난 후에 그 가족들만이 나타내고 있는 독특한 패턴에 근거해 해야 할 질문들을 생각해낼 수 있다. 상담자는 가족이 아니면서 비밀을 모르는 외부인으로서 사진이 갖고 있는 가족의 체계, 관계, 동맹, 비언어적 메시지, 감정적 표현들(혹은 그 결핍)에 대해서도 관찰해야 한다.

- **앨범 사진 살펴보는 방법**

– 앨범의 전체 페이지를 가볍고 빠르게 살펴본다.

– 내담자의 앨범 속 리듬과 규칙성에 대한 느낌을 얻기 위해 사진 속에 누가 등장하는지, 무엇을 하고 있는지, 어디에서의 어떤 사건과 행사의 순간들이 기록되어있는지를 살펴본다.

– 사진이미지에 대한 내담자의 어떠한 설명도 없이 상담자가 그냥 느껴지는 첫 느낌 그대로를 가지고 있을 필요도 있다.

– 최초의 앨범 훑어보기는 매우 중요한데, 내담자의 앨범 속 사진들을 있는 그대로 신선하게 바라볼 기회가 이번 한 번 뿐이기 때문이다. 따라서 항상 앨범을 훑어본 첫 인상들에 대해 기록해두어야 한다.

– 내담자에게 질문하거나 연대기적으로 사진을 훑어보면서 내담자와 대화한다.

③ 앨범 사진 탐색하기

앨범의 각 장들 속에는 비밀스럽게 묻혀 있어서 잘 발견되지는 않는 가족 내 삼각관계, 권한 부여, 경계, 피드백 고리, 단절, 이중구속, 환자로 지목된 구성원, 덜 개인화된 역할 등의 모든 주요 가족체계 치료 개념들이 있다. 삼각관계, 단절, 연합 또는 융합 그리고 서로에 대한 가족 구성원들 사이의 감정을 부호화하는 다른 상황들(또는 그들의 솔직한 감정을 숨기는 습관적인 방법들)과 같은 무의식적인 역동이 가족들의 일상적인 생활 속에 계속 진행된다면, 어떤 일상적인 신체적 표현들이 그들의 사진 속에서 자동적으로 드러날 것이다.

원가족 구성원들이 가지고 있는 해결되지 않은 문제들을 해결하는 한 방법으로 가족 구성원들 스스로 물리적인(지리적인) 혹은 감정적인 거리를 갖고 있는 것임을 내담자가 알아차릴 수 있도록 해야 한다. 구성원들이 내담자의 삶으로부터 단절되면 내담자의 사진 모음에서도 사라지게 된다. 결과적으로 사라짐, 간극, 그리고 다른 부조화들이 내담자의 앨범 속에 나타나게 되는데, 그 이유를 질문해보는 것이 탐색에 도움이 된다. 내담자 개인과 가족의 정체성은 물론 연관된 감정 사이에서 유사점과 차이점을 발견하기 위해 내담자 혼자 찍은 사진과 가족 구성원들과 함께 찍은 사진 사이에서 내담자 스스로가 인지하고 있는 차이점에 대해 서로 논의할 수 있다.

상담자는 내담자와 함께 앨범을 보면서 자신의 추측과 반응을 보인 후에 내담자의 인식과 반응을 함께 나눈다. 앨범 전체나 사진 한 장씩을 보면서 조용히 사진의 이미지에 대해서 탐색한다. 상담자는 다양한 가족들 사이의 관계와 의사소통 패턴에 대해 연구해 그와 관련된 어떤 신호를 발견하고 그런 상황을 만들어낸 기본 틀 안에서 그것이 앞으로 어떻게 변화해 나갈 것인지를 미리 찾아내야 한다.

또한 사람 이외에 애완동물, 자동차 등을 포함한 가족 구성원을 모두 식별해야 한다. 각각의 사진이미지는 누가 가족 구성원인지 등에 대한 정보를 끌어내기는 하지만, 이런 이미지 속 사람들 사이의 느낌이나 관계, 그리고 예상치 못한 특별한 이미지를 탐색하는 것은 상담자에게 특별히 중요하다.

- **앨범 사진에서 질문과 탐색**

– 이 사진들을 보면서 당신 가족에 대해 알아야 할 중요한 점은 무엇인가요?

– 이 사진들을 설명하면서 당신이 기억해야 할 것은 무엇인가요?

– 당신이 더 자세히 설명해 주지 않는다면 내가 모르고 지나갈 만한 것은 무엇

인가요?

- 어느 누군가가 반드시 사진 속에 포함되기 위한 규칙들이 있나요?
- 가족 이력, 여행지 또는 많은 관심을 가졌던 행사들 중에서 최고조를 이루었던 것은 무엇이었나요?
- 가족의 이야기에 일관성과 규칙성이 나타나는가? 아니면 거기에 방해 요소나 생략이 있는가? 감정적 친근함이 표현되어 있는가?
- 누군가에 대한 안정된 주제, 메시지 혹은 감정 표현 등이 있는가?
- 누구의 사진이 많은가? 누구랑 더 많이 찍었는가?

④ 가족 앨범 치료과정에서 질문과 탐색하기

• 가족체계에 대한 질문과 탐색

- 내담자가 가족 내에서 차지하는 위치를 질문한다.
  (출생 순서, 형제자매들, 조부모님의 생존 여부 등)
- 내담자가 자신의 가족의 근원에 대해 무엇을 믿고 어떤 태도를 취하는지를 발견해내는 것은 매우 중요하다. 이는 자신의 어린 시절이 어땠는가 하는 내담자의 설명이기 때문이다.

• 출생 이전에 관한 질문과 탐색

- 내담자가 태어나기 전 사진 속 가족들은 어떤 모습으로 보이나요?
- 내담자의 부모님은 그들의 부모님(조부모님)과는 어떤 식으로 상호작용을 한 것 같나요?
- 내담자가 태어나기 전하고 후가 달라진 점은 무엇인가요?

• 형제자매들의 탄생 전후와 관련된 질문과 탐색

- 부모님이 내담자를 대하는 태도에 차이점이 있었나요?
- 누가 내담자를 자주 안아주며, 누구와 함께 소통하고 놀고 눈 맞추었나요?
- 부모님은 다른 형제나 자매들과는 어떤 모습으로 지내는 듯 보이나요?
- 사진들 속에 나타나는 얼굴 표정은 무엇을 뜻하나요?
- 부모님은 새로운 아이의 탄생에 만족/당황하거나, 불행/행복해 보이나요?
- 점점 성장하면서 가족들은 어떤 사건과 순간들을 찍고 기록해 두었나요?
- 어린시절에 내담자보다 사진을 더 많이 찍은 형제자매는 누구이며, 그 이유는 무엇이라고 생각하나요? 이런 패턴이 계속적으로 반복되는 것 같은지, 그 이

유는 무엇이라고 생각하나요?

- 한 사람 혹은 한 아이가 계속 사진의 중앙에 있는지, 아니면 사진 속의 '주인공' 자리에는 다양함과 유동성이 있는가?
- 평균적으로 바깥으로 치우쳐져 있거나 가장자리로 밀려나 있는 사람이 있는가? 이것이 다른 패턴들 혹은 특정한 상황이나 조건들과 연결되어 있는가? 아니면 흔한 일인가?
- (만약 내담자에게 현재 아이들이 있다면) 이런 패턴이 자신의 아이들을 찍은 사진속에서도 나타나는가? 그렇다면 내담자 자신의 어린 시절의 경우와 어떻게 비교할 수 있는가?

- **앨범에서 특정 패턴을 찾기 위한 질문과 탐색**
- **가족의 주제, 신화, 가족각본, 다세대 전수과정 등을 알기 위한 질문과 탐색**

- 당신의 앨범을 좀 더 낫게 혹은 보다 솔직하게 만들기 위해 없애야 하는 사진들이 있다고 생각하나요?
- 만약 할 수 있다면 지금 어떻게 바꾸고 싶나요? 만약 어떤 사람이 이 변화를 발견하게 된다면 그게 문제가 될까요? 누가 발견하게 되고 왜 그럴까요?
- 이 앨범 속에 불가피하게 끌리는 사진들이 포함되어 있다면 이 사진 다음에는 무슨 일이 일어나게 될까요?
- 지금 보고 있는 사진 중에 이전에는 보지 못했던 사진들도 있나요?
- 앨범 속에 있어야만 하는 그 무엇이 혹은 누가 빠져있나요? 진실보다는 단지 보여주기 위해 존재하는, 그래서 없애 버려야 하는 사진들은 어떤 사진들인가요?
- 당신 또는 다른 가족 구성원들의 사진은 누가 사진을 찍었느냐에 따라 눈에 띄게 달라 지는 것 같나요?
- 가족 구성원들 중에 사진찍기를 불편해 하는 사람들이 있나요? 그 사람에 대한 가족들의 반응은 어떠한가요? 그들의 감정이 존중받고 있나요? 아니면 찍히도록 강요받고 있나요?
- 어떤 사람이 사진을 찍을 때 순순히 허락하지 않을 가족 구성원도 있나요? 이것이 의미하는 것은 무엇이라 생각하나요?
- 누가 누구를 만지고 있는지, 누가 누구를 마주 보고 있는지, 누가 이런 것들을 외면하려고 할 것인지를 주목하고 있는가?

– 어떤 사람들은 항상 같이 있는 것처럼 보이는가?
– 어떤 사람들이 절대 서로의 근처에 가까이 가지 않으려는 것 처럼 보이는가?
– 매년 정기적으로 찍는 행사 사진 속에는 어떠한 리듬이나 패턴이 나타나는가?
– 확실한 종교적인 행사, 기념일들, 파티, 휴일 등 지속적–정기적으로 찍히는 사진들이 있는가? 이는 가족이 하나의 융합된 단위로서 나타나고 있는 순간으로, 그런 까닭에 구성원 개인 간의 불화가 예상되는 순간들일 수도 있다. 만약 그렇다면 가족 구성원들 중 사진 속에 가끔씩 등장하면서 가족에 대한 반감이나 집단 따돌림으로 단 한 번도 가족 속에 들어있지 않은 특정 인물이 있는가?
– 정기적으로 가족 앨범을 관리 · 보관하면서 새로운 사진을 넣거나 찍은 적이 없는 시간적 간격(공백)이 있는가? 이런 시간 간격은 불화, 비극, 힘든 시기 혹은 다른 외부적 요인에 의한 것인가?
– 앨범에서 사라진 사람들은 가끔 다시 나타나거나 그렇지 않기도 하는가? 가족의 이직, 질병, 이혼 등의 외부적인 이유에 의해 이런 결과가 초래되는가, 아니면 이런 시간적인 간격이 그들이 나타나는 것을 회피하거나, 인정받지 못하는 생활 방식, 해결되지 못한 차이, 말다툼의 결과 등 가족의 감정적이고 내적인 이유에서 기인하는가?
– 누가 사진을 찍지 않거나 혹은 부분적으로만 등장하는지, 감정적으로 혹은 가족 정책에 따라서 이를 뜻하는 것이 무엇인가? 만약 그 사람이 나중에 다시 사진 속에 등장한다면 그들 혹은 가족에 대한 이 변화의 징후는 무엇이 될 수 있는가?

- **사진 너머의 비밀을 알기 위한 질문**
- **표면적 사진 이면의 거짓 탐구 및 감정적인 연결을 위한 질문**

– 내가(상담자) 이 사진에 대해 그 밖에 무엇을 알아야 하나요?
– 당신 가족들 중에서 또 누가 이런 특별한 정보에 대해 알고 있나요?
– 사실이 밝혀지면 어떻게 될까요?
– 누구에게 이 사실을 알리고 싶나요? 그리고 그들에게 직접 말할 수 있나요?
– 이 사진의 어떤 면에서 당신은 이 사람(특정한 구성원)과 유사한가요?
– 구성원 중에서 누구를 제일 좋아하고 또 누구를 덜 좋아하나요?
– 그 사람의 어떤 면이 가장 매력적이고, 다른 사람은 어떤 점이 가장 불쾌한가요?

– 그들의 의견이 당신에게 문제가 되나요?
– 아무런 연락 없이 그들이 방문해도 반가운가요?
– 이 사진 속에 나타난 관계들을 어떻게 설명할 수 있나요?
– 이 사진을 왜 찍었다고 생각하나요?
– 이 사진을 보면 어떤 기억이나 감정이 떠오르나요?
– 지난 시간의 가족이나 당신 사진에서 어떠한 변화들이 가장 명백해 보이나요?

앨범을 탐색하면서 앨범의 각각의 페이지에서 무엇이 발견되는지, 개인적인 이미지가 내담자의 삶과 어떻게 절묘하게 연결되는지, 누구의 각색이 진실한 것으로 드러나는지, 또는 선택적으로 혹은 우연히 드러나지 않는 것은 무엇인지, 그리고 이것이 내담자에게 어떤 의미가 있는지를 알아보는 데 상담자는 관심을 가져야 한다.

2) 가족사진 재작업

① 가족사진 재배열하기

준비물: 가족사진(복사본), 크레파스, 풀, 싸인펜, 필기구 등

- 커다란 종이 위에 특별히 중요한 몇 가지 가족사진을 골라서 복사하거나 오리고 붙여서 원하는 대로 배열해 본다.
- 보이고 싶은 대로 배열해 보고 풀이나 크레파스, 싸인펜이나 미술 재료로 장식해 본다.
- 집단에서는 다른 집단원의 관점에서 사진을 재배열해보고 두 사진 배열 사이에 어떤 차이가 있는지도 찾아본다.

② 가족 자화상 콜라주 만들기

- 가족 전체에 미치는 영향력의 비율에 따라 가족원의 크기를 확대/축소해 본다.
- 가족원의 권력이나 영향력, 내담자에 대한 사랑의 강도, 그들이 싫어하거나 좋아하는 정도, 좋은 점과 나쁜 점, 또는 내담자의 생각 속에 존재하는 다른 측면들에 비례하는 크기로 만들어서 가족 자화상 콜라주를 구성해보는 것도 좋다.

3) 가족 조각하기

- 집단 프로그램에서 집단원의 참여가 필요하다.
- 주제는 상담과정상의 필요에 따르거나 또는 내담자가 정할 수 있다.
  - **예)** 내가 아이였을 때의 우리 가족, 내가 바라는 나의 가족, 내 문제의 단서를 제공해 주는 나의 가족, 세상이 봐주기 바라는 나의 가족, 어머니가 원하는 나의 가족 등
- 집단원들에게 본인이 보여주기 원하는 가족의 이미지를 가장 잘 표현하도록 집단원들의 위치나 신체 자세 등을 잡아준다. 얼굴 표정까지도 설명해주고 그 표정과 자세대로 그 위치에 그대로 고정되어 있도록 한다.
- 나머지 가족원을 대표하는 다른 집단원을 계속 추가해 나가는 방식으로 "살아있는 사진"을 만드는 것이다. 내담자 자신의 위치에 집단원을 세울 수도 있고 자기 스스로가 들어가서 자세를 잡을 수도 있다.
- 완성된 살아있는 가족 조각 형태는 즉석 카메라로 찍는다. 가능하다면 가족 조각을 만드는 초기부터 동영상을 찍어서 후에 전체 과정을 탐색해보는 것도 좋다.
- 조각이 완성되면, 참여자들에게 그대로 있으라고 하고 조각하는 과정 동안 그들의 느낌이 어떤지 자신의 위치에서 바꾸고 싶은 부분이 있는지를 질문한다.
- 만약 바꾸고 싶은 조각들이 있다면 바꾼 위치에서 다시 즉석 카메라로 촬영해 최초 사진과 비교하면서 탐색해 본다.

4) 가족사진 리뷰(다시 보기)

가족 앨범을 활용한 가족치료 과정 이후 가족사진 재작업이 끝난 후에 리뷰하는 이유는 가족 내에 존재하는 모든 차원의 하위체계 및 의사소통 양상과 가족관계의 변화를 도모하기 위함이다.

① 실시방법

- 전체 사진을 다시 보면서 자신을 화나게 하거나 슬프게 하는 사진이 있는지 내담자 스스로에게 물어보도록 한다.
- 그 사진들을 오랫동안 응시한 후 다음 문장을 완성시켜 보도록 한다.

" 내가 이 사진(사람)을 볼 때에 나는 화가 난다(슬퍼진다).
왜냐하면, ____________________하(이)기 때문이다."

- 그후 그런 감정이 사라지려면, 그 사진에 어떤 조치를 취해야 하는지를 생각해 보도록 한다.

"당신이 이런 (　　　　　)을(를) 할 때마다 당신은 나를 화나게(슬프게) 만들어요."
라고 말하는 대신에,

"당신이 이런 (　　　　　)을(를) 할 때마다 나는 상처받아요."라고 말하도록 한다.

- 약간의 변화만 주어서 같은 작업을 연습해 보도록 한다.

② 질문하고 나누기

- 그렇게 해봤을 때 자신의 내면에 어떤 변화가 일어나는지 참여자(집단인 경우)들과 함께 느낌을 나눈다
- 가족 내에서 기능을 다하는 가족원이 되기 위해 자신은 무엇을/어떻게 해야 하며 어떤 사람이 되어야 할까요? 또는 무엇을/어떻게 하지 말아야 하며, 어떤 사람이 되지 말아야 할까요?
- 자신의 앨범이나 생애 속에서 반복되고 있는 패턴이 마음에 드나요? 패턴을 변화시키기 위해 무엇을 할 수 있을까요?
- 진실된 개인, 가족사진, 또는 단체 사진을 만들어 보거나 상상해 보고, 사람들이 그것을 보고 뭐라고 말해줄 것 같나요?
- 새로운 다른 이미지로 새 앨범을 만든다면 어떤 것이 될까요?
- 여러분은 다른 가족원의 생애에 대해서 무엇을 배웠나요?
- 그것이 그 사람에 대한 여러분의 생각이나 느낌을 어떻게 바꾸어 놓았나요?

Tips

- 다음의 경우에는 그 이유를 탐색해 볼 필요가 있다.
  - 가족사진을 10장 이하로 가져오거나 아예 가져오지 못한 경우
  - 가족 전체가 들어가 있는 사진만을 가족사진이라고 생각하는 경우
  - 가족사진이 원래 별로 없다고 하는 경우
- 가족사진이 단 한 장도 없다고 주장하는 경우에 치료적 과정을 시행하기 위해서는 잡지, 카드, 엽서 등에서 오려서 활용할 수도 있다.
- 가족사진을 가져오려고 했지만 발견할 수 없었다고 하는 경우에는 스케치나 그림으로 그리거나, 그리기조차 어려운 경우에는 막대 사람(stick figure)이나 투사적 카드를 활용할 수도 있다.

10
사진 콜라주(Photo Collage)

마음은 빙산과 같다.
커다란 얼음덩어리의 일부만이 물 위로 노출된 채 떠다닌다.

- 지그문트 프로이트(Signund Freud) -

1 콜라주(Collage)

콜라주는 프랑스어의 동사 coller에서 유래되었으며 꼴레라의 본래 의미는 '풀칠하다', '바르다'라는 뜻이다. 화면의 리얼리티(실재성)를 추구하기 위해 종이, 잡지, 엽서, 신문, 천 조각, 모래, 톱밥, 나무토막과 같은 실제의 물건을 화면에 붙여 현실에서 존재하는 느낌을 갖는 회화의 한 가지 기법이다.

콜라주는 20세기 미술 분야에서 가장 큰 발명의 하나로 볼 수 있는데, 미술 분야뿐 아니라 사진, 건축, 컴퓨터 그래픽, 광고, 일러스트 디자인 등 다양한 장르에서도 변화를 가져다주었다. 일상에서 흔히 볼 수 있는 것들을 작품에 접목함으로써 기존의 미술 개념을 근본적으로 변화시킨 점에 큰 의미를 둘 수 있다. 인쇄된 이미지나 각종 오브제의 결합으로 만들어진 콜라주 기법은 본래의 재료적 특성과 상이한 모습으로 표현되기도 한다. 원래의 모습을 완전히 감추고 마치 또 하나의 독립된 전혀 다른 표면처럼 보일 수도 있으며 세계에 대한 일상적이고 관습적인 감각과 지각을 해제시켜 진부한 현상 이면에 놓여 있는 복잡한 관계를 드러내기도 한다.

2 포토 콜라주(Photo Collage)

사진은 글이나 말보다 더 많은 의미를 지녔다고 할 수 있으며, 함축적으로 표현이 가능하다. 이는 사진이 하나의 시각적 언어이자 표현 매체임을 보여주는 것이다. 포토 콜라주는 먼저 인화된 사진이나 도판 등을 접합시켜 그 우연적인 결합과 구성에 의해 초현실적인 미지의 세계를 창출하고자 하는 것이다.

현대적인 포토 콜라주의 개념이나 형식은 1910년대에 모더니즘이 도입되면서부터 본격적으로 시작되었다고 할 수 있다. 포토 콜라주 기법을 사용해 작품을 제작한 대표적인 작가로는 영국 출신의 팝아트(Pop Art) 화가이자 사진 작가인 데이비드 호크니(David Hockney, 1937~)가 있다. 그는 '인간은 어떠한 풍경이나 사물을 볼 때 전체의 이미지가 아닌 부분의 이미지를 합쳐 전체로 인식한다'라고 보고 대상을 해체하고 재구성해서 시각화하는 방식으로 본인의 작품에 콜라주 기법을 적용시켰다. 그가 시도한 포토 콜라주는 미적인 감각을 드러내는 긍정적인 영감을 제공했을 뿐만 아니라 시각 예술인 보여지는 것에 국한하지 않고, 무엇을 담아야 하는지의 메시지를 더한 콜라주 기법을 담아냈다.

데이비드 호크니(David Hockney),
「Gregory, Los Angeles, March 31st 1982」,
Polaroid collage, 99×68㎝, 1982

데이비드 호크니(David Hockney),
「Mother1」,
Photo collage, 47×33㎝, 1985

호크니의 작품 대부분에서 「Gregory, Los Angeles, March 31st 1982」와 「Mother1」과 같이 표현의 필요에 따라 화면의 시점이 이동되어 한 화면 속에 여러 초점이 동시에 생겨난 것을 볼 수 있다. 이것은 작품을 하는 동안 이미지의 모델이 움직이며 바뀔 수 있다는 점을 느끼고 그 부분까지 작품에 담기 위한 시도이다.

여기에서 콜라주와 몽타주의 어원에 대해 살펴보고자 한다. 몽타주(Montage)의 사전적 정의는 여러 장의 독립된 사진들을 결합해 만들어진 조합사진이며 어원은 라틴어의 mont로 '오르다' 또는 '조립하다', '편집하다'를 뜻한다. 이런 어원과 정의로부터 서로 다른 개념의 사진들을 조합해 새로운 개념의 사진을 만들려고 실험했던 1920~1930년대 예술가들의 생각을 유추할 수 있다. 당시 영화에서도 같은 용어와 정의들을 사용하는데 몽타주는 편집과 콜라주를 포함하는 개념으로 정의하고 다른 장면들을 결합해 새로운 이야기를 만들어간다. 같은 개념으로 포토 몽타주(Photo-montage)는 1차 대전 이후 베를린 다다이스트들에 의해 명명되고 시작되었다. 그들은 자신들의 정치적, 예술적 이념들을 대중들에게 전파하기 위해 포토 몽타주를 이용해서 새로운 이념을 시각적으로 만들고자 실험했다.

포토 몽타주와 포토 콜라주의 가장 큰 차이점을 살펴보자. 암실에서 필름을 조작하거나 인화하는 과정에 조합하면 포토 몽타주라고 할 수 있고, 인화된 사진들을 풀로 붙여서 조합하면 포토 콜라주라고 할 수 있다. 암실에서 필름이나 인화지에 조합할 경우 이음새가 보이지 않는(seamless) 사진도 만들 수 있다는 점에서 포토 몽타주의 사용 범위가 포토 콜라주보다 더 넓었다.

이는 사진술의 기계적 복제성을 생산의 도구로 인식한다는 것이다. 1920년대 다다이스트와 같은 예술가들은 사진술의 기계적 복제성이 기존의 예술을 대체할 것이라고 확신하고 포토 몽타주를 중요한 예술과 선전의 중요한 도구의 하나로 여겼다. 즉 사진을 합성해 인쇄 매체에 사용하면서 대중들에게 자신들의 이념이나 목적을 대량으로 전파할 수 있었다. 반면에 포토 콜라주는 입체파의 영향을 받아 순수히 인화된 사진들을 풀로 붙여서 만든다는 점에서 유일한 예술작품으로 존재한다. 디지털 사진 시대에는 컴퓨터와 소프트웨어를 이용해 쉽게 이미지들을 결합시킬 수 있게 되면서 포토 몽타주와 포토 콜라주에 대해 명확히 구분하기 어려워졌다. 따라서 두 용어를 혼용해서 쓰고 있다.

1. 목적

사진을 이용한 포토 콜라주를 통해 평범하게 인식하고 있던 물건, 개념, 의미를 담고 있는 사진을 분해·해체하며 재구성하는 과정을 통해 본래의 의미를 탐구할 수 있다. 포토 콜라주는 사진과 콜라주 기법을 통합적으로 활용해 접근하는 심리치유적인 한 방법이다. 사진을 활용한 콜라주는 사물을 있는 그대로 그리기 어렵거나 언어로 표현하기 힘든 감정이나 경험들을 말로 하지 않아도 표현할 수 있는 이점이 있다. 내담자들은 자신의 내면을 자유롭고 창의적으로 표현하게 해 자신을 이해하고 변형해 신성한 자아의 본질을 깨닫는 데 목적을 둔다.

2. 포토 콜라주의 심리치유 요인

포토 콜라주는 상담자와 내담자의 라포 형성에 도움을 주며, 작품을 만든 결과나 미학적인 관점보다는 심리적인 과정이 중요하다.

① 상담자와 내담자 간 상호 의사소통을 증진시킨다

내담자가 콜라주 작업을 하는 전후에 상담자와 하는 비언어적 · 도식적 의사소통은 심상의 표출과 자신의 욕구와 동기를 표출하게 한다. 이처럼 자신이 느끼는 감정, 느낌 등 경험을 자연스럽게 표출함으로써 의사소통을 증진시킨다.

② 심리적 퇴행이다

찍거나 모아 왔던 사진이미지를 이용해 잘라 붙이는 것 자체가 내면을 표현하는 포토 콜라주 작업의 과정이다. 이 과정은 과거 동심의 세계로 돌아가는 즐거움을 주며 심리적 퇴행을 유발한다. 포토 콜라주 기법은 내담자가 작업하는 동안 심리적 퇴행과 카타르시스를 경험하게 한다.

③ 붙여진 작품의 상징성의 의미를 찾게 한다

포토 콜라주 작품에는 의식과 무의식이 동시에 드러난다. 특히, 자신이 만들어낸 이미지보다 심상을 명확히 표현하게 되는데 무의식적으로 깊게 묻어둔 사실을 투사해주고 심상이나 상징을 통해 표현된다. 상징은 언어적으로 표현하기 어려운 내용이나 방어로 인해 억압해 있던 것들이 사진이나 이미지를 통해 밖으로 표현되기 때문에 그 자체로 의미가 있다,

④ 부정적 시각을 긍정적 시각으로 변화시켜준다

부정적 신념을 갖고 있거나 시각으로 바라봤다면 그 수면 아래 있던 불안이나 방어기제를 살펴봐야 한다. 이때 내담자 자신의 상황을 이해하고 내면을 통찰함으로써 적극적이고 긍정적인 시각과 기분의 변화를 경험한다.

⑤ 내담자의 방어를 줄이고 정보를 얻는 데 도움을 준다

상담자는 내담자의 작품에 나타난 형태, 내용, 구성 방법 등을 분석하고 해석하는 과정에서 내담자를 치료할 수 있다. 즉, 콜라주 작품에 나타나는 공간 상징과 여백의 분량, 자르거나 붙인 방법 등의 형식과 내용에 관해 내담자의 심리 상태를 파악할 수 있고 내담자를 이해하는 데 도움이 된다.

포토 콜라주는 사진의 특수기법이다. 인쇄된 사진을 오려서 대지(臺紙)에 붙여 맞추는 기법으로 현재는 이것들을 복사하거나 또한 인쇄 기술을 도입해서 새로운 시도를 하고 있다. 다양한 매체가 시각예술(visual arts)에 포함되어 있는데, 그런 예술매체가 사진치료와 결합될 때는 시너지 효과를 이루는 장점을 지니고 있다. 내담자는 파스넷, 색연필, 유성 펜 등 다양한 미술 재료를 사용해 자신이 찍거나 모은 사진, 잡지 사진 등으로 자신을 직접적으로 표현할 수 있다. 특히, 전지를 활용하거나 도화지에 사진을 붙여 활동을 한 후에 빈 여백에 그림을 그리거나 물감을 칠할 수도 있고 꽃, 나뭇잎, 다양한 천, 리본, 반짝이 스티커 등을 자유롭게 붙일 수 있으며 잡지에서 오려낸 단어나 다른 이미지 등을 붙이며 꾸밀 수도 있다. 또한, 사진 속 그림이나 얼굴 이미지에서 그 일부를 오려내어 사물에 붙이거나, 동물 스티커, 동물 인형, 무대 배경이 될 수 있는 그림에도 붙일 수 있다. 모래놀이에 사용되는 물체나 찰흙 또는 점토에도 사용 가능하고, 손가락 인형처럼 손가락에 직접 붙이거나 손가락 인형 자체에도 붙일 수 있으며, 이야기책이나 그림이 들어간 시집을 만드는 데도 쓰일 수 있다. 만든 이미지들을 서로 단어들로 연결하거나, 만화책에 나오는 인물의 머리 위에 말풍선을 만들고 그 안에 하고 싶은 말을 적어 넣을 수도 있다. 다른 스냅 사진이나 잡지 이미지에서 오래낸 것들에 활용할 수도 있다. 이런 프로젝트는 비디오 및 영화 만들기, 이야기 치료와 함께 사용 가능하다.

만일 가져온 사진이 특별하고 중요한 사진이라 찢고, 오리고, 붙이기가 망설여진다면 원본 사진을 복사해 사용하도록 한다. 복사한 사진을 자르거나 풀로 붙이고, 원본이 아닌 복사본을 확대 축소함으로써 새로운 사진을 구성하기 위한 재료로 사용할 수 있다. 이런 방식으로 포토 콜라주를 작업할 때 이전에는 기억하거나 기록되지 않았던 기억을 내담자는 재구성할 수 있고, 가족 앨범, 개인 이야기 등에 대해 자신만의 생각과 느낌 등을 만들 수 있다. 미술치료 또는 다른 예술 매체와 사진치료를 통합하는 것은 내담자 자신의 사진을 포함할 때 아주 바람직한 방법이다. 이는 옷과 같이 자신을 은유적으로 상징해 줄 수 있는 물건, 자전거, 가장 아끼는 컵, 침대, 책, 안경처럼 자신을 대표할 수 있는 물건, 가족 앨범이나 다른 전기적 사진 모음에서 꺼내온 사진 등을 사용할 때 긍정적인 효과를 나타낼 수 있다.

포토 콜라주는 하나의 배경에 수많은 이미지를 함께 붙여서 사용하는 것으로, 각각의 부분이 나름대로 시각적인 내용을 갖고 있지만, 전체 이미지가 하나의 그림 또는 메시지를 구성하도록 만든 것이다. 콜라주는 사진, 그리고 잡지나 복사물과 같은 사진적인 재생물일 뿐만 아니라 만들어진 사진 위에 글을 쓰거나 그림을 그리는 것 모두를 포함한다. 콜라주는 어떤 제한도 없는 자유로운 형태의 창작이 될 수 있고, 특별한 목적에 맞도록 구성될 수 있다. 예를 들어, 신문지 같은 커다란 종이를 가지고 어떤 주제나 자신의 일부분을 표현하기 위해 콜라주를 만들 수 있다. 또는 연대기적 이야기를 보여 주기 위해 벽지나 선반에 까는 종이를 두루마리처럼 활용해 기다랗게 펼쳐지는 콜라주로도 만들 수 있다.

내담자는 커다란 종이 위에 눕고 다른 사람이 내담자의 몸의 윤곽을 그린 다음, 미술 재료 또는 사진이미지를 사용해 그 윤곽선을 채우도록 할 수도 있다. 콜라주로 만든 것을 실제 사람 옆에 들고서 즉석 사진을 찍을 수 있다. 이 사진은 바디 이미지(body image), 자기·객관적 인상 등 관련 주제를 다룰 때 사용된다. 이런 기법은 자기타당화(self-validation) 및 객관적 자기인식(objective self-awareness)을 포함하는 주제를 다룰 때 유용할 것이다.

3. 포토 콜라주의 접근 방법

포토 콜라주 진행 과정은 사진과 미술작업으로 이루어지며 내담자가 자유 주제로 만들거나 정해진 주제를 가지고 할 수 있다. 그 과정에서 상담자와 이야기를 나누고 마친 후에도 자신을 탐색할 수 있다. 이런 과정을 통해 내담자는 주 호소 문제에 대해 살펴볼 수 있고 문제 해결의 방안에 실마리를 얻게 되기도 한다. 자기 방어가 심한 경우에도 포토 콜라주 작업을 하면서 무장해제가 되어 상담자에게 친밀감을 갖게 되고 자기이해와 치료에 도움이 된다. 이때 주제에 따라 다양하며 상담 목적과 할당된 시간에 따라 다양하게 응용할 수 있다. 구체적인 주제를 선정하고 주제에 맞는 준비물을 구성한 후 진행하거나 주제를 정해주지 않고 자유롭게 할 수 있도록 구성할 수도 있다.

1) 주제

사진을 이용한 포토 콜라주는 내담자의 상담 목적에 따라 자유 주제로 하거나 다양한 주제를 응용해 접근할 수 있다. 상담자가 상황에 따라 적합한 주제를 선택하거나 권한다.

① 나의 페르소나 표현하기: 나는 누구인가?

자신의 내면을 탐색함으로써 자기이해 및 정체성을 형성하는 데 도움이 된다.

② 나의 외면과 내면을 표현하기

- 의식과 무의식/내가 보는 나(내부)와 타인에게 보이고 싶은 나
- 타인이 보는 나(외부)와 타인에게 보이기 싫은 나

이 작업이 자기 내면의 자원들은 무엇이며 열등감을 극복하는 데 도움이 되며 이로써 있는 그대로의 자신을 받아들이고 수용하게 된다. 자신의 내면과 외면에 대한 성 찰 과정을 가지면서 긍정적 자원 강화를 가능하게 한다.

③ 나의 상징하는 것

나의 장점, 긍정적인 경험, 자존감 향상, 내적 자원의 강화에 도움이 된다.

외형적인 것 보다는 내면을 탐색하고 자신의 에너지를 발견하고 수용할 수 있다.

④ 나의 과거, 현재, 미래

과거, 현재, 미래로 나눠 작업해 봄으로써 과거를 반추 · 회상해보고, 현재의 자신을 발견하고, 앞으로 미래에 대한 이해 및 수용에 도움을 줄 수 있다. 기억 회상을 통해 자신의 인생에 대한 긍정적 · 부정적 사건을 객관적으로 재해석하고 재평가하면서 인생의 통합 과정을 가질 수 있다.

⑤ 나의 장점과 단점

자신의 장점과 단점을 스스로 생각한 후 표현하게 한다. 이때, 단점보다는 장점을 2~3개 더 표현할 수 있도록 한다. 자신의 성격을 객관적으로 살펴볼 수 있는 기회이며, 단점보다는 장점을 더 많이 갖고 있음을 스스로 느껴 자신감을 가질 수 있다.

⑥ 잊혀지지 않는 꿈, 기억에 남는 꿈

무의식, 기억하고 싶지 않던 특정 기억에 관해 콜라주 작업을 하면서 자가 치유와 회복에 도움을 줄 수 있다.

콜라주 작업 중 찢고, 오리고, 붙이며 다양한 감정을 표현함으로써 감정을 해소할수 있다. 원하던 것, 이루고 싶었던 것들에 관한 소망을 충족할 수 있다.

잊고 있었던, 잊고 싶었던 것들을 수면 위로 올려놓고 마음을 위로할 수 있다.

⑦ 내가 만약 마법을 부려 변신할 수 있다면

자신의 현재 모습이 아닌 새로운 모습으로 변할 수 있거나, 마법을 부려 변신한다는 가정하에 어떤 모습으로, 어떻게 변하고 싶은지, 무엇으로 변하고 싶은지 솔직

하게 표현해본다. 자신의 마음속 깊숙이 내재되어 있는 욕구 · 욕망을 표출해 수용하고 완화시킬 수 있다.

2) 준비물

포토 콜라주에는 여러 준비물이 필요하다. 진행과정에 도움이 되도록 미리 사진 등을 준비해 놓는다. 가능한 범위에서 준비물을 선택하며 참여하는 인원수에 따라 적절한 수와 양을 고려해 놓아야 한다.

① 사진

- 수집한 사진: 인화한 사진, 엽서, 카드, 신문, 잡지에 있는 사진, 브로슈어 등
- 자신이 찍거나 모은 사진: 자화상, 가족사진, 스냅사진 등
- 기타: 상담자가 미리 준비한 사진이나 이미지, 특정한 주제를 정해준 후 주제에 맞게 사진을 찍을 수도 있고, 내담자가 잡지나 인터넷에서 찾아 프린트 후 가져올 수도 있다.

② 보조적인 재료

- 칼, 가위, 풀, 도화지, 필기 및 그리기 재료
- 각종 미술재료, 꾸미기 재료, 색종이, 한지, 포장지, 물감, 비즈 등
- 주제를 표현하는 데 도움이 되는 소품들

3) 프로그램 과정의 유의점

진행하는 상담자가 살펴야 하는 세부적인 내용이다. 원만한 치유과정이 이루어질 수 있도록 살핀다.

- 사진을 붙이고 꾸밀 수 있는 도화지를 준비한다. 도화지는 색도화지, 한지 등 다양하게 준비한다.
- 상황에 따라 상담자는 다양한 사이즈의 도화지를 준비한다. 인원수에 맞게 준비하기보다는 여분의 도화지와 다양한 색과 사이즈를 준비해 내담자들이 선택하도록 하는 것도 진행상 바람직하다.
- 사진은 내담자가 개인적으로 가져올 수 있는 사진이 가장 바람직하다. 안 가져왔을 경우에는 휴대폰에 있는 사진이나 이미지를 전달받아서 프린트해 사용할 수도 있다. 때에 따라서 사진의 스캔, 복사, 확대, 축소가 가능하면 더욱 좋다. 사진으로 오리고 붙여도 큰 문제가 없는 사진을 준비해두거나 잡지의 사진을 응용해 사용할 수 있도록 준비해두는 것이 현명하다.

- 제공할 수 있는 최대한의 시간을 준다. 그러나 현실은 그렇지 못한 상황도 있음을 생각해두어야 한다. 사진 콜라주 작업은 예상보다 길어질 수 있음을 감안한다.
- 상담자는 내담자가 작업 과정에 충분히 몰입할 수 있도록 돕는다.
- 참여하는 내담자들이 스스로 모든 것을 선택하고 주도하도록 지지한다.

4) 개인 상담/집단 상담 진행 후 대화 나누기

포토 콜라주의 주제에 따라 진행하거나 자유 주제로 아래의 예시 질문 내용 중에 선택해 진행할 수 있다. (도화지 색상/여러 사진/미술 도구/과정/제목)

① 포토 콜라주 소개

– 어떤 주제를 선택하셨나요?
– 자유롭게 작업했다면 제목을 정해줄 수 있나요?
– 주제를 정했다면 정한 주제와 관련해서 설명해주시겠어요?
– 갖고 오고 싶지만 못 갖고 온 사진은 있나요?
– 가지고 온 사진 중에서 어떤 사진들 위주로 선택했나요?

② 작업과정 탐색

– 만들어가면서 기분은 어땠나요? 어떤 경험을 하셨나요?
– 진행하면서 어떤 느낌이나 감정이 들었나요?
– 진행하면서 어떤 생각이 떠올랐나요?
– 진행 과정에서 힘들거나 어려운 점은 있었나요?

③ 표현의 특징과 의미 탐색

– 특정한 사진에 대해, 좀 더 설명해주실 수 있나요?
– 특징적이고 색다른 표현이 보인다면, 그 부분에 대해 더 설명해 주실 수 있나요?
– 사진이 지나치게 크거나 작은 사진이 있어 보이면, 그 의미가 무엇인지 설명해 주시겠어요? 그렇게 하신 이유가 무엇인가요?
– 충분히 사진으로 잘 보여주는 것 같은가요? 더 첨가하고 싶은 사진이 있나요?
– 빼고 싶은 사진이 있나요?
– 작업한 것을 주고 싶은 사람이 있나요?
– 작업한 것을 절대로 보여주기 싫은 사람이 있나요?
– 집단 상담일 경우, 다른 사람의 포토 콜라주 중에서 갖고 오고 싶은 사진이나

이미지가 있나요?/갖고 오고 싶은 이유는 무엇인가요?

④ **가치평가(스스로 격려하기)**

- 가장 마음에 드는 부분/사진/표현이 있나요?
- 자신이 만든 작업의 결과에 만족하시나요? 무엇이 가장 만족스럽나요?
- 아쉬운 점이 있다면 어떤 것인가요? 더 보충하고 싶은 부분이 있다면 무엇인가요?
- 내가 원하는 대로 표현된 것 같나요?

5) 상담자 반응 및 이해

상담이나 프로그램 과정 중 내담자가 어떤 사진이나 이미지에서 머뭇거렸는지, 사진을 덮어 놓았는지 등을 살펴보고 감상 후 나누기 시간에 물어볼 수 있고, 상황에 따라 추후에 물어볼 수 있다. 또한, 과정 후에는 내담자가 표현하고자 했던 내용과 그 의미를 잘 경청하고 공감하며 적절한 전이 반응을 보이는 것이 필요하다. 특히 내담자가 찍거나 모은 사진으로 진행되었을 때는 내담자의 감정과 행동을 잘 살피며 마무리 지은 결과물에서 특이하게 보이는 점에 유의하면서 상담을 진행하도록 한다. 내담자가 마무리한 결과물은 자신의 휴대폰으로 담아두게 함으로써 지금 이 순간 느끼는 감정과 추후 상담과정에서 연결선상으로 가져올 수도 있다. 나누기 시에는 내담자가 자신의 표현을 스스로 탐색하고 이해하는 과정을 통해 명료화할 수 있도록 지지하면서 진행되도록 한다. 포토 콜라주는 작품을 만드는 과정이 아니기에 미학적인 평가보다는 과정의 경험과 인지적 · 정서적 반응에 주안점을 둔다. 내담자가 선택한 또는 주어진 작업의 주제와 작품의 연관성이 어떻게 이루어지고 있는지 심도 있게 살펴보아야 할 것이며, 이를 바탕으로 내담자가 이해하면서 긍정적인 치유의 변화를 경험할 수 있도록 격려하고 도와야 할 것이다.

4. 포토 콜라주 작품의 분석 방법

콜라주 작품을 분석하는 방법에는 전체적인 평가, 계열 분석, 내용 분석, 형식 분석, 상징 등을 포함해 거시적 · 미시적인 다양한 방법이 있다. 형식 분석과 내용 분석을 살펴보자.

형식 분석은 포토 콜라주 작업 시 어떻게 표현되고 있는가에 대한 방법이다. 사진 조각의 수, 잘라내는 방법에 관해서는 손으로 뜯어내는 방법인지 가위로 자르거나 오리는 방법인지, 여백의 유무를 판단하거나 분량은 어떠한지, 도화지 밖으로 사진이나 재료들이 벗어났는지, 뒷면을 사용했는지, 중복해서 붙였는지, 자르는 방법은 사물의 형태에 따라 오렸는지, 틀에 맞춘 것처럼 사각형으로 오렸는지, 주된 문자나 색채 등을 고려해서 작품을 분석해야 한다. 공간 배치와 공백의 위치 또한 중요하다. 공백이 전체적으로 봤을 때 고루 분포되어 있는지 아니면 특정 부분에 집중되어 있는지 평가한다. 융(Jung), 코흐(Koch) 등 여러 분석가들에 의하면 공간의 왼쪽은 내적, 오른쪽은 외적인 부분을 의미하며, 위는 의식적 · 정신적 영역이라면 아래는 무의식적, 신체적 영역을 의미한다. 왼쪽 위 부분은 윤리, 부성, 사고, 종교를 의미하며 아래 부분은 본능, 직관을 의미한다. 오른쪽 위 부분은 사회, 감각을 의미하며 아래 부분은 모성, 가정, 감정을 의미한다고 볼 수 있으며, 중앙은 전체성, 자기의 영역을 의미한다.

자른 조각의 수에 따라 에너지가 많고 적음의 관점으로 이해할 수 있으며, 여백의 유무에 따라 내담자의 심리 상태를 파악할 수 있다. 뒷면을 사용하는 경우는 감추고 싶은 내용이나 무의식의 표현일 수 있기에 이야기를 나눌 때 세심하게 살펴볼 필요가 있으며 중첩의 경우에도 밑에 붙여진 사진 안에 숨겨진 의미가 무엇인지 상담을 통해 내담자의 심리 상태를 탐색하고 해석할 수 있다. 자른 방법 또한 사물 형태를 따라 섬세하게 강박적으로 오리거나 찢었는지, 문자는 방어적인 표현으로 문자를 많이 사용하는 경우도 있으며 내담자의 메시지를 전달해주는 경우가 많아 작품에서 의미 있게 사용된 문자가 있는지 살펴봐야 한다. 이때 가장 중요한 것은 내담자와 대화를 통해 해석하고 평가해야지 상담자가 일반적으로 정해져 있는 논리를 근거로 다가가는 것은 위험하기에 지양하고 주의해야 한다는 것이다.

내용 분석은 포토 콜라주 작업 시 작품에 붙여진 사진 조각이 무엇으로 표현되었는가에 대한 분석이다. 사진 조각들에 관해서는 사람, 동물, 자연 풍경, 음식물, 탈것들, 의류 등 어떤 조각들로 표현되어졌는가를 살펴봐야 한다. 이 과정에서 내담자가 현재 무엇에 관심이 있고 원하는지에 대한 정보를 파악할 수 있으며 연령대, 문화적 배경, 가정 환경 등 콜라주에 담긴 사물은 모두 상징적인 의미가 있기에 그 의미는 다의적이며 하나로 정의하기에는 다소 무리가 있을 수 있다. 이렇게 한 것은 이런 이유여서 라고 단정하기보다는 내담자가 작업을 하면서 연상된 것, 하는 도중에 느꼈던 것, 마친 후 이야기를 듣고 물어보면서 스스로 통찰할 수 있도록 한다. 내담자의 설명과 표현하는 과정을 중요시해야 한다.

도박 중독 대학생의 콜라주: 10년 후 미래의 모습

3 포토 콜라주 프로그램 구성

- **Warm-up**
  - 활동 안내 및 인사 나누기
  - 포토 콜라주에 대한 의미 나누기
  - 주제 선정하기/자유 주제임을 명시하기
  - 준비물 제공/시간 설정하기/공간 설정하기

- **Main Activity**
  - 주제에 따라 개별 작업하기/자유주제에 따라 개별 작업하기
  - 작업 감상 및 발표하기
  - 대화 나누기

- **Closing**
  - 피드백 나누기
  - 마무리하기

- **Reflection**
  - 진행자의 경험 및 진행내용 정리하기

11
사진일기(Photo Diary)

"너 자신을 알라."는 행복으로 향하는 길이다. 내가 택한 길은 바로 일기를 쓰는 것이다.

- 스탕달(Stendhal, 1811년 8월 10일) -

1 사진일기

사진일기는 일기의 형식을 사진에 적용해 사진으로 일기를 쓰는 것이다. 즉 하루의 삶을 사진으로 기록해 돌아보고 성찰하면서, 궁극적으로 나를 알아가고 의식성장을 향해 긍정적인 변화를 일으키는 사진치유 활동이다.

창의적인 사진일기 활동은 소소한 일상의 기록에서부터 내적인 감정과 사고, 그리고 심상에 이르기까지 자신을 표현하도록 돕는다. 그 결과 사진은 언어와 사고의 폭을 넘어서 무의식적이며 폭넓은 차원의 관점으로까지 자신을 표현하고 자각하고 인지하게 한다. 개개인 의식의 발달 수준과 단계에 따라 사진 표현의 해석과 성찰의 깊이는 제각기 다르게 나타난다.

2 사진일기의 목적

사진일기는 사진을 이용해 개인에게 일어나는 일상의 외적인 사건과 내적인 표현을 도와 개개인의 성찰을 도우면서 사실적·투사적·상징적 표현을 통해 치유적인 감정 표현과 이완을 돕고 자아 개념과 자아 정체성 형성을 돕는 데 목적을 둔다.

3 일기의 의미와 역사

일반적으로 일기(日記)란 한 개인의 일상에서 체험한 내용들과 이와 관련된 생각이나 정서, 느낌들을 기록하는 사적인 기록물이다. 통상 하루 단위로 기록하지만 글쓴이에 따라 주기 또는 월기로 달라질 수 있다. 일기는 원래 강제성이 없으며 규칙대로 따라 해야 하는 의무가 없다. 즉, 일기는 자유로운 형식을 갖는다. 이런 특성으로 인해 일기는 글쓴이의 개성이 가장 돋보일 수 있으며 자신이 유일한 독자이기도 한 사적인 글쓰기가 된다. 그래서 일기는 통상 글쓴이의 사적인 비밀이나 깊은 속내가 솔직하게 표현되는 특징을 갖는다.

일기라는 명칭은 중국 한나라의 유향(劉向)이 최초로 문헌에 남겼는데, 사실적 기록이라는 의미에서 일기라는 명칭을 사용했다. 이 당시에 일기는 통치자의 정치기록을 의미했다. 이후 송나라 때 이르러서야 일기가 개인의 사적인 기록을 가리키게 되었다. 우리나라 최초의 일기는 1201년 이규보의 남행월일기(南行月日記)이며, 현존하는 개인 일기로는 1349년에 이곡(李穀)의 『동유기(東遊記)』로 기행일기의 형식을 갖고 있다(송재용, 1996). 일기는 서양에서는 다이어리(Diary, 배설의 의미) 또는 저널(Journal)이라고 부른다.

일기의 성격을 갖춘 근대적 일기의 효시는 17세기 영국의 행정가인 새뮤얼 페프스(Samuel Pepys)이다. 자신을 중심으로 하는(자아주의) 일상생활(일상주의)과 소소한 사생활의 비밀(비밀주의)에 이르기까지 기록되어 있다. 자신의 속물적인 은밀한 사생활 면까지 드러내어 인간적이고 사실적이며 비밀스런 일기의 특징을 가지고 있는 것으로 평가받고 있다. 그의 일기가 개방되는 덕분에 런던 대화재나 영국의 사교계, 그리고 그 당시의 사회상에 대한 사료로서의 가치를 인정받았다.

인쇄술의 발달과 산업화로 일기 쓰기는 대중화되었으며 문학에서의 일기는 작문연습의 도구로 활용되었다. 18세기 말에는 일기가 문학 장르로 인식되기 시작했으며 19세기에 들어와 '자아가 문학의 테마'가 되면서 일기가 출간되기 시작했다. 현대에 이르러 작가들의 일기는 그들의 생애와 작품 분석을 위한 중요한 역사적 자료로 여겨지고 있다. 즉, 일기가 한 개인의 성찰의 기능을 넘어서 그 시대의 사회적이며 역사적인 증거물로 의미가 확장된 것이다.

현대에는 컴퓨터와 휴대폰을 사용하는 일기 쓰기가 대중화되어 가고 있다. 어릴 때 의무적으로 썼던 그림일기 같은 수기식 방식에서 사진이미지와 동영상이 첨가된 전자식 일기로 인터넷을 통해 전 세계에 공유되기까지 한다. 더불어 비밀스런 사적인 일기에서 대중에게 공개되는 현상까지 나타나고 있다. 일기는 주제에 따라 종류가 매우 다양하다. 대표적으로 여행일기, 병상일기, 육아일기, 관찰일기, 독서일기,

다이어트일기, 꿈일기 등이 있다.

일기를 심리치료에 사용하는 저널치료(Journal therapy)는 1960년대 미국 심리학자인 아이라 프로고프(Ira Progoff) 박사에 의해 시작되었다. 저널치료는 단순하게 저널치료 또는 간단한 글쓰기라고도 하는데, 일기를 치유적으로 사용해 사람들에게 변화와 성장을 촉진하며 자의식을 높이고 내적이고 외적인 갈등을 개선하도록 한다. 정신적, 신체적, 정서적, 그리고 영적 건강과 웰빙을 위해 의도적인 목적을 가진 반성적인 글쓰기이다. 글을 쓰는 것은 긴장을 완화시키고 당면한 문제를 명확하게 해준다.

많은 심리상담자들이 치료에서 일기 쓰기를 권하고 있다. 저널치료에서는 이야기의 관점에서 이벤트나 경험들을 기록하게 하면서, 사람들의 내적 경험과 생각, 그리고 느낌들을 포착해 쓰게 한다. 자신의 문제나 걱정을 기록하고 대화하며 분석하는 연습과정을 통해 의도적으로 자신의 글을 성찰하고 내면을 관찰하게 한다. 저널치료의 연습방법에 사진을 사용하기도 한다. 예를 들면, 상담회기 중에 내담자에게 개인적인 사진을 고르게 하고 그 사진에 대한 질문을 하고 나서 질문의 답을 글로 쓰게 한다. 질문에는 "이 사진들을 볼 때 어떤 느낌이 드나요?" 또는 "이 사진 속의 사람들, 장소, 사물들에게 무슨 말을 하고 싶은가요?" 등이 있다.

4 일기의 치유적인 기능

일기는 자신을 알아가게 한다. 일기는 가장 원초적이며 자아중심적인 글쓰기로 글쓴이의 정신 구성 상태를 자연스럽게 드러낸다. 정신분석에서는 일기나 편지가 사람들의 무의식적인 체계를 결정짓는 원초적인 과정을 볼 수 있는 자료로 여긴다(조성웅, 2013). 자신을 관찰하고 분석하는 탐색 과정으로서 일기를 쓴다면, 자기 자신을 알아나가는 데 매우 효과적이다. 일기를 쓰면서 자아를 자각하게 하고 자기 개념을 형성하는 정체성이 형성된다. 즉, 매일 쓰는 일기는 자신의 존재의 의미를 알아가게 하는 훌륭한 수단이 되는 것이다.

일기는 나를 진솔하게 드러내게 하는 안전한 공간을 제공한다. 프랑스 문학평론가 베아트리스 디디에(Béatrice Didier)는 일기 쓰기는 평화로운 은신처를 되찾는 것이면서 '내부'의 잃어버린 천국을 복원한 것이라고 한다(조성웅, 2013 재인용). 남들은 모르지만 우리 자신만은 잘 아는 마음, 감정, 그리고 그 어떤 생각도 그대로 적는다는 것은 매우 위험한 일이기도 하며 이것이 영원히 숨기고 싶은 비밀일 수도 있다. 그러나 타인의 평가가 주는 두려움에서 벗어나 나를 인정하고 솔직하게 표현할 때에 발생하는 긴장 이완은 평화로운 감정, 즉 안전감을 놀랍게 유도한다. 내면의 이야기를 하면서 얻게 되는 심리적 경감을 '거울 기능'이라고 한다. 나 자신을 있는 그대로 맡기고 드러낼 수 있을 때의 편안함은 심리적으로 태아가 있는 자궁 속과 같은 안온한 공간이 된다. 비록 상담이나 타인에게 말할 수 없는 마음일지라도 일기에 털어놓을 수 있다면 그 자체로 치유적일 것이다.

일기 쓰기는 현실적인 문제 해결을 돕는다. 프로이트는 우리가 문제에 부딪혔을 때, 심리적인 방어기제로 인해 현실을 부인하고 감정을 억압한다고 한다. 인간의 내면에 자연스럽게 작동하는 이런 방어기제들은 문제 해결과 접근을 차단한다. 현실적인 문제 해결을 위해서는 의식적인 방어를 내려놓고 그 문제에 직면할 필요가 있다. 일기를 적어가면서 내면을 바라보는 시간은 자신의 문제를 자연스럽게 명료화하면서 해결의 방향을 자연스럽게 찾아가게 한다.

일기 쓰기는 인지 발달과정에 큰 영향을 준다. 하루의 일을 회상하고 느낌을 기록하게 함으로써 사건을 체계화하고 구조화하는 능력을 필요로 한다. 아동들에게 일기 쓰기는 이런 면에서 교육적으로 아동의 기억력과 인지력, 그리고 표현력을 발달시키는 데 도움이 된다. 일기를 쓰면서 아동들은 관찰력이 높아지고 생각하고 느끼고 기억하는 태도가 길러지게 된다. 한편으로 노인들의 발달 단계에서도 기억 회상 등의 인지능력 유지에 일기 쓰기가 도움이 된다고 연구 보고되고 있다.

일기 쓰기는 인간의 의식을 확장시킨다. 미국의 텍사스대 심리학과 교수 제임스 페니베이커(James Pennebaker)는 "글쓰기는 사고의 감옥으로부터 벗어나게 한다"고 말한다. 머릿속에 있던 생각들을 글로 적다보면, 우리는 자신의 생각을 글로 보게 된다. 글을 적어놓고 보는 것은 글쓴이와 문제를 분리시키는 활동이 되며 자신과 떨어져 여러 가지 측면을 객관적으로 성찰하게 한다. 글을 객관적으로 보게 될 때, 자신의 긍정적인 면과 동시에 어떤 특정한 고지식하고 편협한 생각이나 감정, 또는 행동들에 갇힌 자신을 발견하게 된다. 이렇게 부정적인 자아개념을 알아차리는 순간부터 우리는 서서히 고정된 사고의 틀에서 벗어나 긍정적인 방향성을 갖게 된다.

일기의 가장 일반적인 기능은 회고를 통한 자아반성이다. 매일같이 쓰는 일기는 하루의 활동을 돌아보게 하는 성찰 과정을 일으킨다. 긍정적인 자기 성장을 위한 반성(reflection)의 시간이기도 하다. 한 인간으로서 부족하고 추하며 속된 모습을 반성하면서 더 나은 미래의 자신을 위해 긍정적인 다짐과 노력을 하게 하는 일기, 바로 이 점에서 변화가 일어나기에 치유적이다. 프랑스의 사회학자 알렝 지라르(Alain Girard)는 일기에는 환각에서 벗어나게 하는 심리치료적인 기능이 있다고 말한다(조성웅, 2013 재인용). 일기에 드러난 자신의 모습을 스스로 재해석 또는 재구성하면서 자아의 모습을 균형감 있게 교정하기 때문이다. 일기를 통해, 이룰 수 없는 이상과 환상에 사로잡힌 자신을 발견해 허상에서 벗어날 수 있다면, 하루하루 더욱 현재에 충실해지면서 성숙해질 것이다.

5 사진일기의 심리치유적인 의미

사진일기는 객관적인 기록이 주는 기억 회상적인 치유의 의미가 있다. 주디 와이저가 자주 인용하는 "수천 마디의 말보다는 단 한 장의 사진"이란 말이 암시하듯, 하루의 일상 내용을 문자로 적는 것보다는 단 한 장의 사진으로 기록하는 것이 정보면으로나 기억 회상하는 면에서 모두 앞선다. 기억으로 쓰는 일기는 기억의 왜곡과 선택적 기억으로 인해 인간적인 한계를 갖지만, 사진은 소소한 일상인 오늘의 날씨와 내 눈 앞에서 벌어진 상황과 사건 등을 기억보다는 명료하게 객관적으로 전달해주고 기억회상에 도움을 준다. 사진을 다시 보는 순간 우리는 그날 무엇이 일어났는지, 어떤 대상이 있었는지, 어떻게 보이고 있었는지를 세밀하게 기억할 수 있는 단서를 제공받는다.

사진일기는 언어가 묘사할 수 없는 매우 주관적이며 무의식적인 인지적 표현으로 자기인식을 돕는다. 수없이 펼쳐지는 하루의 일상 중에 내가 찍은 사진은 무엇인가? 무엇을 어떻게 보았는가? 이것은 내가 어떤 관점을 가졌는가 하는 주관적인 의식이다. 내가 무엇을 느꼈다면 그것은 감정의 자각이며 사진을 어떻게 표현하고 싶었다는 것은 무의식적인 내적 욕구와 관련된다. 우리 앞에 어떤 사건이 많은 사람들 앞에서 동시에 일어나 보여도, 그 순간조차 사람들은 각자 자신만의 고유한 느낌과 의식으로 대상을 표현한다. 나의 감각적 자각, 감정적 반응, 인지적 재현이 주는 무의식적인 의미를 사진일기를 통해 재인식하게 되는 이 과정에서 통찰이 일어날 수 있다.

사진일기(내면일기)는 자아를 찾아가는 것을 목적으로 하며 정체성 형성을 돕는다

(정진희,2001). 투사적이며 상징적인 시각 표현으로 이루어진 사진일기는 자신과 상황을 다각도로 관찰하고 새롭게 자아를 발견하도록 이끌어 주기 때문이다. 사진일기는 일기 쓰기와 다르게 시각적인 선택, 구성, 색채, 소재 등의 특징에서 보이는 개개인의 무의식적이며 반복적인 패턴을 자각하게 한다. 비언어가 가지고 있는 색채의 감정, 사물의 상징, 빛과 그림자에서 주는 이미지의 무게감 등은 언어에서 묘사할 수 없는 심오한 내면의 표현을 통해 지금 현재의 자아의 상태와 정체성을 더욱 자각하게 해준다.

안네의 일기 1

6 사진일기의 실기

1. 접근방법

사진일기의 접근방법에는 자가 치유의 목적으로 접근하는 주체적인 사진일기와 상담자와 내담자가 함께 치료의 목적으로 접근하는 치료적인 사진일기로 나눌 수 있다. 전자인 경우에는 자율적으로 사진일기를 진행하며, 후자인 경우에는 내담자의 상담 목적에 따라 다양한 주제를 응용해 접근한다. 상담자가 상황에 따라 적합한 주제를 선택하거나 권할 수 있으며 상황에 따라 내담자가 자율적으로 선택할 수 있다.

2. 주제

1) 자유로운 일기 형식의 사진일기

형식에 얽매이지 않으며 자유롭게 매일 일어나는 일상을 사진으로 기록하는 일기로 일상의 기록에서 시작해 자신의 자전적인 사진일기로 진행될 수 있다.

예: 날짜를 기록하고 그날의 인상적인 장면을 촬영해 내용을 기록한다.

2) 주제가 있는 사진 일기

자신의 흥미와 관심에 따라 일기의 주제를 선택한다.

자신의 문제 해결에 도움을 받기 위한 주제를 선정해 진행할 수 있다.

예: 여행일기, 다이어트일기, 운동일기, 작업일기, 패션일기, 애도일기 등

3. 준비물

1) 사진기 또는 촬영이 가능한 휴대폰

– 사진일기 작업을 위해 언제든지 쉽게 접근할 수 있는 사진기가 적합하다.

2) 사진일기를 저장 또는 기록할 수 있는 매체

– 컴퓨터 또는 일기 앱 어플

– 노트 또는 일기양식의 기록지

3) 보조적인 재료

– 사진일기를 꾸며줄 수 있는 미술 재료들

4. 사진일기를 작성하는 방법

글쓰기 치료의 접근 방식을 사진일기에 적용한 예시이다.

① 사진일기는 사적이며 타인과 공유하기 어려운 내용이므로 반드시 사생활이 보호되어야 한다. 일기를 안전하게 저장 또는 보관할 수 있도록 한다.

② 사진일기를 저장한 후에 자주 본다. 자신이 무엇을 찍고 보았는지 자주 다시 보는 과정에서 생각이 깊어지고 앞으로 자신이 어떻게 무엇을 해야 하는지 통찰을 가질 수 있다.

③ 사진일기 활동은 자신을 위한 시간으로 활용한다. 짧은 시간 또는 주어진 시간 내에서 사진일기를 작성하려고 노력하는 것이 효과적이다. 이것이 일기를 기록하는 부담을 줄여줄 수 있다.

④ 사진일기 활동은 자유롭게 즉흥적이며 감각적으로 찍어나간다. 이런 태도가 우리의 무의식을 두드리는 작업이 된다. 촬영의 기술이나 편집 등은 무시한다. 치유적인 사진일기는 멋진 작품을 만들려고 하는 것이 아니다. 실제를 있는 그대로 보고 기록하는 것이다.

⑤ 사진일기의 기록은 정직하게 한다. 나의 생각 · 감정 · 경험들에 진정성으로 존중한다. 모든 것은 그럴만한 가치가 있다. 나의 일기작업에 진지할수록 얻는 것이 많아진다.

⑥ 사진에 제목을 적는 것은 사진일기를 더욱 명료화한다. 사진을 보면서 글로 기록하고 싶은 내용이 있다면 적어두는 것이 필요하다. 체계적으로 구성이 잘 되어있는 인터넷 일기 앱 프로그램을 활용하는 것도 사진일기 작성에 도움이 된다.

5. 사진일기의 작성 시 유의점

① 사진일기는 사진의 비언어적인 표현을 활용하지만 일기 자체는 인지적인 작업과정이라는 것을 유념해 두어야 한다. 따라서 인지발달의 장애를 갖고 있는 경우, 어떻게 사진을 찍고 글을 표현하는지에 대한 제한적인 한계를 가질 수 있다. 인간의 발달 단계에 대한 이해를 바탕으로 일기에 접근해야 할 것이다.

② 사진은 사실적으로 대상을 묘사하지만 실제적으로는 모든 피사체를 상징적이면서 은유적으로 표현할 수 있다. 때때로 초점이 흐리고 흔들리고 추상적이어서 모호한 표현들이 자연스럽게 나올 수 있음을 이해하고 허용한다.

③ 사진의 시각적인 결과나 사진 기술에 얽매이지 않도록 하며 내용과 의미에 초점을 두도록 유념한다. 사진의 결과가 뜻대로 나오지 않을 수도 있다. 노출이나 구성, 장면 포착에 서툴 수도 있다. 그럴 수 있다. 그러나 잘못은 아니다. 여기서 중요한 것은 시각적인 결과보다는 내가 원한 것이 무엇이며 무엇을 표현하고 싶어 하는가 하는 점이다. 표현상의 아쉬움을 수용하도록 한다.

④ 일기가 늘 모든 사람에게 긍정적인 결과를 유도하지는 못한다는 연구결과도 있다. 심각한 외상후스트레스 경험을 가진 사람인 경우 증상이 악화되는 경우도 있다. 따라서 사진일기를 진행하는 상담자 역시 내담자의 감정적인 반응과 증상을 주의 깊게 관찰하면서 감정표현을 잘 수용하도록 도와야 한다.

⑤ 실제 일기를 매일 작성하는 것은 심리 행동적으로 결코 쉽지 않다. 일기를 통해 규칙적인 습관과 인내심을 키우도록 돕는다. 상담자는 내담자가 자신의 내면을 향해 탐색할 수 있도록 유도해주어야 한다. 내면에 중심을 두어 어떤 표현도 존중하며 정서적인 지지를 해주어 한다. 더불어 성실한 노력이 주는 결과가 있다는 것을 경험하도록 돕는다.

6. 사진일기 작업 후 대화

아래의 예시 질문들을 이용해 사진일기 작업과 함께 대화하는 과정은 의미가 있을 것이다.

1) 사진일기의 진행 과정 탐색

– 사진일기의 진행 상황을 점검해봅니다. (규칙적/불규칙적, 이행/불이행)
– 사진일기를 규칙적으로 하는 데 어려움이 있었다면, 그 이유가 무엇인가요?
– 사진일기가 잘 진행되고 있다면, 그 이유(장점)에 대해 칭찬해보세요.

2) 작업과정 탐색

– 사진일기를 하면서 어떤 경험을 하셨나요?
– 사진일기를 하면서 주로 많이 나타나는 나의 감정/생각/행동들이 있나요?
– 사진일기를 다시 보면서 자신에 대해 새롭게 알게 된 것이 있다면 무엇인가요?
– 일상을 사진으로 기록하면서 나의 어떤 모습이 보이던가요?
– 나의 장점과 단점, 보완해야 하는 나의 모습은 어떤 것인가요?

3) 사진일기 특징과 의미 탐색

– 사진일기 중에 특별하게 기억나는 또는 반복되는 내용이 있다면 무엇인가요?
– (특정사진) 사진이 나에게 주는 메시지가 무엇인가요? 내가 사진에게 물어본다면, 뭐라고 말을 할 것 같은가요? 이 사진을 보면서 어떤 생각들이 떠오르나요?

- 나의 사진일기에 특징적인 면이 있나요? 아니면 나만의 특징이 무엇이라고 생각하나요? 그 부분에 대해 더 말해 보세요.
- 사진일기에 반복적으로 나타나는 사진의 패턴(색상, 구조, 피사체, 분위기)이 있나요? 그 의미가 무엇인지 말해 주시겠어요?
- 만약 나의 사진일기를 보여주고 싶은 사람이 있나요? 아니면 절대 내 일기를 보면 안 되는 사람이 있을까요?
- 사진일기는 어떻게 관리하고 싶나요?

4) 자기평가

- 사진일기가 나의 일상을 돌아보고 성찰하는 데 도움이 되었나요?
- 사진일기의 활동에 만족하시나요?
- 사진일기의 활동에 어려운 점이나 아쉬운 점이 있다면 어떤 것인가요?
- 나를 위해 앞으로 필요한 것은 무엇인가요? 보완해야 할 것은 무엇인가요? 어떤 노력이 앞으로 필요한가요?

7. 상담자 반응 및 내담자 이해

사진일기는 인간의 창의적인 표현능력을 기반으로 진정한 자신을 표현하도록 돕는다. 창의적인 사진일기에서 사진은 시각적인 언어로서의 내면의 복잡하고 미묘한 의미 표현에 도움이 된다. 하루의 삶을 사진으로 돌아보고 성찰하면서, 궁극적으로 나를 알아가게 하고, 성장을 위한 긍정적인 변화를 일으키는 의미 있는 치유 활동이다.

그러나 사진일기에 대한 내면의 동기가 낮거나 심리적으로 매우 무기력하거나 자율성이 낮은 미성숙한 상태에서는 꾸준한 노력 자체가 어려울 수도 있다. 그러므로 사진일기 쓰기를 지속적으로 진행할 수 있도록 돕는 것이 우선적으로 중요하다. 규칙적으로 수행하기를 어려워하는 마음은 일반적이다. 그 마음을 충분히 공감하고 수용해주면서 일기의 효능을 충분히 이해하고 경험하게 도와줘야 한다. 그러기 위해, 사진일기에 부담이 되지 않는 제한된 시간을 주어 효율성을 느끼도록 해준다. 또한 내담자의 시도와 노력에 상담자가 진정성 있는 칭찬과 격려를 자주 보여준다.

사진일기에 기록된 표현을 잘 살펴보면서, 내담자의 관심이 내면으로 향하도록 돕고 그 어떤 표현도 일기 안에서는 수용되고 안전하게 표현할 수 있도록 지지해주는 것 또한 매우 중요하다. 사진일기가 효율적으로 활용된다면, 매일 만날 수 없는 내담자의 일상을 그들이 스스로 점검하고 감정과 사고, 행동을 조율해나가도록 도울 것이다.

사진일기는 또한 사적이고 은밀한 작업이라는 것을 상담자는 충분히 인정하고 수용해야 한다. 내담자의 사진일기는 어떤 이유에서든 존중되어야 하며 비밀로서 잘 유지되도록 유념해야 한다. 내담자가 개방하고 싶지 않은 내용인 경우에는 그럴 수 있는 마음을 이해하고 라포 형성을 위해 더욱 노력해야 한다. 만약 사진일기가 내담자와의 충분한 라포 형성을 기반으로 진행된다면, 치유적 가치는 매우 높아질 것이다.

7 사진일기 활동 리스트

- **Warm-up**
  - 사진일기 소개
  - 일기에 대한 사전 경험 및 선입관 나누기
  - 일기의 긍정적 의미 교육하기

- **Main Activity**
  - 사진일기는 매일 개별로 작업하기
  - 사진일기 활동 결과에서 나눌 수 있는 사진을 보여주기
  - 사진일기 과정에 대해 대화 나누기

- **Wrap-up**
  - 피드백 나누기

- **Reflection**
  - 진행자의 경험 및 진행 내용 정리하기

안네의 일기 2

12
대인관계 탐색하기

나 혼자서는 따로 행복해질 수 없다.
원하거나 원하지 않거나 우리는 서로 연결되어 있기 때문이다.

- 달라이 라마(Dalai Lama) -

1 대인관계 정의

인간은 태어나면서부터 양육자와의 관계가 형성되며 평생 가족, 친구 등을 포함한 여러 관계를 맺으며 성장한다(Sullivan, 1953). 인간의 성장 과정에 따라 우리가 맺는 아동 청소년 시기의 또래관계, 성인이 되어 구성원 안에서의 동료관계, 이성과의 관계, 직장 내에서의 인간관계 등이 중요한 의미와 역할을 지니고 있다. 최근에 와서는 가정, 학교, 직장, 지역사회 등에서 인간관계의 개선과 향상을 위한 교육과 훈련 프로그램의 개발과 실시가 활발해지고 있다. 단순한 인간관계 장애를 극복하기 위한 것이라기보다는 적극적으로 긍정적 인간관계의 지식과 지능을 육성하려는 데 그 목적을 두는 경향이 있다.

대인관계란 두 사람 이상의 개인적인 정서적 관계 혹은 집단 속 구성원 간의 심리적 관계를 의미한다(정예원, 2015) 이는 아동의 사회성 발달만이 아니라 지적(知的)능력과 정서적 특징의 발달에 지대한 영향을 주고 있다고 한다. 특히 가족관계는 인간관계 중에서 가장 중요한 관계로 간주하고 있으며 아동과 부모의 관계는 지능, 창의력, 학력, 가치관, 인격, 성격 등의 발달과 밀접한 관계가 있다고 말한다. 이처럼 대인관계란 다른 사람과의 커뮤니케이션이나 상호작용을 지칭하는 말이며, 개인들이 타인들을 대하는 심리적인 지향성과 외적인 행동의 관계성을 의미한다. 또한 개인이 타인에 대해서 어떤 생각과 느낌을 가지는 것에 대해 지각하며, 또 어떠한 행동을 하고 기대하는지에 대한 개인의 보편적인 심리적 양식이라고도 할 수 있다(Heider, 1964).

권석만(2006)은 대인관계를 두 사람 또는 그 이상의 사람들 간에 일어나는 언어적, 비언어적 의사소통 과정이라 정의한다. 이형득(1989)은 대인관계를 두 사람의 관계를 넘어 다수의 사람들과 갈등, 협동, 해결 등을 통해 균형적 관계를 맺기 위한 심리적 조화라 주장한다. 대인관계는 일대일 또는 일대 다수의 관점으로 설명되며, 사회에 적응하기 위해 개인 간 또는 개인과 집단 간 이루어지는 역동적인 상호작용의 과정이다.

대인 관계 패턴은 타인과 관계 맺는 특징적인 방식으로 중요한 타인과의 뿌리 깊은 관계 도식 혹은 관계 패턴을 말한다. 이 관계 패턴은 생애 초기 부모와의 정서적 상호작용에서 시작되어 다른 관계에까지 이어진다. 정신역동 치료에 따르면, 핵심 관계 패턴은 충족할 수 없는 소망들 사이의 갈등 또는 수용될 수 없는 소망과 금기 사이의 갈등에서 얻어진 타협 형성물이다.

2 사진이나 이미지를 활용한 대인관계

사진이 치료나 교육 현장에서 활용되는 주된 목적은 자신에 대해 이해하고 탐색해봄으로써 자기 자신을 지각하고 인식할 수 있는 능력을 향상시킬 뿐만 아니라 나아가 긍정적으로 스스로 성장해가기 위해서이다. 그 과정에서 활용하게 되는 사진은 가족과의 관계와 타인과의 대인 관계 속에서도 나타나는데 그 결과로 한 장의 사진을 이야기 할 때보다 더 강력함을 느낄 수 있다.

여러 해 임상을 통해 만나본 내담자들은 언어적으로 상담을 했을 때보다 사진을 활용했을 때, 무의식의 욕망이나 자신의 감정에 대해 알아차림이 빠르고, 자존감이 향상되며 나아가 조금씩 변화되는 과정을 직접 느끼고 있음을 알 수 있었다. 하지만 타인과의 관계 속에서는 감정기복의 변화가 심해지거나, 의식보다는 심연의 밑에 깔려있는 무의식의 역동들로 인해 불안해하거나 건강하지 않은 모습을 보여주기도 했다. 이때 내담자가 찍거나 모은 사진들을 갖고 오게 해서 함께 보며 하는 작업들은 직접적인 치료를 위해 바람직한 방법 뿐 아니라 내담자와 관계된 모든 이들과의 역동성을 시각적이면서 사실적으로 보여주는 데 효과적이다.

내담자에게 보다 시각적이고 사실적인 가족관계나 대인관계의 역동성을 만들어주기에 탁월한 방법으로 여겨지는 2가지 방법을 소개하고자 한다.

첫 번째 방법은 가족관계를 볼 수 있는 가족화 기법인데, 실습에서는 동물 가족화를 통해 가족 간의 관계를 알아보는 방법이다.

두 번째 방법은 타인과의 관계를 한 눈에 들여다 볼 수 있는 기법인데, 실습에서는 고리 기법을 활용하고자 한다.

1. 동물 가족화(Animal Family Drawing)

일반적으로는 아동들에게 활용하는 방법으로 널리 사용되고 있지만, 아동뿐만 아니라 청소년, 성인에게도 가족을 동물로 표현해보면서 가족의 역동 및 관계성을 이해할 수 있다. 그 과정을 경험하면서 지시어에 따라 움직이는 행동이나 과정, 결과적으로 나온 내용을 보고 심리를 파악할 수 있다. 또한 실습 과정에서는 동물 이미지를 미리 건네줄 수도 있고, 준비해준 동물 이미지에 가족이 없을 경우에는 그림으로 표현할 수도 있다.

실습 1 사진이나 동물 이미지를 활용한 가족 구성원 표현하기

① 준비물

- 여러 동물 캐릭터
- 가위, 풀, 도화지
- 색연필 또는 사인펜
- 스카치테이프

② 동물가족화 활용방법

- 도화지와 동물 캐릭터 이미지를 각 개인별로 나눠준다.
- 동물 사진 또는 이미지를 활용해 자신과 가족을 오려 붙이거나 그린다.
- 가족을 어떤 동물로 붙이거나 그렸는지에 대한 이유를 3가지 정도 작성한다.

예1) 개

- 귀엽다
- 잘 뛰어 다닌다
- 나를 좋아한다

예2) 원숭이
- 순발력이 있다
- 장난을 잘 친다
- 똑똑하다

③ 완성된 동물 가족화에 대한 질문
- 가족 구성원을 동물로 비유한다면 어떤 동물일지 생각해보세요.
- 동물 캐릭터를 보고 가족 구성원을 생각하며 오려 붙이거나 그려주세요.
- 당신(내담자)은 어느 자리에 위치하고 있으며 가족 간의 친밀감은 느껴지나요?
- 동물을 붙인 순서는 가족 서열 간의 순서와 일치하나요?
- 가족 구성원은 어떤 동물로 표현했나요?
- 가족 구성원을 붙인 순서는 어떠한가요?
- 가족 중에 빠진 사람은 있나요? 있다면 누구인가요?
- 가족 중 한 구성원에 동물이미지를 두 개 이상 붙인 가족은 있나요?
- 함께 살고 있지 않는 가족 중에 포함된 사람이 있나요?
- 함께 살지만 빠진 가족 구성원은 있나요?
- 동물(개, 고양이 등) 외 다른 것들이 포함되어 있나요?
- 동물 가족화에 나타난 의사소통은 원활하다고 느껴지나요?
- 누가 착한 사람의 역할을 하고 있나요? 그 반대의 역할은 누가 하나요?
- 가족 중 누가 강한 사람으로 보이나요? 약한 사람은 누구인가요?
- 가족 중에서 한 사람이 변해야 한다면 그 사람은 누구인가요? 이유는?
- 가족을 위해 희생한 사람이 있나요?
- 가족의 역할에 순응하지 않은 가족원은 있나요?

실습 2 고리 기법을 통한 대인관계 역동 살펴보기

2. 고리 기법(The Rings)

고리 기법은 주디 와이저가 2016년 1월 한국사진치료학회 동계학술대회에서 소개한 기법이다. 동물 가족화가 각 개인의 가족 관계를 알 수 있는 방법이었다면, 고리 기법은 내담자의 가족관계 뿐만 아니라 대인관계를 어떻게 맺고 있는지, 어떤 역동이 일어나는지 사진이나 이미지를 활용해 활동하며 알아보는 기법이다. 결과적으로는 시각적이면서도 사실적인 하나의 도표처럼 보여주는 형식이라 그 어떤 방법보다도 강력하다고 할 수 있다.

이 세션에서는 사진 원본을 사용하기보다는 복사본 또는 동물 캐릭터로 대인관계를 표현할 수 있다. 이 고리 기법을 위해서는 내담자가 갖고 온 사진들이 한눈에 보일 수 있도록 공간을 확보하고 일단 펼쳐놓은 후 각각의 사진과 마주하도록 하고 지시어에 따라 실습하도록 긴장을 풀어준다.

이 활동은 책상 위 또는 바닥에서 할 수 있으며 돗자리, 신문지를 펼쳐 놓거나 넓은 전지 위에서도 가능하다. 종이 위쪽부터 사진이나 동물 캐릭터를 올려놓을 수 있는 공간이면 된다.

예) 고리 기법 실습 사진

1) 준비물

- 내담자가 가지고 온 사진, 여러 동물 캐릭터
- 가위, 풀, 도화지, 전지 등
- 색연필 또는 사인펜
- 스카치테이프

2) 고리 기법(The Rings) 활용방법

- 도화지와 동물 캐릭터 이미지를 각 개인별로 나눠준다.
- 갖고 온 사진 또는 이미지를 활용해 지시어에 따라 고리 안에 배열한다.
  이때, 실명을 거론하고 싶지 않다면 별칭이나 내담자 자신만 알 수 있도록 한다.

예1) K, D, H(이니셜)

예2) 캔디(별칭)

예3) ❀ ♡ ♩♪♬

– 전지 또는 도화지에 고리 4개를 그린다. 고리는 4개를 그리지만 5개의 공간이 생기게 된다.

3) 고리 기법(The Rings)을 활용한 두 가지 방법

– 첫 번째 고리에 대한 내용을 숙지한 후 사진이나 이미지를 나열하고 첫 번째 고리에 해당하는 인물에 대한 생각 · 느낌 · 감정 등을 말하게 한다. 다시 두 번째 고리에 해당하는 인물을 나열하고 또 이야기 한 후 세 번째 고리, 네 번째 고리, 다섯 번째 고리 순서로 한다.

– 전체 과정(첫 번째 고리 ~ 다섯 번째 고리)을 모두 배열한 후 이야기를 통해 대인관계를 살펴 볼 수 있다.

4) 고리 기법(The Rings)에 대한 다섯 가지 질문 방법

① 첫 번째 고리

당신에게서 가장 가까운 고리는 매우 가까운 관계를 말하는 것이다. 당신의 인생에서 단지 소수만이 그 고리에 들어갈 수 있다. 그들은 당신에 관한 모든 것을 알 수 있을 만큼 매우 각별하다. 당신은 그들에게 어떤 비밀도 없고, 그들은 상처받거나 위험을 감수해야 하는 어떤 두려움도 주지 않는 사람들이다.

② 두 번째 고리

당신과 아주 가까운 사람들이지만 아직은 당신이 비밀을 공유할 수 없는, 그 경계를 넘을 수 없는 사람들이 있다. 당신과 가깝기는 하나, 당신은 그들이 당신에 관해 모두 알게 되는 것을 원하지 않는 만큼 당신이 상처받지 않기 위한 어떤 보호막을 필요로 한다.

③ 세 번째 고리

당신이 알고 좋아하는 사람들이 있다. 확실히 서로 연결되어 있다고 느끼지만 당신이 진정으로 가깝다고 말하지는 않는 사람들이다. 가족이나 친구들을 통해 충분히 가깝고 당신 역시 그들과 어울리는 것을 좋아하지만 첫 번째나 두 번째 고리에 들어오기에는 맞지 않는다. 만약 당신의 인생에서 감정적인 위기가 있었더라도 당신이 그런 마음의 부담을 함께 나누지 않았을 법한 사람들이다.

④ **네 번째 고리**

가볍게 알고 지내거나 혹은 당신이 가깝게 느끼지 않는 가족 구성원들이 들어간다. 보통 그들은 당신이 고리 안에 포함시키기는 해야 하지만, 가까워지고 싶지 않은 사람들이다.

⑤ **다섯 번째 고리**

네 번째 고리까지 들어가지 않지만 그렇다고 당신의 대인관계에 들어가지 않을 수는 없는 사람들이다. 아마도 당신은 자신만의 한계 측정으로 그들의 고리 수준을 정의할 수 있을 것이다.

5) 완성된 고리 기법에 대한 해석 방법

- 어느 고리 단계에서 가장 힘들었나요?
- 가장 많은 인원은 몇 명이고, 몇 번째 고리인가요?
- 고리와 고리 사이에 걸쳐있는 사람은 있나요?
- 첫 번째 고리와 두 번째 고리에 있는 사람은 어떤 차이점 때문인가요?
- 가족 중에 빠진 사람은 있나요? 있다면 누구인가요?
- 다섯 번째 고리에 넣은 사람은 당신을 몇 번째로 넣었을까요?
- 이 고리기법을 통해서 당신이 알게 되고 배운 것은 무엇인가요?
- 함께 살지만 빠진 가족 구성원은 있나요?
- 만약 당신이 고리 안에 올려놓은 사진을 돌려줘야 하고 고리 안에 들어갈 각 개인의 상징적인 사진 하나만을 사용할 수 있다면 각 개인을 위해 어떠한 상징 혹은 이미지를 선택할 건가요?

실습 3 친밀한 대인관계 맺기

① **끝말잇기**

- 두 명씩 짝을 맺는다.
- 두 명이 끝말잇기를 한다.

② **서로 얼굴 그리기**

- A4용지에 상대방의 얼굴만 관찰하며 보고 그린다.
- 서로 돌아가면서 얼굴을 그린 것을 보고 느낌을 적는다.
- 자신의 얼굴을 보고 적은 내용에서 가장 마음에 드는 문장을 발표한다.

13
스토리텔링과 사진치료

사진에는 이야기가 있다.
글이 사진에 시간을 돌려주어 사진 속의 평범한 대상을 서사로
변모시켜서 사진이 이야기할 수 있게 만드는 것이다.

- 소피 칼(Sophie Calle) -

1 스토리텔링(Storytelling)

현대는 스토리텔링의 시대 즉, '이야기의 시대'라고 말할 수 있다. 스토리텔링이란 '스토리(story)+텔링(telling)'의 합성어로 말 그대로 '이야기하다'라는 의미이다. 이는 전통적인 민담, 소설, 희곡 등의 문학은 물론 만화, 영화, 라디오나 TV 드라마, 심지어는 컴퓨터 게임 등의 문화와 예술 분야에까지 활용되고 있다.

스토리텔링은 1995년 미국 콜로라도에서 열린 디지털 스토리텔링 페스티벌에서 처음 사용되어 확산된 것이다. 오늘날 스토리텔링이 부상하게 된 가장 근본적인 이유는 호모 나렌스(Homo Narrans: 이야기하는 인간)에서 찾을 수 있다. 인간은 끊임없이 이야기를 향유하고 창작하고자 하는 욕구를 가지고 있으며, 이를 통해 세계와 조화를 이루어 나가는 과정 자체가 인간의 삶이라는 것이다. 인간은 이야기와 함께 살아가며, 이야기를 통해 서로의 생각과 느낌을 나누며 세상과 소통한다. 또한 이야기를 통해 세계를 이해하고 해석하기도 한다. 이야기는 어떤 논리적인 설득보다도 사람의 마음을 움직이는 강력한 힘이다. 스토리텔링은 정보를 단순히 전달하는 것이 아니라 전달하고자 하는 정보를 쉽게 이해시키고 기억하게 하며, 정서적 몰입과 공감을 이끌어 내는 특성이 있기 때문에 상호소통에서 가장 효과적인 방법일 수 있다.

2 스토리텔링의 정의

스토리텔링이란 알리고자 하는 바를 단어, 이미지, 소리를 통해 사건, 이야기로 전달하는 것이다. 인물과 사건 등을 구성 요소로 하며 스토리가 있고, 인칭과 시점, 관점 등을 핵심으로 하는 서사 담화가 있어서 인간의 삶에서 그 의미와 가치를 담아내기에 유용하다. '스토리(story)'가 '무엇'이라는 내용을 나타낸다면 '텔링(telling)'은 '어떻게'라는 형식을 나타내며, 여기에 매체를 활용하는 것까지를 포함해 스토리텔링으로 정의할 수 있다.

3 스토리텔링 치료 단계

각 단계들은 뚜렷하게 구별된다기 보다는 통합적으로 연계되어 일어난다.

STEP 1 내담자의 스토리텔링 단계

내담자 자신의 문제적 상황과 거기에 따른 자신 내면의 스토리를 드러낸다.

STEP 2 상호적 스토리텔링 또는 리스토리텔링(re-storytelling) 단계

상담자가 주도하는 단계로 상담자는 내담자의 스토리텔링에서 문제적 스토리를 해결할 새로운 스토리를 구상하며 스토리텔링을 상호 간에 주고받는 과정이다. 이 단계에서 동일시, 카타르시스, 보편화, 객관화 등의 치료 원리들이 적용될 수 있다.

STEP 3 스토리 빌딩(story building) 단계

치료적 스토리텔링을 모색하는 단계로 새롭고 건강한 스토리를 만들어가는 과정이다. 이때는 내담자의 스토리에서 문제가 된 서사 요소를 찾아내서 치유적이고 건강한 서사 요소로 대체한다.

STEP 4 대안적 스토리 리텔링(story re-telling)과 건강한 내러티브 운용능력 강화 단계

내담자의 문제적인 내면 스토리를 치료적 대안 스토리로 대체하고, 그것을 여러 가지 기법들을 활용해 내담자에게 심어줌으로써 건강하고 긍정적인 자기 스토리텔링 능력을 강화시킨다. 동일시, 대리학습, 모델링, 통찰 등의 치료적 요인들이 도움이 된다.

4 스토리텔링 치료의 원리

1. 동일시(Identification)

'동일시'란 이야기의 수용자가 이야기 속 내용과 자신의 상황을 비슷한 것으로 여기고 심리적 유대감을 느끼는 것을 말한다. 스토리텔링 속의 인물이 우리와 같거나 유사한 인물일 경우 그 인물의 상황과 감정 등을 쉽게 자신의 것으로 느끼고 몰입하게 된다. 이를 통해 감정이입이 되어 동병상련의 느낌을 느끼거나 대리만족 등이 가능해진다. 즉, 내담자와 비슷한 인물이 비슷한 환경에서 비슷한 사건을 경험한다는 스토리를 접할 때 내담자는 그 내용에 관심을 갖게 되고 감정을 경험하고 스토리에 몰입함으로써 자신의 심리적 문제들을 스토리 속 인물의 그것과 일치시키게 되는 것이다. 이야기 속 인물이 내담자의 나이와 상황, 성격, 이해 등에서 서로 잘 맞을 경우에는 동일시의 원리를 훨씬 더 잘 활용할 수 있다.

2. 카타르시스(Catharsis)

잘 만들어진 스토리텔링을 접할 때 우리는 내면의 문제와 관련된 감정이 배출되고 해소되며 때론 정화되는 느낌까지 받기도 한다. 이야기 속에서 같이 울고 웃고 슬퍼하는 과정에서 증오, 분노, 억울함 등의 많고 다양한 감정들이 해소되고 정화되기 때문이다. 카타르시스는 감정의 정화에 이어 인식이나 신념의 변화 같은 치료적 변화가 다른 치료 원리들과 연결될 때 더 효과적으로 작용할 수 있다. 이런 카타르시스 효과를 위해서는 특히 인물, 사건, 모티프, 시점, 관점 등이 내담자의 몰입을 유도하는 방식으로 이루어져야 한다.

3. 통찰(Insight)

통찰이란 내담자가 자신의 행동이나 동기, 또는 무의식에 있던 것에 대해 중요한 무언가를 발견하는 것이다. 내담자는 스토리텔링하는 인물이나 사건을 통해서 통찰을 얻을 수 있다. 내담자에게 통찰이 일어나게 하기 위해서는 이에 적합한 스토리가 선택되어야 한다. 스토리텔링 작품 속 인물의 인칭, 시점, 관점, 거리 등을 통해서 내담자 스스로 자신의 문제에 대한 시점, 관점, 거리감 등을 다르게 하도록 유도해 자신의 문제에 대한 통찰을 이끌어내도록 하거나, 상담자가 내담자의 자기 스토리를 분석해 그 속에서 인칭, 시점, 관점, 거리 등을 치료적으로 바꿀 수 있도록 재구성하는 방법도 있다.

4. 보편화(Universalizing)

내담자가 자신의 상황적 · 심리적 문제가 자신만이 겪는 것으로 지나치게 심각하게 생각하고 있다면, 내담자뿐만 아니라 다른 사람들도 유사한 문제로 어려움에 처했거나 처할 수 있다는 사실을 환기시킬 수 있다. 이로써 내담자는 그 문제가 치명적이지 않고 다른 사람들도 보편적으로 함께 고민하는 것이라는 사실을 알게 되어 안도감과 위안을 느끼게 된다. 이런 보편화의 원리는 내담자의 문제를 내담자 자신과 분리시켜 객관화시키는 데도 아주 중요하다. 또한 상대방의 관점과 입장에서 문제를 볼 수도 있어 그 문제와 감정에 대한 심리적 거리 조절도 가능하게 된다.

5. 객관화(Objectification)

객관화의 원리는 동일시의 원리와 대비되는 것으로, 내담자가 자신의 문제와 비슷한 이야기를 듣는 과정에서 자신의 문제와 스토리 속 문제를 비교하면서 객관적으로 자신의 문제를 보게 되는 것을 말한다. 스토리텔링을 매체로 표현하는 과정에서(예: 사진, 영화, 미술 등) 자신의 문제를 객관화할 기회를 갖게 되는데, 이처럼 내담자의 심리적 문제를 분리시켜 객관화하기 위해서는 문제 자체를 보편화하는 것이 필요하며 이것이 치료의 출발이라고 할 수 있다. 객관화는 인칭, 시점, 관점, 거리감 등의 변화와 관련한 상담 과정에서도 이루어질 수 있다.

6. 대리학습(Vicarious learning)

우리는 스토리텔링 속 인물들을 통해 대신 경험하고 대리학습함으로써 심리적 문제들을 해결할 수도 있다. 심리적 고통을 야기하는 문제에 대한 해결이 현실적 한계 때문에 실제적 해결이 어렵거나 그런 유사한 경험을 해본 적이 없는 청소년기 내담자들이 갖는 고민들이라면 시간적 · 공간적 제약을 넘어서는 이야기 속에서 대리학습을 통해 자발적이고 적극적으로 해결될 수 있을 것이다.

7. 모델링(Modeling)

스토리텔링을 통해 구체적인 문제에 대한 다양한 대안이 제공될 수도 있다. 스토리텔링 과정에서 상담자에 의해 제시된 구체적 대안이나 해결책을 모델링을 통해 모방하거나 창의적으로 변형시켜 적용함으로써 치유가 일어날 수 있다.

5 사진과 스토리텔링

사진의 역사에서 사진이 스토리텔링으로 드러나는 것은 1970년대부터라고 볼 수 있다. 이 분야의 선각자인 듀안 마이클(Duane Michals)의 시퀀스 포토그래피는 사진적 행위가 언어적 행위로, 사진의 이미지가 언어 이미지 체계로 전환된 것이다. 시퀀스 포토그래피는 한 장으로 표현하기 어려운 복잡한 주제를 표현하기에 아주 유용한 방식이다. 이런 사진들에는 주제와 스토리가 있고 시작과 끝맺음이 있다. 따라서 시간과 공간 그리고 스토리라는 이미지들이 모두 들어있는 스토리텔링이 가능한 표현 방식이라고 볼 수 있으며 최소한 3장 이상의 사진(서론, 본론, 결론/원인, 목적, 결과/발단, 전개, 종료)이 필요하다.

6 스토리텔링을 위한 사진작업

1. 사진 속 시간의 흐름을 잡아내기

이는 대상을 연속적으로 촬영하는 것으로 다양한 각도나 시간의 흐름을 나타내기 위한 파노라마 사진들의 형태로 나타난다. 사진의 속성상 단 한 장의 사진으로 나타낼 수 없는 것들을 여러 장의 사진을 연속적으로 찍어서 한 장의 사진으로 만드는 것이다. 시간의 흐름에 따라 다양하게 나타났던 움베르토 보치오니(Umberto Boccioni)의 「떠나는 사람들(1911)」, 「마음의 상태: 이별(1911)」, 자코모 발라(Giacomo Balla)의 「쇠줄에 매인 개의 역동성(1912)」, 「자동차의 속도(1913)」 등이 있다.

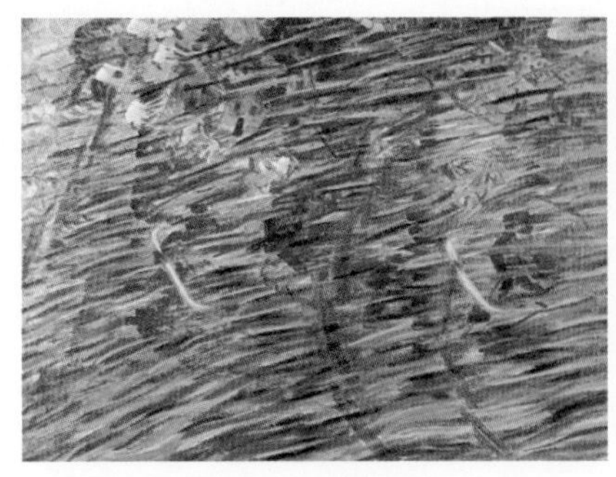

「떠나는 사람들(1911)」　　「쇠줄에 매인 개의 역동성(1912)」

2. 다큐멘터리 형식으로 사진 구성하기

파노라마 형식이 여러 장의 사진을 한 장으로 연결해서 담는 것이라면, 다큐멘터리 사진은 여러 사진을(같은 공간의 시간의 연속성, 유사한 시간의 공간의 다양성 등) 있는 그대로 놓아서 서사적 구조를 담아내는 것이다. 이때의 사진들은 일반적인 순차성을 갖게 되며, 스토리적인 구성력이 요구된다.

"우연한 만남"(1970), by Duane Michals

"내가 브로드웨이를 걷고 있을 때 그 남자가 옆을 스쳐지나갔다.
나는 '내가 왜 저 사람을 알고 있을까?'하고 생각했다.
나는 한 블록을 지나서야 그가 누구인지 깨달았다.
그는 나의 군대 동료였다.
내가 돌아봤지만 그는 지나가 버렸다.
나는 모든 것을 이런 관찰에 기초를 둔다."

3. 사진 합성기법

합성사진은 실제 대상을 단순하게 재배열하는 것으로만 의미를 생성하는 것이 아니라 만든 사람이 가진 다면적 시각을 두 장 이상의 사진을 가지고 한 장의 사진에 의미를 담아내는 것으로, 나타내는 이미지가 실제 현실과는 무관하다 할지라도 그것 자체로서의 독특한 의미를 갖게 된다. 사진 합성과정에서의 시간적 · 공간적 속성이 간과되어서는 안되며, 그런 속성에서 나타나는 스토리적 특성은 합성사진을 만든 사람뿐만 아니라 누구든지 관찰자로서의 이야기 구성 능력에 따라 다양한 변화와 차이를 만들 수 있게 된다.

합성사진의 예

7 사진으로 하는 스토리텔링 치료기법

1. 포토포엠(Photo Poem)

포토포엠은 이미지적 모호성을 가진 사진이미지의 느낌을 기초로 자신의 삶과 경험으로부터 오는 영감을 얻어, 이를 문자를 활용한 시(詩)로 만들어서 사진과 시를 의미적 · 맥락적으로 융합시키는 양식을 말한다. 즉, 사진을 찍고 싶어지는 내면적 욕망과 그런 욕망을 불러 일으키는 피사체, 그리고 그 결과물에서 찾아낸 영감을 시로서 풀어낸 것이 포토포엠이다. 포토포엠은 사진을 근거로 시를 적용하거나 사진과 시를 대등하게 배치시켜서 사진과 시가 상호교류적으로 이야기하게 하는 것이다.

포토포엠의 시작은 스티글리츠(Alfred Stieglitz)의 「이퀴벌런트」 사진에서 볼 수 있는데, 그는 일련의 서로 다른 구름 사진들의 제목을 모두 「이퀴벌런트(equivalant)」로 '동등한 것' 또는 '대응하는 것'이라는 의미로 붙였다. 사진의 시적 상징성과 의미의 외연을 구현해 사진 고유의 매체성을 명확하게 드러내는 것이다. 스티글리츠는 이퀴벌런트 사진은 '구름'이 아니라고 하면서 다의성을 지닌 열린 텍스트로서의 사진을 재규정했다.

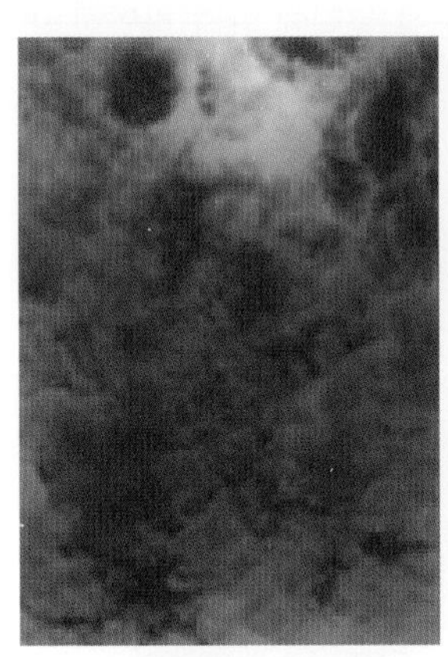
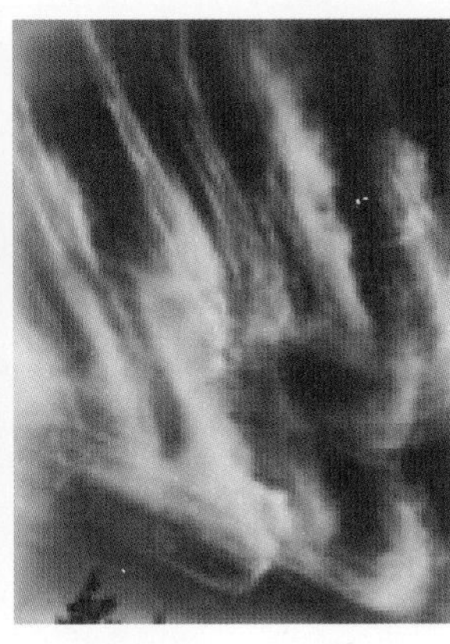

스티글리츠 「이퀴벌런트」 일부

1) 포토포엠의 목적

사진과 시의 융합적 만남인 포토포엠은 사진이미지를 구성하는 요소들 속에 잠재된 다의적 의미들이 내담자에게 특정한 의미로 작용해 문자로 된 시에 의해 활성화되는 것이다. 이로써 시의 모호한 의미들까지도 사진이미지에 의해 상호작용적으로 세밀하게 드러나게 된다. 내담자의 삶의 가치, 욕망, 감정 등 내밀한 것들이 이미지와 융합 또는 연합된 글을 통해 저항없이 드러나고, 내담자로 하여금 통찰을 경험할 수 있도록 한다.

2) 포토포엠의 치유적인 역할

포토포엠을 만드는 과정에서 선택한 이미지(사진) 속에서 느껴지거나 발견되는 자기(self), 자신의 경험, 감정 등과 관련된 것들을 보다 명확하게 드러냄으로써 모호했던 자신의 욕망이나 긍정적 · 부정적 가치 등을 자연스럽게 드러낼 수 있다. 이를 통해 자신에 대한 통찰로 카타르시스를 경험할 수 있다. 또한 작품을 만드는 창작의 성취감도 치유에 도움이 된다.

3) 포토포엠의 접근방법

① 준비물

– 충분한 영감이 떠오를 만한(또는 특별한 주제와 관련된) 여러 장의 사진

– 핸드폰에 저장된 사진, 앨범 속 사진을 활용하거나 즉석에서 사진을 찍어서 활용할 수 있다.

② 포토포엠 만드는 방법

– 여러 장의 사진 중에서 자기를 부르는 듯하거나 자기에게 말을 거는 듯한 사진(또는 제시된 주제에 맞는)을 한 장 고른 다음 사진을 감상한다.

– 사진이미지를 본 그 순간의 느낌을 기록한다.

– 사진을 자세히 관찰하면서 자기 자신이나 자신의 체험과 연관된 것을 떠올린다.

– 떠오른 느낌과 생각을 구체화하고 보충하면서 시를 완성한다.

– 시가 완성되면 사진을 도화지에 붙이고 시를 적는다.

  • 컴퓨터 활용이 가능하다면 작품을 디지털로 직접 작업해 완성 후 프린트할 수도 있다.

③ 질문하기

• 포토포엠을 만들면서 어떤 생각이 들었고 어떤 감정을 느꼈나요?

• 자신이 만든 포토포엠을 읽어 본(바라 본) 느낌이 어떠한가요?

• 그 작품에 제목을 붙인다면 어떤 것으로 하고 싶은가요?

• (제목이 이미 있다면) 특별히 그 제목을 붙인 이유가 있나요?

• 그 작품의 주제는 무엇인가요? 주제가 잘 드러나 있나요?

• 주제가 충분히 드러나지 않았거나 자세하지 않다면 더 넣어야 할 말을 넣어서 다시 적어보세요.

• 내용 중에서 삭제하거나 바꾸고 싶은 글들이 있나요? 어떻게 바꾸고 싶고 또 왜 삭제하고 싶은가요?

• 안 적어도 될 글이나 불필요하거나 반복되는 글은 없나요? 있다면 자신이 원하는 대로 생략하거나 간략하게 줄여보세요.

- 사진 속 어떤 이미지가 특별히 자신이 쓴 글(詩)을 잘 표현했다고 생각하나요?
- 이 포토포엠을 누구에게 주고 싶은가요? 이유는 무엇인가요?

4) 포토포엠 작업 시 유의점

- 시나 글쓰기를 힘들어하는 내담자에게는 사용을 고려해 본다.
- 시를 창작하는 의미가 아니라, 사진이미지에서 느껴지는 자신의 느낌을 글로 옮기는 것임을 충분히 사전에 설명하고 시작한다.
- 포엠(詩)이라는 문구가 들어가는 활동이지만, 시적 이미지를 글로 표현하는 것일뿐 시의 운율, 시적 언어의 사용 등으로 힘들어하지 않도록 지지해 준다.
- 집단에서는 어떤 특별한 주제를 주고 사진을 선택한 후에 주제에 맞게 작성해볼 수 있으며, 활동 후에 낭송을 하거나 상호 감상하고 피드백하는 시간을 갖도록 한다.
- 완성된 포토포엠을 일정 시간 바라 보고 시를 음미하면서 명상을 할 수도 있다.
- 개인에게는 소중한 작품이므로 함부로 다루지 말아야 한다.

2. 포토스토리(Photo Story)

포토스토리는 연속된 여러 장의 사진을 일정한 주제나 순서에 따라 배열해 이야기를 구성 전개하는 형식으로서 최근에는 광고 사진에서도 많이 이용되고 있다. 포토스토리는 상호 관련된 사진, 캡션, 본문, 헤드라인 등의 레이아웃을 가지고 있으며 일관성과 지속성 및 인과성을 보여주는 스토리를 지닌 시각적 내러티브를 말한다. 보통 연작사진을 가지고 만드는데, 가장 기본적인 방식은 시간대를 고려해 사진들을 나열하는 것이다. 모든 사진들은 상호의존적이어야 하며, 각각의 사진은 전체의 주제를 이야기하기에 적합해야 한다. 즉, 한 장의 사진만으로는 부족한 풍부한 내용을 표현해내기 위해 여러 장의 사진을 조합하는 것을 의미한다. 1장에 표현하는 사진과는 달리 2장 이상의 사진을 합해 하나의 테마를 표현해냄으로써 보다 깊고 정확한 주제를 전달하게 된다. 단순히 조합에 사용된 사진의 매수가 많은 것이 좋은 것이 아니고, 표현하고자 하는 주제를 기본으로 각각의 사진이 관련되어 있어야 한다. 사진 소설을 그 예로 들 수 있으며, 광고에서처럼 이어지는 영상과 짧은 스토리의 결합도 포토스토리에 해당될 수 있다.

예: 사진치료에서 활용하기

- 나만의 주제/집단 공통의 주제와 관련된 포토스토리 만들기
- 핵심 주제와 관련된 여러 장의 사진을 시간적 흐름에 따라 나열하고 말풍선 만들기
- 다양한 사진이 없는 경우, 한 장의 사진을 기본으로 변형된 그림을 그려서 표현하기
- 초기 만든 포토 스토리를 치유적 과정 중에 리스토리텔링(re-storytelling) 또는 스토리 빌딩(story building)해 본다.

듀안 마이클(1989)
「grandpa goes to heaven」

3. 포토에세이(Photo Essay)

포토에세이는 하나의 상황을 탐구하거나 관점을 나타내기 위해 만드는 것이다. 각각의 사진들은 그 자체의 관점을 가지고 있으면서 또한 모여진 전체 사진들은 좀 더 크고 중요한 의미를 전달하기 위해 구성된다. 포토에세이는 포토스토리와 달리 개별 사진들 간의 인과관계가 존재하지는 않는다. 그러므로 포토에세이의 주제는 포토스토리보다 만드는 사람의 아이디어나 상상력을 더 많이 포함할 수 있으며, 서술하기보다는 설득적인 성격을 가지기는 하지만 시각적 연속성은 가지지 않는다.

예: 사진치료에서 활용하기

- 개인의 삶의 주제와 가치관(예: 행복/불행, 성취/실패, 등)
- 공동의 가치관(예: 자유, 정의 등)

• 관련 주제, 개인 또는 공동의 가치관과 관련된 이미지, 사진들을 모아서 구성하기

소피 칼(1979), 「베니스에서의 추적」

우연히 만난 남자의 일상을 카메라로 추적하며 13일 동안 계속 남자의 뒷모습만 찍다가 미행이 들키면서 끝이 난다. 거리 사람들과의 인터뷰도 기록하며 객관성을 보여주는데, 허구의 이야기도 섞여있어 무엇이 진실인지 모르게 한다.

4. 디지털 스토리텔링(Digital Storytelling)

디지털 스토리텔링이란 디지털이라는 기술환경에서 멀티미디어라는 도구(tool)를 활용해 창조되는 모든 이야기 행위이다. 디지털 스토리텔링은 1990년 중반 다나 아치리(Dana Atchley)가 개발한 것으로, 파트너였던 데니스 웅스트(Denis Aungst), 조 람베르트(Joe Lambert), 니나 물란(Nina Mullan)등이 동참했다.

UC 버클리 대학 디지털 스토리텔링 센터의 공통 창립자인 조 람베르트는 "오래된 이야기 기술을 새로운 미디어에 끌어들여 변화하고 있는 현재 삶에 맞게 가치 있는 이야기들로 맞추어가는 것"이라고 했다. 디지털 스토리텔링은 멀티미디어상에서 일어나는 모든 서사 행위를 말하며, 텍스트뿐만 아니라 이미지, 음악, 목소리, 비디오, 애니메이션, 사진 등을 포함해 하나의 이야기를 하는 것이다.

디지털 스토리텔링은 디지털 미디어를 활용하기는 하지만 스토리와 텔링에 중점을 둔다. 여기서 스토리텔링하는 내용은 대부분 자기 자신의 삶에 관한 표현일 수

있다. 비록 개별적인 이야기들이 고백적이고 감동적이며 때론 내밀한 것들을 표현하기도 하지만, 보다 재미있고 생생한 도구인 디지털 미디어를 활용하므로 타인들에게 더욱 진솔하고 생생하게 다가갈 수 있는 표현방식이다.

디지털 스토리텔링에는 개인의 상상적 비전, 시적인 표현력, 기술적 숙련도, 자기 이야기를 타인에게 전달하려는 의도적인 창의력이 필요하며, 만드는 사람의 내면 고백과 감정표현에 다큐멘터리적 요소를 가미해 진솔함이 드러날 수 있도록 단순한 형태로 만들 필요가 있다. 현실적으로 디지털 스토리텔링 작업을 하기 위해서는 디지털 매체와 프로그램 등을 잘 활용할 수 있는 능력이 있어야 한다.

예: 사진치료에서 활용하기

- 다양한 주제(개인의 삶, 희망, 상처, 상실 등)를 선정해 관련된 작업하기
- 끌리는 이미지나 주제에 대해서 디지털 기기를 활용한 작업하기
- 실물 동영상 찍기, 에니메이션, 그림, 사진 등을 찍거나 스캔해서 영상자료 형태로 스토리 만들기
- 음악, 짧은 글이나 이야기 삽입하기

* 디지털 스토리텔링을 볼 수 있는 사이트

https://www.storycenter.org/stories

14
사진명상(Mindful Photography)

사진은 현재에 온전히 살아있는 존재로
주위와 조율할 특별한 기회를 준다.

- 샤피로, 필립, 그로스 -

(Philippe L. Gross and S. I. Shapiro. The Tao of Photography)

1 사진명상

사진명상은 사진과 명상이 결합된 사진치유적인 접근방식이며, 명상의 수행인 집중과 알아차림의 태도로 사진을 찍고 보고 사색하는 치유적 예술 활동이다. 사진이 명상의 한 형태이자 영적 수행으로 자신을 관찰하고 자각하고 수용하는 내적 성숙과 치유의 과정을 이끈다.

사진명상은 명상적 사진(Meditative photography, Contemplative photography), 알아차림 사진(Mindful photography, Photographic awareness), 선 사진(Zen photography), 정신적 사진(Soulful photography) 등 약간의 의미를 달리해 여러 이름으로 부른다. 본서에서는 이를 사진명상으로 통칭한다(Devries D. 2019).

2 사진명상의 목적

사진명상은 사진을 매개로 매 순간의 자신을 알아차리고 있는 그대로 수용하며 현재에 존재하는 데 있으며, 궁극적으로 우리의 참 존재를 인식하도록 하는 데 그 목적과 의미가 있다.

3 명상의 이해

명상(瞑想·冥想, Meditation)은 고요히 눈을 감고 차분한 상태로 어떤 생각도 하지 않으며, 자신의 참된 자아를 깨닫기 위해서 마음을 집중시키는 일을 가리킨다. 어원적으로 명상은 '생각하고, 생각하고, 생각하고, 깊이 생각하다'는 의미와 묵상의 의미를 갖고 있다. 명상의 절대적 의미는 종교적 수행으로 진리의 통찰과 신과의 합일, 해탈에 있으며 종교적 맥락과 밀접하게 연관되어 수행되어 왔다. 명상은 처음 인도의 힌두 베다(Hindu Vedas of India)에서부터, 네팔과 인도의 힌두교, 자이나교, 초기 불교뿐만 아니라 중국의 유교와 도교를 통해 여러 형태로 나타났다. 기독교에서의 명상은 '숙고(contemplation)'라는 용어와 유사하며 '기도'라고 불리기도 한다.

명상의 수련 방법에는 크게 두 가지, 집중명상(지법·止法·사마타)과 마음챙김명상(관법·觀法·위파사나)로 나뉜다. 집중명상은 특정한 어떤 대상에 의도적으로 주의를 두는 방식으로, 소리, 시각, 활동, 주문(기도문) 등으로 마음을 집중하는 것이다. 마음챙김(mindfulness)은 의도를 세워 현재 순간에 판단하지 않고 수용적 태도로 주의를 기울이는 것을 말한다. 현재에 관찰하면서 경험하는 모든 마음, 감정 느낌에 열린 자세로 대하는 것이며 자신의 생각과 행위에 주의를 두어 알아차리는 것이다.

현대의 명상은 일반적인 의미로 자신의 내면을 지향하며 현재의 경험에 주의를 두고 방황하는 마음을 안정시킨다는 뜻을 가진다. 집중과 관찰을 모두 포함해 사용하고 있으며 명상을 통해 괴로움을 감소하고 자각과 통찰, 지혜와 연민의 마음을 배양하고 평정심의 자질을 키우기 위해 누구나 할 수 있는 것으로 받아들여지고 있다. 명상은 동양의 영적 전통의 긴 역사를 가지고 있으나 점차 서양문화에 전해져 현재 많은 사람들이 실천하고 있다.

4 심리치료에서의 명상

현대 심리치료에서는 명상 기법을 내담자에게 적용해 다양한 치유적인 효과를 활발하게 도모하고 있다. 크리스토퍼 거머(Christopher Germer)는 명상기법 중 마음챙김이 심리치료의 영역으로 들어오면서, 마음챙김의 정의에 판단하지 않는다는 의미를 포함한다고 설명한다. 존 카밧진(John Kabat-Zinn)은 '순간순간 펼쳐지는 경험에 대해 의도적으로, 바로 그 순간에 평가하지 않고 주의를 기울이는 것을 알아차림'이라 말하며, 배어(Baer)는 '생겨나는 그대로, 연속적으로 흐르는 내적·외적 자극들에 대한 평가하지 않은 관찰'이라고 정의한다. 내담자가 가지고 있는 부정적인 정서를 치료할 때, 평가하지 않고 자비롭게 받아들이는 수용적 태도가 중요하다. 심리치료에서의 명상은 ①현재 경험에 대한 ②수용과 함께 하는 ③알아차림(자각) 3가지를 구성요소로 한다.

대표적인 심리치료 개입으로는 네 가지가 있다. 마음챙김에 근거한 스트레스 완화(MBSR: Mindfulness-Based Stress Reduction, Kabat-Zinn), 마음챙김에 근거한 인지치료(MBCT: Mindfulness-Based Cognitive Therapy, Segal, Williams, & Teasdale), 변증법적 행동치료(DBT: Dialectical Behavior Therapy, Linehan), 수용전념치료(ACT: Acceptance and Commitment Therapy, Hayes, Strosahl, & Wilson)가 있다. 각각의 치료기법은 치료 대상과 증상 및 치료기간에 따라 기법의 적용이 다소 차이가 있지만, MBSR과 MBCT는 수용에 근거한 전략을 강조하며 DBT와 ACT는 행동변화에 전략을 포함시키고 있다. 그러나 모든 치료법들은 모두 현재 순간의 경험에 주의를 기울이는 방식을 기반으로 해 적용을 시도하고 있다.

일반인에게도 보급하고 있는 스트레스 완화를 돕는 MBSR 명상은 우리가 항상 변화하고 있는 내면 상태의 흐름을 경험하며 수련을 통해 지금 이 순간의 알아차림을 개발할 수 있는 능력을 갖고 있음을 강조한다. 수련 중에 나타나는 어떤 감각들을 바꾸려 하지 말고 알아차리며, 감각이 없으면 없다고 알아차리도록 지도한다. 몸에 주의를 둔 깊은 관찰을 통해 몸의 한계는 항상 변화하기 쉽다는 것을 수용하는 경험을 제공한다. 또한 일상 생활에서 마음챙김을 하면서 즐거움과 불쾌감에 관한 습관적인 반응을 스스로 알아차리게 되며 자기자각을 향상시키고 통찰력을 증가시키고, 습관적이고 자동적이며 부적응적인 행위를 줄이게 돕는다. 비판단적인 태도로 자신에게 다가오는 어떤 것이든지 수용하도록 돕는다. 명상의 태도 또는 지도자 자질을 함양하는 훈련 조건에는 7가지 있다. ①판단하지 마라 ②인내심을 가져라 ③초심을 유지하라 ④믿음을 가져라 ⑤너무 애쓰지 마라 ⑥수용하라 ⑦내려놓아라 이런 내용은 평생 익히고 배워야 하는 것으로 마음챙김명상은 모든 사람들에게 규칙적인 수련 경험의 연속성을 강조한다(Ruth Baer, 2006).

5 명상의 치유적 의미

명상은 호흡을 통해 주의를 집중하는 인내심 있는 의도적 훈련이며 비판단적인 훈련을 한다. 명상에서 호흡은 ①우리에게 주의의 초점을 제공하기 때문에 중요하다. ②자세 움직임의 속도를 조절해서 너무 빠르거나 느리지 않게 도와준다. ③몸과 마음이 다리 역할을 하며 교감과 부교감 신경계를 조절해준다. ④통증을 조절해줄 수 있다. 일반적으로 명상은 신체적· 심리적 이완반응을 유도하며 부정적 감정의 경험을 감소시킨다. 개인의 존재감과 심리적 연결감이나 신뢰감을 높인다. 삶의 질을 향상시키며 스트레스의 대처를 높이고 면역력을 높여 만성질환의 예방과 치료 회복에 도움이 된다고 알려져 있다.

심리치료 차원에서 명상의 훈련은 '관찰자 자기' 시각을 개발하는 점에 주목할 필요가 있다. 명상훈련을 통해 내담자는 과거에는 직면하지 않고 피했던 감정이나 생각을 비반응적이며 비판단적으로 검토할 수 있다. 관찰자 자기의 관점은 인지적 탈융합을 촉진시킨다. 회피했던 고통스런 감정과 감각에도 노출되도록 허용하며 이런 노출에 공포를 줄이고 행동에 더 유연해지도록 유도한다. 관찰자 자기관점을 배우면서 마음에서 만들어낸 심리적인 도식(예: 과거·미래에 대한 심리 도식)이나 각본을 관찰하면서 초연해지는 것을 배우게 된다(Ruth Baer, 2006).

6 사진명상의 이해

사진심리학자 존 쉴러(John Suler)는 사진명상(mindful photography)을 이해하기 위해 우선 마음챙김 사진이 아닌 것이 무엇인지 말해준다.

> 사진을 찍는 중이다. 주변을 둘러보면서 좋은 것을 포착하려 하고 싫은 것을 피하려 한다. 마음속으로 과거에 잘 찍었던 사진이나 다른 사람이 잘 찍은 이미지들을 생각한다. 예전의 성공적인 사진을 재현하거나 영웅의 뛰어난 사진작품을 흉내 낼 생각을 한다. 사진 찍는 기술이나 전략을 상기한다. 내 사진 작품을 볼 사람들을 생각한다. 그들이 좋아할까? 그들의 반응을 기대한다. 인정과 칭찬은 확실히 기분을 좋게 할 것이다. 아마도 이 사진들은 별 볼 일 없는 것일 수도 있다. 얼마나 실망스러울까? 멋진 촬영이 되길 원하고 바란다. 최소한 몇 장은 건지기를 기대한다.

쉴러는 우리가 이런 모습들을 가지고 있다고 확신하면서, 이렇게 찍은 사진에 문제가 있을까 하고 묻는다. 정말로 문제가 되는 것은 우리가 지금 실제를 보고 있지 않다는 것이다. 우리의 자각(awareness)은 생각, 기대, 그리고 바람에 갇혀있다. 내면에서 일어나는 잡담과 정서적인 욕구들이 마치 우리의 비전을 흐리게 하는 연기처럼 작동하고 있다. 우리 주변에 일어나지도 않은 많은 것들이 머릿속에서 일어나고 있는 것이다.

위대한 작가들은 특별히 '마음챙김'이라는 단어를 사용하지 않았어도 자신을 잊어버리고 현재의 순간을 알아차린 사진에 대해 말한다. 보는(Seeing) 것에 더 몰입하기 위해 목표나 욕구, 기대, 기술과 불안을 내려놓는다. 세상이 우리에게 주는 것에 수용적인 알아차림을 연다. 무언가를 포착하려는 객관적인 관찰자가 아니라 환경, 즉 세상과 소통하는 존재가 된다. 특별한 것을 찾고 있지 않으며 어디에도 가지 않고 무엇을 기대하거나 통제하지 않는다. 삶의 흐름에 모든 것이 함께 어울리는 예상치 못한, 유일한 순간에 완전히 그리고 천진난만하게 열려 있다. 이런 조건 속에 우리가 자아(self)를 내려놓았을 때, '그것'이 우리에게 나타난다. 우리는 사진을 찾아서 찍지 않는다. 사진이 우리를 발견하는 것이다.

사진에서 알아차림이란 예전에 천 번도 넘게 봤었을 것을 처음 관찰하는 것과 같다. 마치 오래 집을 비웠다가 다시 돌아와 그동안 너무 익숙해서 인식하지 못했던 것들을 새롭게 알아차리는 것과 같다. 가족이나 친구, 세상을 마치 처음 보듯, 평소처럼 무감각하게 보지 않고 진정으로 그들을 보고 있는 것을 깨닫는 순간과 같다. 알아차림은 바로 이렇게 깊은 앎이다.

쉴러는 마음챙김을 키우는 것은 바로 놓아주는 것, 기대, 부담, 서두름을 내려놓고 기다림을 배우는 것이라고 한다. 그는 "차단된 정서를 흘러가게 하라. 잘되지 않으면 애쓰지 말고 그냥 가라. 생각도 흘러가게 하고 이해하려 하지 말라. 모든 것에 매달리거나 거부하지 말라. 싫든 좋든, 무엇이 오든 받아들인다. 완벽주의, 자기평가, 타인과 비교를 내려놓아라. 저항하는 것은 더 강하게 할 뿐이므로, 대신에 기회로 받아들이라"고 조언한다. '나쁜' 빛, 피사체, 날씨, 촬영기술 같은 것은 없다면서 주위에 있는 것을 조사하고 탐구하고 실험하라고 하면서, 사진명상은 인생의 모든 면들을 잠재적인 주제로 확인하는 'Yes'의 경험이라고 강조한다. 멋진 사진을 찍은 후에 그 장면에 머물러서, 그것이 무엇인지 충분히 알아차리면서 감상해보자.

7 사진과 명상

불교 수행과 더불어 30년간 사진을 찍은 영국의 작가 스티븐 배첼러(Stephen Batchelor, 2017)는 그의 저서 『세속적인 불교: 불확실한 세상에서 다르마(법)를 상상하기(Secular Buddhism: Imagining the Dharma in an Uncertain World)』에서 사진과 명상은 얼핏 보면 관련 없는 활동으로 보이지만 실제로는 전혀 다르지 않다고 말한다. 사진은 카메라를 매개로 시각적 세계의 바깥쪽(outward at the visual world)을 보지만 명상은 중재되지 않는 안쪽의 경험(inward on unmediated experience)에 초점을 둔다. 사진은 현실의 이미지를 만들지만, 명상은 현실을 그대로 본다. 그러나 사진과 명상은, 수행으로서 헌신과 훈련, 그리고 기술을 똑같이 요구한다. 그러나 이런 질적인 것을 갖춘다 해도, 예술의 절정에 이른 사진보다 명상이 더 큰 지혜를 인도한다고 보장하지 못한다. 두 분야의 전문 지식을 뛰어 넘어 세상을 새롭게 볼 수 있는 역량이 필요하다. 그런 시각은 사물을 관통하는 끝없는 호기심에서 비롯되므로, 세상을 보는 어른들의 신념을 중단하고 어린 아이 같은 순수함을 회복하는 것이 필요하다고 설명한다.

명상과 사진의 추구는 비범한 것에 빠지는 매혹에서 벗어나 평범함을 재발견하게 이끈다. 한때 배첼러는 명상에서 신비로운 초월을 원했던 것처럼 사진에서도 이국적인 장소나 특이한 물체가 이상적인 주제라고 생각했었다. 대신, 그는 명상을 하면서 알아차림이 일상생활에서 구체적이고 감각적인 사건들에 관한 이해와 느낌을 높아지게 한다는 것을 발견했다. 마찬가지로, 사진을 찍으면서 매일 주변을 보며 주의를 더 기울이는 법을 배웠다. 그가 촬영한 것 중에 가장 마음에 드는 사진들은 그가 살고 일하는 근처에서 찍은 사진이라고 한다.

배첼러는 사진과 명상 모두 일어나는 것에 꾸준히 집중하는 능력이 필요하다고 말한다. 집중해 보는 것은 마음의 프레임을 변화시킨다. 세상을 보는 습관적인 관점을 매 순간 예견으로도 반복할 수 없는 날카로운 감각으로 대체한다. 명상을 할 때 호흡에 주의를 기울이거나 뷰 파인더에서 이미지를 구성하고 있는지 여부에 상관없이, 맹렬하고 실감나는 현실 앞에서 맴돌고 있는 자신을 발견하게 된다. 이 시점에서 명상가와 사진가의 임무는 다르다. 명상가는 순간에 방해받지 않고 비판단력의 알아차림을 키우고 사진가는 셔터를 눌러 순간을 포착한다. 작품 이미지를 고정시키는 미학적 결정은 명상적인 관찰 행위에 방해되지 않고 오히려 확고하게 한다. 사진을 찍기 전에 몸과 감각을 최종적으로 마이크로 초 단위로 맞추면, 이미지의 강렬함과 즉시성(intensity and immediacy of the image)이 높아진다. 명상이 주지 못하는 순간의 마음을 엿볼 수 있다.

배첼러는 명상수행과 사진이 모두 직관적인 직감을 따른다고 한다. 사진과 명상이 뭔가 거부할 수 없게 끌어당기는 것에 대해 처음에는 명료하고 설득력 있게 정당화하려 하지만, 점차 설명할 필요가 없어진다고 한다. 사진을 찍거나 명상하러 앉아 있는 바로 그 행위 자체만으로도 충분하기 때문이다. 매 순간 깨닫기를 기다리면서 미래의 어느 시점에 도달할 최종 결과적인 생각은 사진이나 명상의 목표는 바로 지금 여기 있다는 것이다. 매 순간 실현되기를 기다리면서 말이다.

8 사진명상의 접근

사진명상에 실제 접근하기 위해서는 알아차림 명상을 배우고 훈련하는 것이 필요하다. 명상은 연습과 헌신을 필요로 하기 때문에, 도전이 될 수 있다. 그러나 전문적인 명상은 사진을 찍을 때 나에게 영향을 주는 문제가 무엇인지, 내가 누구인지를 알게 해 줄 것이다. 신체적으로나 정신적으로 행복에 도움이 될 것이다. 그러나 명상가가 되어야 한다는 것이 아니다. 우리의 일상생활의 활동에서 알아차림의 의식은 훈련할 수 있다. 먹고, 걷고, 운전하고, 샤워하고, 설거지를 할 때, 환경에 주의를 기울이는 것이다. 평범하고 별 볼일 없던 것들이 새롭고 매혹적으로 보일 수 있다. 사진기가 없어도 빛이나 그림, 색상이나 질감, 패턴에 주의를 둔다. 사진을 찍는 것보다, 어떤 장면에 몰입하기 위해 방해가 되는 것은 사진기 뒤에 숨어 버리는 성향이거나, 사진기를 권력이나 통제 또는, 목적이나 성취도구로 생각하는 것이다. 일상생활에서 알아차림에 방해가 되는 생각이나 기대 없이, 빛에 주의를 두고 감사해야 한다. 알아차림을 키우는 것은 이렇게 간단할 수 있다. 사진을 찍을 때, 알아차림은 마음의 눈으로 본 모든 가능성을 열어줄 것이다.

명상이 마음챙김과 집중수련을 하듯이, 사진명상에서도 마음챙김(mindfulness)으로서 수용적 태도로 주의를 기울이고 집중명상처럼 피사체에 초점을 줌 인하는 집중을 한다. 사진에서도 알아차림과 집중이 골고루 균형 있도록 한다. 집중해서 주의 깊게 보며 탐색하다가 마침내 사진을 찍을 때, 선의 경지처럼 완전히 집중된 순간에 이르면 욕구 없이 기록하게 된다. 이런 과정이 사진을 찍는 동안에 반복되면서 새로운 시각의 가능성을 열어가고 마음챙김을 해나가고 집중은 절정에 이르게 한다. 만약 지나치게 알아차림으로 인해 예민해져 압도당하는 상태라면, 하나에 집중해 다시 알아차림으로 돌아간다. 명상을 하는 사진가는 사진기만 들고 있어도 명상 의식 상태로 유도된다.

9 사진명상의 치유적 효과

사진명상은 우리에게 '내가 지금 어떻게 살고 있는지'를 생각하게 하며, 우리 안에 있는 '호기심', '진실성', '정직성'을 가지고 어떻게 살아갈 수 있는지를 탐구하게 한다. 우리의 내면을 탐색할 수 있게 하고, 숨겨져 있는 그늘지고 어두운 마음속 그림자를 의식과 삶 속에서 보도록 도와준다. 사진명상은 결국 나를 알아가게 하는 치유적인 방법이다.

알아차림의 명상적인 태도로 사진을 하면 감각의 자각 및 인지능력이 높아져서 자신의 내면에 떠오르는 감정을 자각하고 표현하는 능력도 높아진다. 그 결과 자연스럽게 감정을 수용하는 능력과 대처 능력이 커진다. 자의식을 높이며 성찰을 돕고 심리 이완 및 스트레스 완화 효과를 가져 올 수 있다.

사진을 통한 명상적인 접근은 새로운 시각의 감각을 열게 한다. 자신의 생각과 판단으로 가려진 일상과 자신의 모습, 그리고 확장되어 세상의 모습을 재자각하고 인지하게 돕는다. 사진을 통해 세상을 처음 보는 것처럼 신선하게 보는 능력이 키워진다. 그로 인해 일상에서 세상의 아름다움을 보면서, 삶의 생명감, 충만함, 행복감을 느끼게 된다. 사진으로 명상의 유익함을 경험하고 통찰로 이끌어 우리의 삶에 완전히 존재할 수 있도록 잠재력을 확장시킨다.

사진명상의 지도가 더크 데브리스(Dirk Devries, 2019)는 사진을 명상과 같은 영적활동으로 간주한다. 사진은 우리 삶의 순간들을 기록하고 그 순간의 감정과 경험을 다시 느끼게 해주며, 우리의 경험을 더 잘 이해하게 돕고 다른 문화와 다양한 존재의 방식을 배우게 한다. 사진은 고통스런 이 세상에서 기쁨과 아름다움, 영감과 치유를 준다. 그러나 무엇보다 사진은 어떤 것을 생산하는 욕구가 아닌 명상의 한 형태로 영적인 훈련이 될 수 있다. 명상 속에서 좀 더 본질적이고 진실한 것이 출현하듯이, 명상적인 사진에서도 생각과 판단 없이 창조성이 방출될 수 있는 과정을 제공한다. 명상, 영적수행은 보다 광범위하게 당신이 자아와 타인, 의미, 우주 등과 더 깊게 연결되도록 돕는 것을 목적으로 하는 활동이다.

10 사진명상의 실기

사진명상은 명상과 사진이 결합된 사진 활동이다. 따라서 명상의 '알아차림과 집중'으로 균형을 가진 사진촬영을 진행한다. 알아차림 명상의 기법을 적용한 사진명상의 5가지 연습과정을 소개한다.

① 준비물

자신이 준비할 수 있고 부담 없이 촬영할 수 있는 사진기나 휴대폰

② 장소

지금 있는 장소, 또는 주변을 가볍게 걸어 살펴보면서 촬영할 수 있는 곳

③ 태도

명상사진은 어떤 자세나 사진을 요구하지 않는다. 단지 몸을 이완하면서 사진을 찍어나갈 때 일어나는 감각, 느낌에 주의를 두며 알아차려가는 것이다. 피사체와 나의 움직임과 감각에 초점을 두는 데 집중한다. 이런 훈련은 마음을 더 깊고 또렷하게 만들어줄 것이다.

연습 1 대상에 접근해 느끼기

사진 소재 또는 사진촬영이 바로 명상의 대상이다. 천천히 사진을 찍을 대상에 다가간다. 내가 찍을 대상에 다가갈 때 긴장이 되거나 산란한 생각이 들어 마음이 흐트러지면 심호흡을 천천히 세 번 한다. 그러고 나서 대상에 다가간다. 대상을 만나는 순간에 머물러 대상을 느껴본다. 어떤 느낌이 오는지 알아차린다. 사진을 급하게 찍으려고 서두르지 않는다. 사진을 찍는 지금 이 순간이 가장 중요한 일이라고 생각한다. 사진을 찍는 행위 자체가 바로 명상이다.

연습 2 촬영하면서 나의 몸, 감정, 의식을 알아차리기

사진을 찍기 전에 몸에 긴장이 오지 않도록 먼저 편안한 자세를 취한다. 사진을 찍는 모든 동작은 천천히 느리게 지켜보면서 한다. 손동작 하나, 대상의 모습 하나하나 집중해 본다. 평상시보다 동작을 세 배쯤 느리게 하면서 동작에 의식을 집중한다. 사진기를 들고 있는 손, 팔 동작 하나하나에 의식을 둔다. 내가 대상을 찍으면서 몸에 나타나는 긴장, 불편감, 통증, 감각, 감정, 생각들을 있는 그대로 알아차린다.

사진을 찍으면서 내 안에서 올라오는 감정들을 그대로 알아차린다. 머릿속에 스치는 생각들도 알아차린다. 그 어떤 감각, 감정, 생각에 대해 거부하거나 저항하지 말고 있는 그대로 자각하고 지켜본다.

연습 3 몰입과 평정

마음을 다해 지금 이 순간에 머물러 대상을 보고 촬영하면서 자연스럽게 집중한다. 만약, 간섭해 들어오는 생각과 감정이 있으면 잠시 호흡에 주의를 주었다가 다시 대상으로 돌아간다. 산란한 생각은 늘 일어날 수 있다. 그럴 때 언제든 호흡으로 다시 돌아가 안정이 되면 다시 촬영에 들어간다. 결정적으로 와 닿는 순간의 몰입에서 '발견'되는 것을 본능적으로 사진을 찍어나간다. 이렇게 찍다 보면 어느새 시간과 공간, 그리고 나도 잊으면서 촬영에 몰입해 새로운 세계를 만나고 있을 것이다. 그 흐름에 몸을 맡기고 대상과 하나가 되는 연결감을 경험한다.

연습 4 부정적인 감정과 마음 내려놓기

감정이 힘들 때, 사진기를 들고 걸어가면서 사진 찍을 것을 찾지 말고 눈에 보이는 것에 주의를 기울이며 천천히 걷는다. 지금 나의 어려움이나 이와 관련된 생각이나 감정에 주목한다. 어느 순간 내 눈을 사로잡는 것이 있으면 멈춰서 살펴보고 찍고 가까이 다가가 찍는다. 찍으면서 내 감정에 주목하고 내 눈앞에 보이는 시각적인 것들에 주목한다. 자신에게 '집착하는 마음을 내려놓는다'라고 말한다. 찍고 나서 바로 사진을 보지 않는다. '그만'이라고 말한다. 다음날 찍은 사진을 다시 보면서 내 감정에 주의를 두고 알아차린다.

연습 5 마음 상태를 비판단하기

사진 찍는 기간을 30일로 정해본다. 하루에 단 3장의 사진으로 자신을 제한한다. 어딘가에 집중하는 것은 거기에서 무엇을 보는 것뿐만 아니라 내가 무엇을 잡고 있는지를 볼 수 있게 한다. 사진을 찍을 때 나의 마음 상태가 어떠하든 '모두 환영하는 마음'으로 해야 한다는 것을 기억하라. 나의 경험이 어떠하든 그 모든 것을 판단하지 않고 얼마나 나를 지켜볼 수 있는지를 알아차린다.

① 작업 후 대화 나누기

명상사진을 촬영한 후에 사진을 보면서 대화를 나눠본다. 데브리스가 사진을 찍고 하는 질문의 일부를 아래에 소개한다. 사진명상을 통한 성찰의 여부는 전적으로 당사자에게 달려있다. 과정에는 설명하거나 분석하지 않고 오직 과정만 필요하다는 것에 유념한다.

– 무엇이 나를 이 주제로 이끌었나요?

– 이 이미지에 대해 어떤 점이 좋습니까?

– 이 이미지와 연결되었을 때 기분이 어떤가요?

– 이 이미지에서 무엇이 나를 놀라게 하나요?

– 이 이미지에서 자신/세상에 대해 배운 것(신, 욕망, 미, 고통, 치유)이 무엇인가요?

– 이 이미지는 어떤 방식으로 은유적인 역할을 하나요?

– 내 답변을 기반으로, 이미지의 제목을 무엇이라 붙여야 할까요?

② 상담자 반응 및 내담자 이해

일반적으로 처음 명상을 시작하면, 내담자에게 어떠한 반응이 나타나든 간에 그것은 단지 정신적인 표현 또는 반응일 뿐이라고 여기고 크게 마음 두지 말고 무시하며 지나치라고 한다. 더 높고 깊은 내면으로 들어가기 위해, 이와 같이 먼저 거친 마음을 내려놓는 과정이 선행된다. 상담자의 역할은 내담자가 자신의 깊은 내면에 가기 전에 드러나는 혼란하고 어지러운 길부터 돌보는 것이 필요하다. 내면으로 이르는 길을 청소하고 나면, 내면에 대해 내담자는 깊게 명상할 수가 있게 된다. 그러하기 위해선 내담자의 자아가 강해야 그 길에서 오는 어려움도 견딜 수 있다. 상담자는 내담자의 자아를 강화시켜주어야 함을 유념해두어야 한다.

사진명상을 시도하는 과정에서 내담자들은 명상에 대한 부정적인 선입관을 가질 수 있다. 명상이 대중화되어 가는 추세라고 해도 모든 내담자들에게 명상이 긍정적이고 수용적이지 않을 수 있음을 이해하고 심리치료차원의 접근의 주는 치유적인 효과에 대한 교육이 필요할 수 있다. 쉬운 이해를 바탕으로 실천에 부담을 느끼지 않는 선에서 명상의 호흡기법을 알려주고 자신의 몸과 감각, 감정, 의식을 알아차릴 수 있도록 천천히 다가가도록 한다.

사진명상의 과정에서 내담자들은 다양한 감각과 감정, 그리고 미해결된 욕구들을 만나게 될 것이다(직면). 이 모든 감각과 감정을 깊게 수용하기 보다는 압도될 수 있음도 이해해야 한다(수용의 어려움). 무엇보다 그 어떤 반응도 다 그러할 수 있다고 보고 호흡과 일차적인 집중으로 대처할 수 있게 도와야 한다(감정과 욕구의 대처능력 향상). 그러면서 한편으론 내담자의 반응 및 욕구들을 그것을 있는 그대로 지켜보고(비판단적 태도) 거리 두어 관찰자의 시점에서 볼 수 있도록 안내(관찰자시점 함양)해주어야 한다. 그 결과 자신을 점차 알아가면서 자신의 헛된 욕구와 집착으로 고통받는 자신을 이해하게 된다면(내려놓기), 그에 따른 치유적인 효과는 매우 클 것이다.

사진명상은 촬영을 하면서 명상의 치유적인 효과를 기대하는 과정이지만, 이 작업 과정에서 창출되는 성과인 사진작품도 치유적으로 의미가 크다. 그러나 사진작업의 결과에 미학적으로 끌려가지 않도록 과정 하나하나의 의미와 과정에서의 알아차림을 계속 강조해주면서 자신을 알아가도록 치유차원으로 이끌어주는 상담자의 역할이 매우 중요하다.

11 사진명상 활동 리스트

- **Warm-up**
  - 인사 나누기
  - 명상과 사진명상 안내
  - 준비물 확인/시간 설정하기/공간 설정하기

- **Main Activity**
  - 사진 명상을 개별적으로 작업하기
  - 작품 감상 및 발표하기
  - 대화 나누기

- **Wrap-up**
  - 피드백 나누기
  - 뒷마무리 하기

- **Reflection**
  - 진행자의 경험 및 진행 내용 정리하기

참고문헌

1. 사진과 사진치료

박상우(2011). 사진과 19세기 신경정신의학. 미술사학연구회. 37, 11(12).

박소현(2004). 사진치료의 이론과 실제-가족사진을 통한 사진치료연구. 이화여자대학교 디자인대학원 석사 논문.

안경민(2014). 디지털 사진과 커뮤니케이션. 커뮤니케이션북스.

임철규(2004). 눈의 역사 눈의 미학. 한길사.

최인진(1999). 한국사진사 1631-1945. 눈빛.

Akeret, R. V.(1973). Photo analysis. New York: Peter H. Wyden, Inc.

Bajac, Q.(2004). 송기형 역. 사진 빛과 그림자의 예술. 시공사.

Barthes, R.(1986). Camera lucida. (김웅권 역. ≪밝은방≫. 동문선. 2006.)

Debray, R.(1994). 정진국 역. 이미지의 삶과 죽음. 시각과 언어.

Dubois, P.(2005). 이경률 역. 사진적 행위. 사진마실.

Flusser, V.(1999). 윤종석 역. 사진의 철학을 위하여. 커뮤니케이션북스.

Foster, H.(2004). 최연희 역. 시각과 시각성. 경성대학교.

Fryrear, J., & Krauss, D.(1983). 「Phototherapy introduction and overview」, 「Photo-Therapy in mental health」. Springfield, IL: Charles Thomas.

Fryrear, J., & Corbit, E.(2011). Photo Art Theraphy. (김준형·서시형 역. ≪사진미술치료≫. 북스힐.)

Goldstein, E. B.(2015). Cognitive Psycholog., 4th. (도경수·박태진·조양석 역. ≪인지심리학≫. 센게이지러닝. 2017.)

Greenberg, L. S., & Paivio, S. C.(1997). Working with Emotions in Psychotherapy. Guilford Publications. (이흥표 역. ≪심리치료에서 정서를 어떻게 다룰 것인가≫.

학지사. 2008.)

Halkola, U.(2011). Spectro cards in therapy and counselling. Painosalama. Turku.

Hays, D.(2002). Photography: Snapshots out of the unconscious. Psychodynamic Practice: Individual. Group and Organisations. 8(4), 525-532.

Helmut and Alison Gernsheim.(1995). A concise History of Photography. London: Thames and Hudson.

Kelsey, M. F.(1974). The inward journey: Art as therapy for you. Milbrae. CA:Celestial Arts.

Lemagny, J., & Rouille, A.(2003). 세계사진사 증보판. 정진국 역. 까치.

Newhall, B.(2003). 정진국 역. 사진의 역사. 열화당.

Raquel, Farrel-Kirk(2001). Secret. symbols, synthesis, and safety: The roll of boxes in art therapy. American Journal of Art Therapy. Vol. 39, Feb.

Zakia, R. D.(2013). Perception and imaging: Photography a way of seeing. Focal Press.

Sontag, S.(1973). 이재원 역. 사진에 관하여(2005). 시울.

Wallin, D. J.(2007). Attachment in Psychotherapy. Guilford Publications. (김진숙·이지연·윤숙경 역. ≪애착과 심리치료≫. 학지사. 2010.)

Weiser, J.(1984). Phototherapy - Becoming visually literate about oneself, or phototherapy/ What's phototherapy?. phototherapy. Vol. IV, No. 2.

Weiser, J.(1999). Phototherapy techniques: Exploring the secrets of personal snapshots and family albums. Vancouver: Photo Therapy Centre.

Weiser, J.(2009). Commentary picturing phototherapy and therapeutic photography: Commentary on articles arising from the 2008 international conference in Finland. European Journal of Psychotherapy and counselling. Vol. 11, No. 1, March 2009, 77-99.

▶ 웹사이트

국립국어원 표준국어대사전 https://stdweb2.korean.go.kr/main.jsp

로지 마틴 http://photographyscotland.org/2016/rosy-martin.html

어원검색사이트 https://www.etymonline.com/search?q=photograph

울라 할콜라 http://www.spectrovisio.net/eng

워커 비주얼 http://www.fototerapeutica.com/2015/04/walker-visuals.html
월간미술 미술용어사전 https://monthlyart.com/encyclopedia/포토그램
장-마틴 샤르코 https://en.wikipedia.org/wiki/Jean-Martin_Charcot
주디 와이저 https://phototherapy-centre.com
크리스티나 누네즈 https://www.cristinanunez.com/the-self-portrait-experience1
한국민족문화대백과사전 http://encykorea.aks.ac.kr/Contents/Index?contents
http://photographytherapy.com
https://wellcomecollection.org/articles/XVqudxMAACEAxxLK
www.salto-youth.net

2. 주요 심리상담이론과 사진치료

권석만(2012). 현대심리치료와 상담이론. 학지사.
김진숙(2009). 투사적 동일시의 의미와 치료적 활용 한국심리학회지. 2009. Vol. 21. No. 4. 765-790.
김창대(2002). 대상관계이론의 핵심개념. 한국심리학회 학술대회 자료집 2002(1), 2002.6, 125-131(7).
박홍순(2014). 사유와 매혹 2: 서양 철학과 미술의 역사. 서해문집.
서울대학교 교육연구소(1994). 교육학 용어사전. 도서출판 하우.
이창재(2003). 프로이트와의 대화. 학지사.
이창재 외(2010). 예술작품과 정신분석. 학지사.
임규혁·임웅(2007). 교육심리학. 학지사.
유근준(2013). 정신분석의 주요 세 이론 비교: 정신분석이론, 자아심리학, 대상관계이론. 국제신학. 15. 367-400.
장진아 편저(2014). 프로이트와 대상관계이론. 경남가족상담연구소.
최영민(2011). 대상관계이론을 중심으로 쉽게 쓴 정신분석이론. 학지사.
Barthes, R.(1980). La Chambre Claire(Camera Lucida). (김웅권 역. 《밝은 방: 사진에 관한 노트》. 동문선. 2006.)
Bosworth, P.(2005). Diane Arbus. (김현경 역. 《다이앤 아버스: 금지된 세계에 매혹된 사진가》. 세미콜론. 2007.)
Deurzen, E.(2010). 이정기·윤영선 역. 실존주의 상담과 심리치료의 실제. 상담신학연구소.

Donald, B.(1979). Photography as an Extension of the Ego. International Review of Psycho-Analysis. 6:273-282.

Frankland, A. G.(2019). 김진숙 역. 대상관계심리치료 실제(사례로 보는 치료안내서). 학지사.

Gomez, L. (2012). 김창대 외 공역. 대상관계이론 입문. 학지사.

Greenson, R.(1967). The Technique and practice of psychoanalysis. (이만홍, 현용호 역. 《정통 정신분석의 기법과 실제》. 하나의학사. 2001.)

Halkola, U., & Koffert, T.(2011). The many stories of being. In PHOTOTHERAPEUROPE: Learning and Healing with Phototherapy - A handbook. University of Turku: Publications of the Brahea Centre for Training and Development.

Kaam, A.(2009). 실존주의 상담학. 상담신학 연구소.

Maslow, A. H.(1970). Mativation and personality(rev, ed). New York: Harper & Row.

Sontag, S.(1977). On photography. (이재원 역. 《사진에 관하여》. 이후. 2005.)

Summers, F.(2004). 이재훈 역. 대상관계이론과 정신병리학. 한국심리치료 연구소.

Sulzberger, C.(1955). Unconscious Motivations of the Amateur Photographer. Psychoanalysis, 3:18-24.

Winnicott, D. W.(1971). Playing and reality. (이재훈 역. 《놀이와 현실》. 한국심리치료 연구소. 1997.)

Yalom, I.(2016). 최웅용 외 3인 역. 치료의 선물. 시그마프레스.

Yalom, I.(2007). 임경수 역. 실존주의 심리치료. 학지사.

▶ 웹사이트

프로이트 정신분석 연구소 http://www.freudphil.com

A Form of Photographic Existentialism?

http://www.naturephotographers.net/articles1106/dm1106-1.html

Existentialism and photography

AB Watson14/08/2017Philosophy

http://www.abwatson.com/existentialism-and-photography-2

3. 세계의 주요 사진상담자

김석(2010). 무의식에로의 초대. 김영사.

Halkola, U.(2001). Spectro cards in therapy and counselling. Painosalama. Turku.

Halkola, U., & Koffert, T.(2011). PHOTOTHERAPEUROPE: Learning and Healing with Phototherapy- A handbook. University of Turku: Publications of the Brahea Centre for Training and Development.

Loewenthal, D.(2013). Phototherapy and Therapeutic Photography in a Digital Age. (심영섭·백영묘·정윤경 공역. 《디지털 시대의 사진치료》. 학지사. 2019.)

Martin, R.(2001). The performative body: Phototherapy and re-enactment. Afterimage, 29(3). 17-20.

Nunez, C.(2010). Someone to love 1 & 2. The Private Space Books, Barcelona.

Weiser, J.(1999). Phototherapy Techniques: Exploring the Secrets of Personal Snapshots and Family Albums. (심영섭·김준형·이명신 공역. 《사진치료기법》. 학지사. 2012.)

▶ 웹사이트

조엘 워커 https://www.joelwalker.com

조엘 워커관련자료 Cancerología 4 (2009): 9-18

http://incan-mexico.org/revistainvestiga/elementos/documentosPortada/1257540985.pdf

울라 할콜라 http://www.spectrovisio.net

http://nuke.itff.it

https://phototherapytherapeuticphotography.files.wordpress.com/2014/10/a_picture_unleashes_a_thousand_words_j-walker_2002.pdf

https://www.youtube.com/watch?v=30QJHQatVhk

PERUGIA SOCIAL PHOTO FEST EXPERIENCING PHOTOGRAPHY #1, #2 Rodolfo De Bernart (YouTube - 2013. 12. 13.)

http://www.incan-mexico.org/incan/incan.jsp

www.IASA-dmm.org

www.perugiasocialphotofest.org : Perugia Social Photo Festival 2013

4. 사진심리상담 실제기법

권석만(2006). 젊은이를 위한 인간관계심리학. 학지사.

김문희 외(2020). 사진 치유의 힘. 박영스토리.

김번영(2015). 이야기치료의 원리와 실제. 학지사.

김상우(2000). 지상전시-일상과 서사. 『사진비평』2000 여름호.

김종오(2012). 다큐멘터리형식의 인물사진 표현 효과 연구. 상명대학교 문화예술대학원 석사논문.

김준형 · 유순덕(2016). 사진치료의 기법과 실제. 도서출판 비커밍.

김지숙 외 편저(2014). 한눈에 보는 보웬의 가족상담이론과 실제. 경남가족상담연구소.

도상금(2000). 심리치료에서 기억의 문제. 심리과학, 9(1).

박소연 · 김한별(2012). 대학생의 저널쓰기를 통한 자아성찰 과정에서의 자아정체감 형성 경험 분석. 교양교육연구. 6(1), 153-178.

박순기(2013). 데이비드 호크니의 포토콜라주에 나타난 현대 기하학과 시각내러티브에 대한 연구. 중앙대학교 박사학위논문.

박순기(2014). 기하학으로 본 데이비드 호크니의 콜라주. 이마지네.

상담센터 사이(2012). 사진을 활용한 심리치료 워크샵 워크북.

송재용(1998). 일기문학론사고. 단국대학교 대학원.

송정란(2006). 스토리텔링의 이해와 실제. 문학아카데미.

신상기(2014). 욕망의 시각화: 셀프카메라(셀카)의 나르시시즘. 디지털디자인학연구 14(1), 533-541.

유경선(2001). 사진용어사전. 미진사.

유종슬(1995). 엄마, 오늘 일기 뭘 써요. 성림.

윤준성(1996). 사유화(私有化)된 다큐멘터리, 낸 골딘(Nan Goldin). 『사진예술』1996, 12월.

이민용(2017). 스토리텔링 치료. 학지사.

이연주(2017). 치매노인의 인지기능과 우울에 미치는 효과. 평택대학교 대학원.

이지양(2014). 비언어 커뮤니케이션과 사진치료 기법에 관한 고찰. 조형미디어학.

이형득(1989). 상담의 이론적 접근. 중앙적성 출판사.

이화진(2019). 청소년의 정서행동 관심군 학생과 일반학생의 콜라주 반응특성 비교 연구. 평택대학교 대학원.

이토 도시하루(1994). 이병용 역. 20세기 사진사. 현대 미학사.

정문자 외(2018). 가족치료의 이해. 학지사.
정석환 외 역(2017). 이야기 치료 입문. 시그마 프레스.
정연인(2015). 미술치료 관점에서 본 자기고백미술의 치유성: 루이즈 부르주아와 트레이시 에민의 작품을 중심으로. 미술치료연구 제22권 제2호.
정예원(2015). 초기부적응도식이 대학생의 대인관계문제에 미치는 영향: 지연동기의 매개효과를 중심으로. 대구대학교 석사학위논문.
정진희(2001). 일기형식으로 표현된 사진에 관한 연구 논문. 상명대학교대학원.
정현희(2008). 저널 치료에 기초한 학급단위의 일기쓰기 프로그램이 초등학생의 자아개념과 학교적응에 미치는 효과. 계명대학교 교육대학원 석사학위논문.
조성웅(2013). 일기와 심리치료적인 기능: 스탕달의 경우. 프랑스어문교육. 43. 361-382.
황원진(2019). 관계이미지의 포토콜라주 표현연구. 홍익대학교 대학원.
Ades and Dawn(1986). Photomontage. Thames & Hudson.
Baer, R. 편저(2006). (안희영·김재성·박성현·김영란·조옥경 공역. ≪마음챙김에 근거한 심리치료≫. 학지사. 2009.)
Batchelor, S.(2017). Secular Buddhism: Imagining the Dharma in an Uncertain World. Yale University Press.
Barthes, R.(1986). Camera lucida. (김웅권 역. ≪밝은방≫. 동문선. 2006.)
Berger, J.(2019). Ways of Seeing, (최민 역. ≪다른 방식으로 보기≫. 열화당. 2012.)
Daval, J.(1999). 박주석 역. 사진예술의 역사. 미진사.
Devries, D.(2019). Contemplative vision: Photography as a spiritual practice. Church Publishing incorporated.
Fryrear, J. & Corbit, E.(2011). Photo Art Theraphy. (김준형·서시형 역. ≪사진미술치료≫. 북스힐. 2011.)
Germer, C., Siegel, R., Fullton, P.(2005). (김재성 역. 《마음챙김과 심리치료》. 학지사. 2012.)
Godart, E.(2016). Je selfie donc je suis, (선영아 역. ≪나는 셀피한다 고로 존재한다: 가상의 시대, 셀피가 말해주는 새로운 정체성≫. 지식의 날개. 2018)
Goldin, N.(1986). The Ballad of Sexual Dependency. New York. Aperture.
Halkola, U.(2001). Spectro cards in therapy and counselling. Painosalama. Turku.
Heider, F.(1964).The Psychology of interpersonal relations. New York: Harper & Row.
Jung, C. G.(1996). Man and his symbols. (이윤기 역. ≪인간과 상징≫. 열린책들. 2009.)

Judith, R.(1987). Approaches to art therapy: Theory and technique. (주리애 역. ≪ 이구동성 미술치료≫. 학지사. 2012.)

Kelsey, M. F.(1974). The inward journey: Art as therapy for you. Milbrae, CA:Celestial Arts.

Loewenthal, D.(2013). Phototherapy and Therapeutic Photography in a Digital Age. (심영섭·백영묘·정윤경 공역. 《디지털 시대의 사진치료》. 학지사. 2019)

McLuhan, H. M.(2003). Understanding Media: The Extensions of Man, (김상호 역. ≪미디어의 이해: 인간의 확장≫. 커뮤니케이션북스. 2011.)

Michael E. Kerr 외(2005). Family Evaluation. (남순현 역. ≪보웬의 가족치료 이론≫. 학지사.)

Papero, D. V.(2012). Bowen family systems theory. (남순현 역. 《보웬가족치료를 위한 짧은 이론서》. 시그마프레스.)

Philippe G., & Sapiro S. (2001). The tao of photography: seeing beyond seeing Berkeley, Ca: Ten speed Press.

Raquel, Farrel-Kirk(2001). Secret. Symbols, Synthesis, And Safety: The Roll of Boxes in Art Therapy, American Journal of Art Therapy, Vol. 39, Feb. 88-92.

Rothstein, A.(1993). 임영균 역. 다큐멘터리 사진론. 눈빛.

Sapolsky. R. M.(2008). (이지윤·이재담 역. ≪스트레스≫. 사이언스북스. 2008.)

Sullivan, H. S.(1953). The interpersonal theory of psychiatry. New York: Norton Press.

Sussman, E.(1996). 《In/Of Her Time : Nan Goldin's Photography, Nan Goldin》. I'LL BE YOUR MIRROR, exhibition catalogue, New York. Whitney Museum of American Art and Zurich. Scalo.

Thich Nhat Hanh(1975). The miracle of mindfulness. (이현주 역. ≪틱낫한 명상≫. 불광 출판사. 2013.)

Valcke, Jennifer, Static Films and Moving Pictures: Montage in Avant-Garde Photography and Film, Doctoral Thesis / Dissertation, University of Edinburgh. 2008. 11.

Weiser, J.(1999). Phototherapy Techniques: Exploring the Secrets of Personal Snapshots and Family Albums. (심영섭·김준형·이명신 공역. 《사진치료기법》. 학지사. 2012.)

▶ 웹사이트

냄 골딘 관련 자료 http://www.artnet.com/artists/nan-goldin/picnic-on-the-esplanade-boston-a-Hu8CsvteoULMnrwML_YxlQ2

조 스펜스 관련 자료 https://www.tate.org.uk/art/artworks/spence-remodelling-photo-history-colonization-p80407

주디 와이저 관련 자료 https://phototherapy-centre.com/who-is-doing-what-where

주디 와이저 메일 주소 jweiser@phototherapy-centre.com

울라 할콜라 메일 주소 ulla.halkola(at)spectrovisio.net

어학사전 http://dictionary.cambridge.org

포토저널 http://www.photoj.co.kr

포토테라피센터 https://phototherapy-centre.com

합성사진의 예 http://www.thisiscolossal.com/2015/06/stephen-mcmennamys-combophoto-mashups-result-in-humorous-juxtapositions

Developing Mindfulness through Photography

https://leeaspland.com/developing-mindfulness-through-photography

http://fototapeta.art.pl/index.html

http://www.spectrovisio.net/etusivu/valokuvaterapia.html

http://www.spectrovisio.net/pdftiedostot/PhotoEuropeHandbook.pdf

http://www.artnet.com/artists/nan-goldin/picnic-on-the-esplanade-boston-a-Hu8CsvteoULMnrwML_YxlQ2

https://www.widewalls.ch/jo-spence-oreet-ashery-wellcome-collection

https://www.nationalgeographic.com/travel/intelligent-travel/2014/06/06 mindful-photography-jonathan-foust

Jared Gottlieb. The Art of Mindful Photography

Journal Therapy

https://www.goodtherapy.org/learn-about-therapy/types/journal-therapyUlla

Mindful Photography - Being Present and Appreciating Your Surroundings

https://www.youtube.com/watch?v=meItrR4tVvE

Mindful photography for mental health and wellbeing

https://www.youtube.com/watch?v=Vgr6wtXAQuY22226

Stephen Batchelor(2018). Meditation and photography.
http://blog.yalebooks.com/2018/03/10/meditation-and-photography
Symbolism in Visual images
http://umich.edu/~umfandsf/symbolismproject/symbolism.html/graphical
Symbolic Images in Visual Storytelling
https://study.com/academy/lesson/symbolic-images-in-visual-storytelling.html
The Use of Symbolism in Photography
https://moneymakerphotography.com/use-symbolism-photography

저자 약력

소희정

마음과공간 예술심리연구소 대표
한국사진치료학회 학회장, 수련감독
한국영상영화치료학회 부학회장, 전문수련감독
한국에니어그램교육연구소 전임교수
성공회대, 우석대, 추계예대 외래교수
『예술심리치료의 이해와 적용』 박영스토리
『영화, 행복심리를 말하다』 박영스토리
『영화심리학』 박영스토리
『예술치료』 박영스토리

한경은

통합예술심리상담연구소 나루 대표
한국사진치료학회 학술이사
치유하는 글쓰기 연구소 선임연구원
통합예술심리상담자 1급
사진심리상담자 1급
『당신 생각은 사양합니다』 수오서재
『사진치유의 힘』 박영스토리

김문희

빛그림 심리상담센터 원장
한국사진치료학회 자격관리이사
사진심리상담자 수련감독
미국공인 미술상담자ATR
임상미술심리전문가
명상지도전문가
실존심리상담사
『사진치유의 힘』 박영스토리

신혜경

구미대학교 학생생활상담소장/특임교수
사진심리상담자 1급
한국상담학회 전문상담자 1급
영상영화심리상담자 1급
한국사진치료학회 사례관리이사

이지혜

국제대학교 상담심리치료학과 교수
국제대학교 학생상담센터 센터장
한국사진치료학회 부학회장, 수련감독
한국영상영화치료학회 서울경기 지회장, 전문수련감독
한국독서치료학회 대외교류위원장, 수련감독
『청소년과 함께하는 상호작용 독서치료』 학지사

정윤경

숙명여자대학교 성평등상담소 연구원
한국사진치료학회 교육이사
사진심리상담자 1급

사진치료의 모든 것

초판발행 2021년 3월 21일

지은이 소희정 · 한경은 · 김문희 · 신혜경 · 이지혜 · 정윤경
펴낸이 노 현

편 집 최은혜
표지디자인 이미연
제 작 고철민 · 조영환

펴낸곳 ㈜피와이메이트
서울특별시 금천구 가산디지털 2로 53 한라시그마밸리 210호(가산동)
등록 2014. 2. 12. 제2018-000080호
전 화 02)733-6771
f a x 02)736-4818
e-mail pys@pybook.co.kr
homepage www.pybook.co.kr
ISBN 979-11-6519-117-7 93180

정 가 18,000 원